Г Б 48

2995

RÉFLEXIONS

SUR

L'ORDRE CONSTITUTIONNEL.

IMPRIMERIE DE COSSON, RUE GARENCIÈRE, N° 5.

RÉFLEXIONS

SUR

LES MOYENS PROPRES A CONSOLIDER

L'ORDRE CONSTITUTIONNEL

EN FRANCE.

PAR M. XAVIER DE SADE.

PARIS,

PONTHIEU, LIBRAIRE, PALAIS—ROYAL,
GALERIE DE BOIS, N° 252.
ET CHEZ LES MARCHANDS DE NOUVEAUTÉS.

1822.

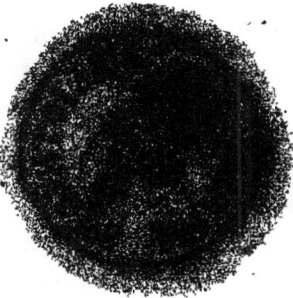

AVERTISSEMENT.

L'OUVRAGE suivant, composé à la campagne dans le courant de l'été dernier, étoit destiné à paroître quelque temps avant l'ouverture des Chambres. Des circonstances particulières n'ont permis de livrer le manuscrit à l'impression que dans les premiers jours de novembre. D'autres contre-temps, et une absence forcée de l'auteur, en ont encore retardé la publication jusqu'à ce jour. Il en est resulté pour lui deux inconvéniens. D'abord, quoique ces réflexions aient été principalement conçues dans des vues générales, il ne pouvoit pas se faire qu'elles ne continssent quelque allusion aux choses du moment. Or, ce qui leur étoit applicable, ce qui l'étoit à la situation des partis au mois d'octobre dernier, ne le leur est peut-être en partie déjà plus maintenant.

Puis, quelques auteurs, plus faits que lui pour parler au public, ayant pris les devants, et ceux qui pensent et écrivent sur les mêmes matières devant être naturellement sujets à se rencontrer, il s'ensuit qu'il devra quelquefois paroître ne faire que répéter ceux qui l'ont précédé, ou même que leur emprunter. C'est ainsi, par exemple, qu'il a mis en avant plus d'une idée que l'on vient déjà de voir exposée dans le dernier ouvrage de M. de Barante. Il est pour sa part beaucoup trop flatté de trouver quelques-unes de ses opinions sanctionnées par l'approbation d'un écrivain aussi distingué, pour être touché du danger qu'il court de n'en paroître que le copiste ou le plagiaire.

Quelques fautes qui ne peuvent manquer de s'être glissées dans un ouvrage dont plusieurs feuilles n'ont pas été imprimées sous les yeux de l'auteur, forcent encore à recourir à l'indulgence des lecteurs, si tant il y a que ces réflexions en trouvent. Ils sont par-dessus tout priés d'oublier, qu'au lieu d'en appeler à leur bienveillance, toutes ces raisons auroient dû être autant de motifs additionnels pour lui inspirer la sage résolution de ne pas donner le jour à une production aussi peu digne de leur être offerte.

Paris, ce 20 décembre 1821.

RÉFLEXIONS

SUR

LES MOYENS PROPRES A CONSOLIDER

L'ORDRE CONSTITUTIONNEL

EN FRANCE.

~~~~~~

CHAPITRE IER.

Considérations générales sur les avantages de la liberté.

———

Dans un pays qui est ou qui aspire à être libre, chaque citoyen a ou doit avoir le droit de publier ses pensées sur des matières d'intérêt général. Il est même des occasions où ce droit devient un devoir, soit pour ceux qui sont appelés par leurs talens ou par leur caractère à influer sur l'opinion ou à ouvrir les yeux de leurs concitoyens, soit pour ceux qui, sans prétendre à ces hautes prérogatives, ne craignent pas de parler, tandis que d'autres, qui en seroient plus capables, se taisent par des motifs de parti ou

1.

de prudence. C'est ainsi qu'un membre inconnu de la société peut, quoique doué des moyens les plus modestes, lui rendre quelque service, si, n'écoutant que sa conscience, et ne se laissant pas dominer par l'esprit de parti, il n'hésite pas à lui dire quelques-unes de ces vérités utiles qu'il ne faut que peu de lumières pour apercevoir, et que peu de hardiesse pour annoncer. Tels sont les motifs qui pourroient servir d'excuse à la publication des pages suivantes.

Dans quel temps, plus que dans le moment actuel, ceux auxquels tient à cœur le bien de leur patrie ont-ils jamais été appelés à contribuer de leur denier à l'avancement de la chose publique? On diroit que plus que jamais les partis s'animent, les divisions se fomentent, et les haines s'enveniment. Si d'un côté on est porté à se rassurer en observant le désir de tranquillité et de conservation que l'on est heureux de voir régner dans la grande masse de la nation, d'un autre il n'est pas permis de se faire illusion sur les nombreuses causes de fermentation et de mécontentement qui se trouvent répandues avec tant de profusion dans son sein. De vaines terreurs sur ce que les uns ont acquis, ainsi que d'impuissantes prétentions sur ce que d'autres ont perdu, nous agitent également. De grandes existences bâties et écroulées avec le régime qui vient de finir, des sentimens plus excusables de reconnoissance personnelle, d'autres plus nobles de gloire militaire éclipsée et d'humiliations subies, ne peuvent encore franchement se réconcilier avec un gouvernement qui s'est élevé sur les ruines de ce qui fait l'objet de leurs regrets. Les plaies encore saignantes d'une de ces grandes et violentes transmutations de propriétés, dont les siècles seuls peuvent effacer les traces, viennent s'y joindre. On n'entend parler que d'intérêts anciens et d'intérêts nouveaux. Ceux-ci se subdivisent savamment en intérêts moraux et intérêts matériels. Comme si ces sujets récens de discorde ne suffisoient pas, on évoque d'antiques souvenirs qui depuis long-temps ne vivoient plus que dans les écrits des historiens ou dans la mémoire des antiquaires : il est question de vainqueurs et de vaincus ; on nous classe en Francs et en Gaulois.

A ces élémens, on peut dire constitutifs, de désunion parmi nous, il faut en ajouter de passagers et momentanés. Un parti, auquel on soupçonne une tendance constante aux hommes et aux choses de l'ancien régime, a obtenu une prépondérance évidente dans la direction imprimée à la marche du gouvernement. Les alarmes de tous ceux qui tiennent aux hommes et aux choses nouvelles (et le nombre en est grand) ont dû considérablement augmenter. Les symptômes les moins équivoques en éclatent en effet de toutes parts. Des factieux ont notoirement cherché à s'en prévaloir pour faire réussir de coupables desseins, ou pour préparer des changemens. Dans cette lutte des factions, le plus grand des biens, l'établissement complet et définitif du régime constitutionnel est ou gravement compromis ou du moins indéfiniment ajourné.

Si l'aspect de l'état intérieur n'est pas rassurant, celui de l'extérieur n'est certainement pas calculé pour en consoler. Nous y voyons la France sans force, et par conséquent sans dignité, déchue du haut rang qu'elle a si long-temps occupé. Une haute dictature européenne s'est formée pour protéger les souverains contre les effets de l'esprit naissant de liberté; la France en est exclue. On lui permet, peut-être on lui ordonne, de faire suivre de son approbation des actes à la formation desquels elle n'a pas été admise à concourir. Si elle avoit au moins l'énergie de jouer le premier rôle dans la ligue du pouvoir ce seroit en quelque sorte une espèce de dédommagement de ne pas la voir se mettre à la tête de celle de la liberté. Ceux-là mêmes qui la blâmeroient de se tourner de ce côté lui sauroient au moins quelque gré, une fois qu'elle l'auroit choisi, d'en prendre la direction, d'y être suzeraine et non vassale.

Dans cet état de choses, il est permis de jeter un coup d'œil sur les institutions qui nous régissent, et de discuter avec calme et réflexion si elles nous promettent cette tranquillité que nous appelons de tous nos vœux ; si elles sont assez solides pour résister au choc des intérêts opposés qui les menacent, ou assez puissantes pour empêcher leur collision ; en un mot si elles sont de nature à nous assurer les inestimables bienfaits de la paix et de la liberté au dedans, de la dignité et du respect au dehors.

Plus on y réfléchira, et plus profondément l'on se convaincra que ce n'est que par la voie large et droite de la liberté que nous pouvons sortir de cette situation dangereuse dans laquelle je crois que personne ne nie que la France ne se trouve engagée. Ceux qui en voient le remède dans l'application et l'extension du pouvoir arbitraire me paroissent ne pas considérer combien est précaire, combien est insuffisante pour d'aussi graves circonstances la volonté presque toujours foible et vacillante des hommes. Ils ne peuvent ou ne veulent pas voir combien il est nécessaire, pour que notre édifice social ait quelque solidité, de lui donner pour fondement des lois dignes d'être adoptées de cœur, et défendues avec dévouement par cette grande majorité nationale dont la main puissante peut seule le maintenir ferme sur sa base. Quel fruit avons-nous retiré de cet arbitraire qui depuis six ans nous inquiète et nous tourmente au lieu de nous tranquilliser, nous révolte au lieu de nous gouverner? Et que l'on ne m'objecte pas l'incapacité notoire de tous ceux qui l'ont exercé ou qui l'exercent encore : il seroit aussi difficile de trouver au pouvoir arbitraire des agens qui pussent le faire tourner à bien, qu'aisé de lui en procurer de moins inhabiles que ceux que nous lui avons vus jusqu'à présent.

Ce ne sont plus des sophismes tant de fois repoussés, ce ne sont plus de vaines terreurs, ni les excès révolutionnaires sans cesse offerts à nos yeux en guise d'épouvantail, qui peuvent désormais nous empêcher de nous porter vers

ces hautes pensées. L'abus des choses les plus
respectables les a-t-il tellement profanées qu'il
nous soit interdit d'en faire usage? Parce que
certaines paroles sont sorties des lèvres impures
de Marat ou de Roberspierre, doivent-elles
être proscrites de nos discours? C'est cependant
à peu près ainsi que raisonnent (si toutefois
cela peut s'appeler raisonner) ceux qu'affligent
les nobles doctrines de la liberté, et qui rougi-
roient d'avouer les véritables motifs de la haine
qu'ils lui portent. Il est déplorable, mais il ne
doit pas être décourageant, de voir qu'il faille
sans cesse combattre pour sa cause, et que certains esprits se ferment avec autant d'opiniâtreté
aux leçons de l'expérience, qui sont du moins
à leur portée, qu'aux théories élevées de ces
têtes pensantes, qu'ils s'avouent avec autant de
vérité que de modestie incapables de suivre dans
leurs hautes spéculations.

Il suffit en effet de considérer d'un œil impartial l'histoire tant ancienne que moderne,
pour se convaincre des incalculables avantages
d'un régime libre. Les historiens ont en général le défaut de se borner à nous raconter les
événemens frappans qui ont trop long-temps
absorbé toute leur attention ainsi que celle de

leurs lecteurs. Ils nous ont longuement décrit les guerres, les révolutions, les révoltes et en général les crimes et les malheurs des peuples et des rois ; mais ils ne se sont que bien rarement occupés à nous retracer avec quelque fidélité et avec quelque détail le mal ou le bienêtre, l'état de prospérité ou de décadence intérieure dont jouissoient les nations dont ils se bornoient à enregistrer les actions, et la part qui devoit en être attribuée à leur constitution sociale. Ce n'est que dans des temps assez modernes que ces premiers intérêts des peuples ont fortement attiré l'attention des écrivains, et que la science nouvelle de la statistique a été créée. Assez, cependant, nous a été transmis par les historiens de l'antiquité, pour nous apprendre que partout où la liberté a existé elle a produit ces effets surprenans qui ont tant fait chérir son nom des peuples qui ont eu le bonheur de la connoître. On nous étale avec complaisance les excès auxquels ces peuples se sont quelquefois livrés, comme si ceux qui étoient soumis à des despotes en étoient plus exempts qu'eux ; excès qui d'ailleurs tenoient bien plus encore aux mœurs du temps, et à un état de civilisation moins avancée que la nôtre,

qu'aux imperfections de leurs gouvernemens.
Mais on a soin de se taire sur l'état florissant
dont ils jouissoient en silence, comme d'une
condition attachée à leur existence. On ne manque pas de nous citer la condamnation à mort
de généraux qui leur ont gagné des batailles,
ou l'exil de leurs plus illustres citoyens. On
se garde bien de nous montrer leur population,
leurs richesses, ni les progrès qu'ils ont fait
faire aux arts et aux lettres, à tout ce qui em-
bellit et ennoblit la vie.

Nous trouvons cependant que sur un territoire qui n'excédoit pas quatre-vingts lieues
carrées, l'Attique nourrissoit une population
de six cent mille âmes entre citoyens, métè-
ques et esclaves. Démosthènes estimoit son revenu à une somme qui ne peut être évaluée à
moins de soixante-dix millions valeur actuelle;
et peu de temps après la perte de sa liberté,
mais quand les heureux effets dus à son influence se faisoient encore sentir, elle payoit
sous Démétrius de Phalère quinze millions d'impôts, somme qui ne doit pas avoir paru acca-
blante, puisqu'il fut populaire, et que son administration fut aimée des Athéniens; et qui
d'ailleurs, n'étant que le cinquième du revenu,

ne dépasse pas trop la limite de la proportion
que les auteurs d'économie politique sont portés
à regarder comme supportable dans les far-
deaux qu'ils ont permis d'imposer aux peuples.
Ce petit état envoya en Sicile une expédition
de quarante mille hommes. Il a élevé des monumens dont s'honoreroient pour la magnificence,
et que n'égalent pas pour le goût, les capitales de
nos grands empires. Je sais bien qu'Athènes a
défrayé en partie ces dépenses avec les contributions que lui fournissoient ses alliés ou tribu-
taires. Mais quiconque voudra comparer le peu
que nous venons de dire avec les relevés de la
statistique moderne, verra qu'il suffit à prouver
une prospérité vraiment prodigieuse.

On sait que les autres républiques de la Grèce
ne le lui cédoient pas. On sait aussi, sans qu'il
soit besoin de le rapporter, tout ce que l'histoire antique nous rapporte de Syracuse et de
celles de Sicile régies par un système semblable.
On peut soupçonner, même trouver quelque
exagération dans ses récits ; mais les restes
mêmes de ces villes attestent encore hautement
combien ils contiennent de vérités.

J'ai vu, j'ai visité ces ruines célèbres. Dans
les villes modernes qui s'élèvent au milieu d'elles

règne le meilleur ordre apparent; on n'y est plus inquiété par les tumultes ni par les excès des assemblées populaires. Les injustices de l'ostracisme y sont inconnues. A peine le soleil a-t-il disparu que les rues sont désertes et silencieuses; on se diroit presque dans un couvent bien réglé. Mais (sans prétendre comparer le système vraiment barbare des Turcs avec celui de la cour de Naples), mais la main cruelle du despotisme pèse sur elles depuis des siècles. Leur intérieur ne nous présente que pauvreté, ignorance et dégradation. Les campagnes qui les entouroient, jadis si fertiles, restent sans culture; un air corrompu les rend inhabitables. La Sicile, dont l'ancienne abondance est si connue par son nom de grenier de Rome, ne peut plus fournir à la consommation d'une population qui égale à peine celle que contenoit le seul petit état de Syracuse. L'âme profondément attristée à l'aspect de cet affligeant tableau, le voyageur incrédule, comparant ce qu'il voit avec ce qu'il a lu, se refuseroit presque à ajouter foi aux récits de l'antiquité, n'étoit-ce l'existence du témoignage muet de ces débris qui déposent de tant de grandeur passée. Ils ne lui permettent pas de ne pas croire aux miracles qu'a jadis enfantés la liberté.

Les annales de nos temps modernes nous offrent de semblables leçons. Les républiques du moyen âge, tant celles d'Italie que celles des Pays-Bas, ont joui d'une richesse et d'une prospérité qui nous étonnent. Machiavel nous apprend que du temps de l'invasion de Charles VIII le tocsin de Florence pouvoit mettre sur pied cent trente-cinq mille hommes armés et équipés. Peu de générations passées sous les commencemens de la tranquille servitude des Médicis n'avoient pas encore suffi pour y mettre ordre. On reprocha à Philippe II qu'en donnant Sienne au duc de Florence il lui avoit fait présent de six cent cinquante mille sujets. L'influence des institutions qui ont produit ces bons effets se fait encore sentir dans les pays qui en ont joui long-temps après la destruction de ce qui en a été la cause féconde.

C'est ainsi que la Belgique et les états de l'Italie supérieure présentent encore l'agriculture la plus riche de l'Europe. En la comparant avec celle des peuples qui n'ont jamais connu de régime libre on apercevra la différence. Ce qui a une fois vécu sous sa sainte loi donne encore long-temps après des symptômes de la force de vie qu'il en a jadis reçue : mais c'est justement cette prospérité que l'on taira, tandis que l'on nous étourdira jusqu'à satiété de la longue liste des crimes ou des attentats des Artevelle et des Rienzi, des Blancs et des Noirs, des Guelfes et des Gibelins.

Mais où tendent ces remarques? A quoi bon aller réchauffer ces lieux communs usés sur le bonheur de la liberté républicaine? A-t-elle d'ailleurs quelque rapport avec une grande monarchie comme la France, dont il est convenu d'appeler le peuple léger et corrompu? Je ne connois et ne méprise que trop le déplorable abus que l'on a fait et que l'on fait encore quelquefois des choses et des expressions les plus dignes de notre admiration. Je sens toute la distance qui sépare Athènes ou Bruges du royaume de France. Mais j'ai seulement voulu faire voir, en en appelant à l'expérience, que partout où les institutions de la liberté se sont introduites, ne fût-ce même que partiellement, quelques graves défauts qui puissent d'ailleurs leur être reprochés, quelles que soient les imperfections qui s'opposent d'ailleurs à leur entier

développement, ainsi que cela a certainement
eu lieu dans les républiques dont je viens de
rappeler le nom, il est cependant toujours resté
assez de tendance bienfaisante pour assurer le
bien général à un bien plus haut degré que dans
tant d'autres états, où une apparence d'ordre et
de tranquillité, où le luxe de certaines classes,
où la pompe des cours, quelquefois même les
qualités personnelles des princes, cachent aux
yeux des observateurs superficiels l'état souffrant
du corps de la nation, accablée sous le poids du
cortége inséparable du pouvoir arbitraire, une
administration vicieuse qui dessèche toutes les
sources de la prospérité nationale.

Ainsi quelques historiens, éblouis par les
grandes qualités des Antonins, n'avaient pas
hésité à déclarer leur règne l'âge d'or de l'espèce
humaine. L'immense empire romain avoit été
régi par des philosophes. Toutes les vertus
avoient été sur le trône. Une vaste fraternité de
peuples divers avoit été réunie et heureuse sous
le sceptre paternel d'une race de sages. On pro-
diguoit toutes ces phrases dont ne manque jamais la flatterie, et dont se paie toujours la
crédulité, et avec une couleur d'autant plus
spécieuse qu'ici elles paroissoient dictées par la

vérité. Mais des critiques plus clairvoyans ont
prouvé que la misère de l'empire et la dégradation de ses citoyens n'ont pas manqué d'aller
leur train sous ces règnes si vantés. Ni les bonnes
intentions, ni les vertus mêmes de ces princes
ne pouvoient empêcher ou contrebalancer les
effets désastreux de la machine du despotisme,
qui, une fois montée, produisoit d'elle-même
son ouvrage. Faute de meilleurs soldats, Antonin
fut obligé d'enrôler des esclaves et des malfaiteurs pour faire la guerre aux Marcomans.
Plutarque se plaint de la dépopulation générale.
La Grèce entière, dit-il, pourroit à peine
mettre sous les armes trois mille guerriers,
contingent qui fut cependant envoyé à la bataille de Platée par la seule petite ville de Mé-
gare, dans le temps où ce pays étoit régi par
ces constitutions démocratiques auxquelles on
ne sait trouver que des torts et imputer que
des crimes.

Prenons maintenant un objet de comparaison appartenant à des temps plus rapprochés
de nous. A peu près à la même époque, à la fin
du siècle dernier, la France et l'Angleterre ont
pris la forme qu'elles ont respectivement conservée jusqu'à notre révolution. Chez nous un

fastueux despote fit disparaître les derniers vestiges de ce que nous avions eu de libertés publiques. Chez nos voisins plus heureux prit son
assiette définitive un des plus parfaits modèles de
constitution libre dont ait jamais eu le droit de
s'enorgueillir aucun peuple, en dépit des imperfections que l'on peut avec plus ou moins
de fondement lui reprocher. Quelle différence
aussi dans le sort des deux pays!

A l'époque dont nous venons de parler, l'Angleterre, grâce à l'heureuse influence de son
pouvoir parlementaire, fit cesser toutes les entraves qui gênoient son agriculture, et la plus
grande partie de celles qui vexoient son industrie. La libre exportation des grains fut non-
seulement permise, mais même (et en cela le
juste but fut dépassé) encouragée par une prime.
Les réglemens sur les arts et métiers furent ou
abolis ou laissés tomber en désuétude. Les Anglais jouirent du droit de s'associer et de se
réunir pour entreprendre toutes sortes d'ouvrages d'utilité publique ou de spéculation particulière, sans intervention ou permission supérieure. Il leur fut loisible de s'occuper sans
réserve de tout ce qui pouvoit regarder tant
leurs intérêts privés que les intérêts généraux de

l'état, et de traiter publiquement, soit par la parole, soit par la presse, de tout objet de politique,
de science ou de littérature. La main de plomb
de l'autorité ne vint pas s'appesantir sur toutes les
transactions des citoyens, pour arrêter leurs efforts et pour étouffer leur zèle. Les intérêts locaux
furent abandonnés aux soins de simples particuliers, qui les administrèrent avec cette persévérance et cette intelligence que l'on ne sait
mettre qu'à ce qu'on regarde comme sa propre
chose. Les fondations dues soit au patriotisme,
soit à la charité des particuliers, tous les établissemens publics en général furent régis par
leurs propres statuts, et, ainsi que la propriété
privée, placés sous la sauvegarde de tribunaux
indépendans. Ils ne furent point livrés au fléau
de l'arbitraire, et d'une loi d'exception déguisée
sous le nom de justice administrative. Là où il
existe une assemblée représentative, de pareilles
plaies ne sont pas tolérées. Les Anglais en un
mot furent traités comme des hommes faits, et
auxquels il est permis de se mettre à la tête de
leurs affaires. Aussi tout le monde sait-il, sans
qu'il soit besoin d'en apporter les preuves, jusqu'à quel point ont fleuri dans cette île célèbre
l'agriculture et les fabriques; à quel degré de

perfection y ont été portés les travaux publics
et tous les détails de l'administration intérieure.
C'est là que tous ceux qui en Europe s'occupent
de ces matières vont chercher des modèles et
des leçons.

Ayant adopté, ou, pour parler plus exactement, ayant subi un système de gouvernement
différent, la France suivit une route opposée.
L'esprit inquiet du despotisme, cette tendance
qui le porte à vouloir que tout émane de lui
comme tout se rapporte à lui, y fit disparoître
tous les droits individuels, et étendre la manie
réglementaire. L'agriculture fut découragée par
la défense de l'exportation de ses produits, et
par les continuelles variations de la législation
à laquelle elle étoit soumise. Une certaine faveur fut bien montrée aux fabricans, mais leurs
progrès furent étouffés ou arrêtés par une foule
de réglemens minutieux qui en enchaînoient les
procédés. De nouveaux priviléges furent mis,
ou du moins continuèrent de peser sur nombre
de branches d'industrie. Un grand nombre
additionnel d'offices à sa charge fut créé comme
ressource financière, bien loin qu'il fût question
d'adoucir le régime vexatoire des jurandes et
des maîtrises. L'esprit d'association ne pouvoit

jamais naître dans un pays où tout devoit recevoir du chef de l'État son principe d'action et
son impulsion, où il étoit interdit à ses sujets
de se donner à eux-mêmes la direction qui leur
convenoit, et où ils devoient se borner à recevoir avec soumission et reconnoissance celle
qu'il daignoit leur donner lui-même. Aussi les
anciennes franchises, les anciens pouvoirs des
autorités locales furent-ils ou supprimés ou réduits à peu de chose. Ceux des intendans au
contraire furent de plus en plus étendus et
confirmés. Ce ne furent plus les habitans des
provinces ou des villes qui furent chargés de la
gestion de leurs affaires communes; ils furent
interdits, mis en tutelle, et, sauf quelques exceptions, ce fut l'homme du prince qui les ad-
ministra pour eux. Alors ne commença pas
tout-à-fait, mais prit un développement désastreux, ce funeste et dégradant système qui vouloit que tout fût fait par l'autorité suprême :
système qui de nos jours est parvenu au plus
haut degré de perfection qu'il paroisse possible à
l'ingénuité humaine de lui donner, et qui,
comme toute découverte nouvelle méritant un
nom nouveau, a reçu celui de centralisation
administrative. Aussi à quelle distance la France

n'a-t-elle pas été laissée par sa rivale dans le progrès de son agriculture, de son commerce, de ses manufactures; dans celui de tous les arts utiles à la vie, dans tout ce qui constitue la prospérité intérieure des États.

C'est que là où le corps de la nation participe plus ou moins directement à l'action de son gouvernement, a sur elle une influence plus ou moins marquée, là il faut bien tôt ou tard gouverner dans le sens des intérêts nationaux, qui se font apprécier par la discussion, et respecter par l'autorité des assemblées nationales. Tandis que là où, suivant l'expression insolente de certains despotes, l'État est concentré dans leurs personnes, l'administration, par une conséquence naturelle, ne s'occupe que de leurs intérêts personnels, que l'histoire de tous les temps et de tous les lieux nous apprend être si différens de ceux des peuples, qui leur sont livrés. On a toujours vu en effet, en dépit des touchantes comparaisons que la flatterie a été puiser dans les relations de famille, que les princes absolus n'ont jamais manqué de penser qu'ils avoient intérêt à prendre à leurs sujets le plus de bras et le plus d'argent, et à leur laisser le moins de priviléges possible. Sous le titre de droits de la couronne, ces prétentions ont même été érigées en corps de jurisprudence. D'ailleurs la moindre observation suffit pour nous faire voir que l'amour du pouvoir et de la supériorité est une des passions les plus fortes qui agissent sur le cœur des hommes. Or, pour celui qui règne, gouverner dans les intérêts du peuple ne seroit autre chose que faire ce que celui-ci désire, et ne paroîtroit donner lieu à la manifestation d'aucune puissance sur lui. Au lieu qu'en le gouvernant dans un sens opposé à ses intérêts, ou du moins qui en diffère notablement, ou le force d'agir d'une manière contraire à ses désirs. On a alors toute la jouissance que procure la conscience de l'exercice d'une grande autorité sur nos semblables. Telle est la cause qui, même dans les esprits qui ne sont pas dépourvus de générosité ou de bonnes dispositions, pousse toujours le despotisme à faire irrésistiblement ce mal.

La France nous offre une bien singulière confirmation des principes que nous nous contentons d'indiquer, bien plutôt que nous ne cherchons à établir. Ce seroit l'objet d'un autre ouvrage que celui-ci, et qui demanderoit d'autres talens et d'autres connoissances. Tant qu'elle a eu dès députés et des assemblées nationales, ses députés n'ont cessé de réclamer les libertés publiques, qui dans le fait se confondoient avec leurs intérêts particuliers, ou en dérivoient. Dès 1484 Philippe Pot, seigneur de la Roche, disoit fièrement aux états-généraux :.... « S'il s'élève » quelque contestation par rapport à la succes- » sion au trône ou à la régence, à qui appar- » tiendra-t-il de la décider, sinon à ce même » peuple qui a d'abord élu ses rois, qui leur » confère toute l'autorité dont ils se trouvent » revêtus, et en qui réside foncièrement la » souveraine puissance. ».... Je crois que c'est la première fois que cette doctrine a été ouver- tement soutenue dans nos temps modernes ; et il est à remarquer que ce fut par un gentil- homme français. En parcourant les cahiers de ces quatre dernières assemblées, tenues en 1560, 1576, 1580 et 1614, on y trouve hautement demandés la plupart des priviléges qui assurent la liberté et un bon gouvernement, tels que le retour périodique et assuré des états tant gé- néraux que provinciaux, la conservation des libertés locales, les élections ecclésiastiques et municipales, la libre administration des revenus communaux et des établissemens publics, l'a-

bolition de la vénalité des offices , et la présentation de candidats aux places vacantes, etc,
On ne peut douter que si elles eussent continué
à être régulièrement convoquées pendant quelque temps , il ne fût peu à peu sorti de leurs
débats et de leur lutte avec l'autorité un système
quelconque de gouvernement libre, naissant de
la situation même de la France, et propre à faire
valoir ses ressources et ses avantages naturels.
Que les résultats au contraire de cette fameuse
époque où le despotisme fut définitivement rivé
et consolidé sont différens ! Tous les auteurs qui
ont parlé de l'état du royaume sous le règne si
vanté de Louis XIV, et qui ne se sont pas bornés
à nous raconter la lourde magnificence de sa cour
ou les anecdotes scandaleuses de ses maîtresses,
nous apprennent à quel point de souffrance et
de décadence il étoit tombé vers la dernière
partie de son administration , et lorsque par
conséquent les principes qui la dirigeoient
avoient dû produire tout leur effet. Vauban,
Boisguibert, Forbonnais et les mémoires des intendans recueillis par Boulainvilllers nous en re-
tracent le triste tableau. Nous y voyons que la
population étoit considérablement diminuée. La
plainte s'en fait presque partout entendre. Tours.

avoit perdu plus de trente mille habitans, Rouen et Lyon chacune plus de vingt mille. La cruelle révocation de l'édit de Nantes priva la France de ses plus industrieux citoyens , et fit passer au service de ses ennemis douze mille soldats et neuf mille de ses plus habiles marins. Les biens-fonds avoient éprouvé une diminution de valeur qui alloit du tiers à la moitié ; aussi beaucoup de terres étoient-elles laissées sans culture. Des états détaillés des élections de Limoges et de Vezelai en établissent la proportion du cinquième au sixième. On cite d'immenses étendues de vignes arrachées et nombre de manufactures tombées. Vauban calcule que le dixième de la population étoit réduit à la mendicité. L'intendant de Normandie déclare que sur sept cent mille âmes que renferme sa généralité il n'y en a pas cinquante mille qui mangent ce qu'il leur faut de pain , ou qui couchent autrement que sur la paille. Cet état de misère est d'autant plus digne d'observation, que presque tous ces renseignemens sont antérieurs à la désastreuse guerre de la succession. On peut voir par là ce que valent , pour la véritable prospérité d'un pays , pour l'aisance de ses habitans, l'appareil brillant d'une cour , le luxe des monumens, et

les succès militaires même les plus éclatans,
quand le peuple n'est autre chose que l'outil qui
a servi à façonner ces merveilles, et qu'il ne
jouit d'autres priviléges que d'être appelé à en
fournir les moyens en y contribuant de ses
sueurs, de son argent et de son sang. Doit-on
donc s'étonner si une plus équitable postérité
n'a pas voulu confirmer le surnom de grand,
que la flatterie contemporaine s'étoit hâtée pré-
maturément de décerner à ce monarque! Doit-
on donc s'étonner encore si ses obsèques furent
accompagnées des acclamations de joie d'un
peuple aux abois, sur lequel son long règne
avait si singulièrement pesé?

Les temps où nous vivons donnent lieu à des
observations d'une autre nature. Après trente
ans de discordes civiles, de guerres étrangères,
de malheurs, d'invasions, d'occupations, d'entreprises et d'efforts de tout genre dont les annales du monde ne nous offrent rien qui approche, la France, loin d'être épuisée comme tout
devoit porter à le croire, s'est présentée au contraire plus riche, plus peuplée, mieux cultivée,
plus prospère en un mot, et plus pleine de force
et de vie qu'au jour où elle est entrée dans la
carrière de ces mémorables événemens. A quoi

attribuer ce contraste frappant entre la fin du
siècle qui vient de s'écouler et la fin de celui
qui l'a précédé ? A qui veut réfléchir, la raison
s'en présente aisément. Les principes de la liberté eurent, au commencement de notre révolution, une prépondérance momentanée. L'Assemblée constituante fut dominée par eux, et
dirigea ses travaux non dans l'intérêt d'un seul,
mais dans l'intérêt de tous. Cette célèbre assemblée, à laquelle on peut bien reprocher la
précipitation et l'inexpérience qui lui ont fait
commettre plus d'une grave erreur, mais à laquelle la partialité seule peut refuser du patriotisme et des talens, leva la plus grande partie
des entraves qui gênoient l'agriculture, et à peu
près toutes celles dont l'industrie avoit à se
plaindre. Il n'en fallut pas davantage. Il suffit
de permettre aux hommes de s'occuper de leur
bien-être, pour être sûr qu'ils s'en acquitteront
avec autant de persévérance que d'intelligence.
On peut s'en rapporter à eux. C'est là le véritable principe vital qui soutient le corps social,
même quand il est d'ailleurs le plus mal administré. Quelque soin, quelque habileté que l'on
mette à gêner les actions des hommes, le besoin impérieux d'améliorer leur sort est supé-

rieur à ces obstacles, et finit toujours par leur
en faire trouver quelque moyen. Ce ne sont
certes ni les crimes de la Convention, ni les
turpitudes du Directoire, ni le despotisme
de fer de Bonaparte, ni ses guerres, ni son
blocus continental, ni ses licences, ni ses ber-
geries impériales, ni tant d'autres mesures absurdes dont elle a été la victime, qui ont
procuré à la France la prospérité que nous lui
voyons. Elle n'a pas prospéré à la faveur de
toutes ces folies; mais bien en dépit d'elles. Elle
en doit reporter la reconnoissance à quelques bonnes mesures législatives qui ont sur-
vécu à sa première assemblée représentative.
Tant d'autres libertés qu'elle nous avoit données nous ont été ravies ! Ce qui en est
resté seul a produit le bien que nous éprouvons, tant il est vrai qu'une seule bonne loi
relative aux intérêts des citoyens leur importe
bien autrement que tout l'éclat des armes, que
tout le faste asiatique des cours. Que l'on cesse
donc de s'étonner si les amis de la liberté constitutionnelle persistent dans leurs principes, dus-
sent-ils être éternellement condamnés à s'entendre traiter de niais ou de songe-creux, d'ambitieux ou de factieux. Ils sauront se résigner

à tous ces noms de mépris affecté et de haine réelle qui leur sont journellement prodigués, et dont il ne faut pas aller bien loin chercher les causes. Leur conscience, un peu plus forte que toutes ces clameurs, leur dit et leur répète assez haut qu'ils méritent de tout autres titres.

Mais ce ne seroit considérer les institutions libres que sous un point de vue bien resserré que de ne faire attention qu'aux avantages, quoique déjà incalculables par eux-mêmes, qu'elles apportent pour favoriser les progrès de la prospérité intérieure, ceux de tous les arts utiles, en un mot ceux de ce que l'on appelleroit maintenant tout le matériel de la vie. Pour quiconque est d'avis que les sociétés humaines doivent aspirer à une destination plus élevée, elles ont des avantages d'un ordre bien supérieur. Pour s'acquitter avec plus de dignité du rôle qui lui a été assigné, soit en se perfectionnant dans les voies de la morale et de la vertu, soit en se livrant aux hautes spéculations de la science, l'homme n'a besoin d'être ni soutenu ni guidé par la main directrice du pouvoir. Il lui suffit qu'il lui soit permis de marcher seul. Faites tomber ses lisières, ses pas ne tarderont pas à se raffermir et à le porter là où il faut qu'il aille. En le douant de raison, Dieu lui a donné la faculté de connoître le but sur lequel il doit tenir ses regards fixés ; en le douant de liberté, celle de l'atteindre ou d'en approcher. Pour qu'il puisse parvenir à son plus haut degré de développement intellectuel, il s'en faut bien qu'il doive être pétri par une main étrangère; il faut au contraire qu'il lui soit donné de se former lui-même. Ceux auxquels est échue par le sort autorité sur lui, qu'elle soit tombée dans les mains de plusieurs ou dans celles d'un seul, n'ont presque jamais manqué d'élever des prétentions contraires. Pour de bonnes raisons sans doute ils auroient voulu qu'il ne tînt que d'eux son caractère et ses facultés. Il est temps que la créature renonce à la tentation inexcusable, je dirai presque impie, d'empiéter sur les droits du Créateur en s'efforçant de faire l'homme à son image. On est enfin convenu, l'expérience sur ce point d'accord avec la théorie a concurremment démontré, que l'industrie ne fleurit jamais tant que lorsque, affranchie de toutes les règles, de tout l'enseignement qu'on a voulu si long-temps lui imposer, elle est abandonnée à elle-même. Et l'on voudroit persister à assujettir les opérations de l'intelligence à un système de restrictions que l'on ne trouve plus digne de régir l'œuvre servile de la main.

Il n'y a pas encore eu peut-être de gouvernement qui plus ou moins n'ait mérité ce reproche. Ce qui devrait cependant avant tout nous mettre en garde contre ce funeste abus, c'est que nous trouvons que partout le caractère national s'est élevé à mesure que les peuples jouissoient d'institutions plus libres et plus remarquables. On diroit que leur dignité rejaillit sur le dernier citoyen qu'elles protégent. Un ancien nous apprend qu'aux yeux de la Grèce, réunie aux grandes fêtes olympiques, un Spartiate étoit autant un objet de curiosité et d'admiration que le spectacle même des jeux qui s'y donnoient. Il s'agrandissoit de tout le respect qu'inspiroient les lois de sa patrie. On est presque confondu en repassant à la hâte dans sa mémoire la liste nombreuse d'hommes illustres, tant dans la politique et la guerre que dans les sciences, les lettres et les arts, qu'a produits la seule petite république d'Athènes; quand on pense que c'est elle qui a pour ainsi dire dicté, tant aux anciens qu'aux modernes, les lois de la pensée, et que plusieurs des chefs-d'œuvre qu'elle nous a légués en tant de genres n'ont encore été surpassés ni même égalés. Si tout ce que ce phénomène a de merveilleux ne nous frappe pas autant qu'il le devroit, c'est que nous avons été familiarisés avec lui dès notre première éducation. Il seroit inutile de rappeler ici la gloire, les succès, et surtout le caractère de fierté et de grandeur, la haute considération personnelle que les Romains durent à une forme de gouvernement auquel on pourroit d'ailleurs trouver bien des défauts. Nous ne cherchons qu'à expliquer notre pensée, et non à multiplier des exemples pour prouver des assertions dont la mauvaise foi seule peut ne pas convenir.

Les choses n'en vont pas autrement de nos jours : la liberté n'est point déchue de ses hautes prérogatives. Je ne puis taire dans son intérêt ce qui me paroît la vérité, bien qu'une susceptibilité jalouse à l'excès soit dans ce moment un des traits les plus saillans du caractère national. Quiconque veut être digne de la liberté doit commencer par l'admirer dans ses effets, même chez ses rivaux ou ses ennemis. Jusque dans ces derniers temps les habitans du pays qui se vantoit d'avoir la constitution la plus libre jouissoient eux-mêmes, en cette qualité seule, de cette espèce de considération générale qui chez les

autres étoit un privilége du rang. Dans ces lieux
de réunion où se rendoient indistinctement des
habitans de toutes les parties de l'Europe, le
nom seul d'Anglais suffisoit à celui qui le
portoit pour lui donner la prétention à une
espèce d'égalité avec ces droits que procuroient
à d'autres les titres, la naissance ou les emplois.
Chez ceux-ci on ne voyoit que des sujets, parmi
les autres seuls des citoyens.

Nous-mêmes, si l'esprit de parti ne nous
trouble pas la vue, ne verrons-nous pas notre
caractère national singulièrement rehaussé par
les événemens de notre révolution, en dépit des
excès qui l'ont souillée? Nos conquêtes et nos
pillages n'ont conjuré que des haines sur notre
tête ; notre long servage sous le despotisme impérial nous a rabaissés aux yeux de l'étranger ;
mais nos généreux efforts, répétés à plusieurs
époques, pour la fondation de la liberté sur le
sol de notre patrie, ont pu effacer ces taches ; et
quelque loin qu'ils aient été, qu'ils soient encore
d'avoir eu tout l'effet désiré, ils ont suffi pour
donner de nous une toute autre opinion que
celle qu'avoient laissée pendant le siècle dernier
l'imbécillité de notre gouvernement, les désastres de nos guerres, la frivolité ou la cor-

ruption de nos mœurs et de ce que nous appe-
lions notre philosophie. On n'a pu se refuser à
voir que quoique les pousses fussent mal dirigées, la sève qui leur donnoit la vie avoit de la
vigueur.

Qu'il me soit permis de faire voir par un
simple rapprochement le relief que donne à
l'homme privé, en l'absence d'institutions libres,
l'indépendance personnelle. Il n'est pas douteux que Turenne et Condé ne soient destinés
à jouer dans notre histoire un autre rôle qu'aucun des lieutenans de Bonaparte, de même
qu'ils y occupent déjà une tout autre place
qu'aucun de leurs successeurs dans les guerres de
Louis XIV. Veut-on en savoir la raison? Il s'en
faut de beaucoup que cela dérive uniquement,
ni même principalement, d'une plus grande
importance dans leurs opérations militaires : ce
seroit un champ ouvert dans ce moment à l'esprit de parti, et duquel je m'abstiendrois. Mais
ces derniers n'ont jamais été que des instrumens
dans les mains d'un autre, et nos contemporains surtout, dans celles d'un homme qui, de
tous ceux qui ont jamais insulté à l'humanité, est
celui qui a traité avec le plus de mépris ceux
qu'il employoit. Les autres au contraire, pen-

dant une grande partie de leur carrière, ont été des agens libres ; ils ont tour à tour soutenu ou attaqué le roi et l'Etat. On se méprendroit étrangement sur mes intentions en s'imaginant que je prétends approuver toute leur conduite : je prétende seulement que l'idée que nous avons qu'ils ont agi d'après eux-mêmes, entre, même à notre insu, dans l'appréciation que nous formons de leur mérite, et marque la différence qui les sépare de ceux qui n'ont jamais rien fait qu'exécuter les volontés d'autrui. Par la même raison, pour donner un autre exemple, Valstein et Bernard de Veymar occuperont bien plus d'espace dans la mémoire des Allemands qu'aucun des généraux de Frédéric.

Il seroit inutile de s'étendre davantage sur toutes les inestimables conséquences de la liberté. C'est un sujet qui a été souvent traité, et qui n'est pas le mien. J'ai seulement voulu faire voir qu'en les recherchant de bonne foi par l'étude de l'état intérieur de ces pays où elle a été connue, et en ne se bornant pas à s'instruire de ces faits bruyans qui font presque exclusivement la matière de l'histoire, on en concevra une idée bien plus juste que celle que l'on s'en forme ordinairement. La cause de la liberté d'ailleurs n'a plus besoin de pareilles considérations , de pareilles exhortations. Elle est trop avancée. Quand même elle ne le seroit pas je serois bien loin de désespérer de son succès. Je sais qu'une tendance vers elle découle irrésistiblement des principes constitutifs de notre nature. Sa marche peut bien être retardée, ou forcée à dévier par des institutions vicieuses ou par des motifs abjects d'intérêt personnel ; mais tôt ou tard elle doit reprendre le dessus. On ne peut considérer sans être pénétré de joie et d'admiration le généreux élan qui, soit dans notre patrie, soit chez nos voisins, révèle partout, même aux yeux les moins disposés à ne pas en être frappés, l'existence de ce noble esprit. Si ne pas le voir a été pendant long-temps fermer les yeux à l'évidence, ne pas lui désirer un succès complet et sans tache, seroit fermer son cœur aux sentimens qui honorent le plus notre nature.

Aussi qui ne verroit pas sans le plus profond regret qu'elles fussent fondées, ces amères imputations qui voudroient nous persuader que ses adversaires sortent principalement de cette classe qui occupoit autrefois le premier rang de la

société. S'il étoit vrai que ces hommes, auxquels on croiroit que leur naissance et leur éducation ont dû donner l'habitude, ou imposer
l'obligation, d'une plus grande élévation d'idées
qu'aux autres citoyens, préférassent courber la
tête sous le joug humiliant de l'arbitraire, dans
la coupable espérance et d'en diriger l'action
et d'en partager les faveurs ; s'il étoit vrai qu'ils
ne connussent pas l'immense distance qui sépare les droits de citoyens d'un état libre de
quelques restes insignifians de futiles priviléges,
débris de cette prépondérance réelle dans l'État
dont les avoit privés ce même despotisme sous
l'aile duquel ils voudroient maintenant honteusement se réfugier ; s'il étoit vrai qu'ils ne sen-
tissent pas qu'il est un peu plus glorieux de
jouir, par exemple, du droit d'éligibilité et d'é-
lection à la représentation nationale et aux magistratures locales, de celui de publier ses pensées et de savoir que sa sûreté individuelle est
sacrée, que de celui de monter dans les car-
rosses de la cour, ou de s'asseoir au banc du
seigneur ; s'il étoit vrai qu'abjurant toutes ces
idées de fierté et d'indépendance, qui ont si
souvent animé ces nobles aïeux dont ils se

font à juste titre gloire de descendre, avant la
dégradation finale de leur ordre sous ce roi
que l'on est toujours plus étonné de les voir
s'obstiner à tant exalter, ils ne missent leur zèle
qu'à prêcher les doctrines de la dépendance,
et leur modeste ambition qu'à pénétrer dans les
antichambres de la cour ; si ces reproches,
dis - je, reposoient sur quelque vérité, ceux
parmi eux, et certes il y en a, qui sont nourris
d'opinions plus saines, ne pourroient que gémir
en pressentant que la première noblesse, celle
des sentimens, est prête à passer dans d'autres
rangs. Ou bien mieux, si leur voix étoit de nature à avoir quelque poids, leur caractère quelque influence, ils devroient, sans s'embarrasser
d'être traités de transfuges de la cause commune, les employer à donner de meilleurs
exemples, et à rappeler dans une meilleure voie
et plus digne d'eux les membres de l'ancienne
classe privilégiée. Ils devroient les exhorter, de
même que leurs ancêtres marchoient à la tête
de la nation armée contre les ennemis de l'État,
à se mettre à la tête de ceux qui, embrassant une
cause non moins belle, combattent, soit pour
conserver les libertés que nous avons acquises,

soit pour revendiquer celles en bien plus grand
nombre qui nous manquent encore.

Car plus on réfléchira sur les affaires humaines, et plus on se convaincra que les sources
les plus fécondes, peut-être les seules, de tout
ce qu'il y a de grand et de beau, sont l'indépendance privée et la liberté publique.

CHAPITRE II.

Considérations particulières sur l'état de la France.

———

Dire que les lois qui régissent un peuple doivent être adaptées à sa véritable situation, c'est-à-dire à l'état où sont parvenus chez lui la répartition de la propriété, les progrès des arts industriels, la distinction des différentes conditions formées dans le sein de la société, et surtout la diffusion des lumières et de l'éducation, ne seroit que répéter une vérité devenue triviale. Comment se fait-il donc que ceux auxquels il échoit de donner des lois aux hommes y aient encore si peu d'égards? Pourquoi, au lieu de se borner à instituer une nation telle que les circonstances et les changemens que le temps porte à sa suite l'ont faite, voudroit-on avoir, en dépit autant de l'expérience que du raisonnement, l'inexécutable prétention de la mouler à son gré? Il n'est rien moins que probable que Lycurgue lui-même ait refondu Sparte en entier. Mais il est certain que de nos jours une pareille tentative seroit aussi ridicule qu'elle seroit nuisible. Il convient donc à ceux qui méditent dans le cabinet, comme à ceux qui délibèrent dans les assemblées publiques , sur le choix des meilleurs systèmes à suivre dans leur patrie, de bien considérer et connoître avant tout quel est chez elle cet état de la société , et celui des opinions et des partis politiques qui en sont les conséquences. Nous allons nous permettre avant tout quelques courtes réflexions sur celui de la France , et d'abord sur nos temps antérieurs quelques réflexions bien plus courtes encore.

L'établissement des Francs dans les Gaules ne doit être considéré que comme la prise de possession de ce pays par une peuplade barbare, à peu près dépourvue de toute organisation sociale , et qui n'a achevé tant sa conquête du sol du royaume, que celle d'une partie plus ou moins grande de la propriété privée , que par une succession d'envahissemens consécutifs. Leur mode de régir le pays qu'ils avoient ainsi acquis se sentoit nécessairement de la rudesse et de l'ignorance qu'ils n'avoient pas encore eu le temps de dépouiller. La plupart des écrivains modernes qui ont cherché à éclaircir nos antiquités historiques ont eu le tort de vouloir attribuer à des

barbares des idées suivies de systèmes qui ne
peuvent être le fruit que d'âges plus éclairés.
Ceux-ci portèrent, ainsi que cela devoit être,
sur le sol cultivé des Gaules, la vie qu'ils étoient
accoutumés à mener dans les forêts de la Germanie. Ils continuèrent à y jouir de toute l'extension d'une indépendance sauvage, que les
hommes apprécient seule avant que la civilisation leur ait appris la supériorité de la liberté
sous une loi commune à tout, et du droit ou
plutôt de la coutume, que déjà Tacite leur attribue, de suivre, soit dans la paix, soit dans
la guerre, des chefs de leur choix. Ils ne tardèrent
cependant pas, non pas à y substituer, mais à
y joindre, un commencement d'organisation politique. Le pays qu'ils occupoient fut réparti en
comtés, centaines, et autres moindres sous-divisions. A la tête de chacun de ces districts étoit placé
un magistrat. Quoique une partie de ces magistrats aient ensuite, surtout les comtes, été nommés
par le roi, il ne paroît pas douteux qu'ils ne fussent originairement électifs. Ils étoient élus par le
peuple, c'est-à-dire par les Francs ou hommes
libres, les seuls, avec ceux des Gaulois qu'ils
s'étoient associés, qui pussent jouir de droits
politiques. On voit même qu'à la fin de la pre-

mière race, sous le titre de maire du palais, le
véritable souverain étoit électif. Sous la présidence de ces magistrats, comtes, centeniers,
vicaires ou autres, les hommes libres se ras-
sembloient, et expédioient toutes les affaires qui
étoient du ressort de ce qui pouvoit dans ces
temps grossiers exister d'administration ou de justice; sous leurs ordres ensuite ils se rendoient
aux grandes réunions nationales du Champ-
de-Mars; sous leurs ordres ils marchoient contre
l'ennemi. D'un autre côté les chefs qui, soit
par leur crédit et leur pouvoir, soit par des
concessions de terres, soit par tout autre moyen,
s'étoient procuré une clientelle volontaire, jugeoient et marchoient à sa tête, comme les officiers publics marchoient et jugeoient à la tête de
ceux qui n'avoient pas contracté de ces relations
personnelles. Toutes ces fractions réunies dans les
placités, ou assemblées générales, y donnoient le
spectacle de la nation franque convoquée pour décider souverainement, sous la conduite ou influence des chefs qu'elle s'étoit elle-même donnés, de tout ce qui pouvoit regarder les intérêts
généraux.

On voit donc dans cette manière de se gouverner deux systèmes bien différens s'élevant à

côté l'un de l'autre, l'un dérivant de la prépondérance d'une aristocratie d'autant plus puissante que son autorité étoit appuyée sur la soumission spontanée de ceux qui en faisoient la
force, l'autre fondé sur la participation directe
dont y jouissoit chaque citoyen à l'administration
de la chose publique, sous la présidence de certains fonctionnaires, en grande partie, sinon
tous, électifs; ou, en d'autres termes, sur ce
principe auquel dans nos théories modernes on
a donné le nom de celui de la souveraineté du
peuple, mot dont les plus criminels des hommes
ont tellement abusé que bien des gens ne peuvent plus l'entendre prononcer sans frémir. Sans
avoir l'idée la plus éloignée de ces doctrines si
aigrement débattues parmi nous, ils n'en prati-
quoient pas moins tout naturellement les résultats,
nos rudes ancêtres, si enclins à ne vouloir relever que de leurs épées, et à ne reconnoître dans
leurs chefs d'autre pouvoir que celui de les
conduire là où ils vouloient aller, et par les
moyens qui leur plaisoient à eux-mêmes. Il est
bien vrai que l'on ne peut trouver dans cette origine de notre existence nationale aucune règle
définie avec quelque précision, ou pratiquée
avec quelque régularité. Les rois et les leudes

peuvent s'être disputé tous les pouvoirs, peuvent
tour à tour s'en être emparé et les avoir exercés,
mais il n'en est pas moins assuré que les Francs
réunis avoient là faculté et les moyens de ne leur
en reconnoître que ce qu'ils jugeoient à propos.

La preuve en est dans le genre d'affaires qui
se traitoient dans ces grandes assemblées, ou
plutôt dans la toute-puissance avec laquelle elles
décidoient de toutes sortes d'affaires. Elles portoient les lois, régloient les expéditions militaires, faisoient la paix, déclaroient la guerre,
et quelquefois partoient du champ même de la
délibération pour la faire; elles jugeoient les
grands et les princes, régloient les partages et
la succession de la couronne, déposoient et
élevoient leurs souverains. Ce fut devant ces
formidables assemblées que comparurent la reine
Brunehaut et l'impératrice Judith, la première
pour être envoyée à un cruel supplice, la seconde pour être acquittée. C'est par elles que furent condamnés à la peine de mort Bernard, roi
d'Italie, petit-fils de Charlemagne par Pépin,
frère aîné de Louis-le-Débonnaire, et par
conséquent, si nos idées actuelles sur le droit
de succession avoient été alors admises, légitime
successeur de ce puissant empereur ; et Pépin,

roi d'Aquitaine, son quatrième descendant, qui y fut traduit par ses propres sujets, qui l'ont flétri du surnom ignominieux d'Apostat, pour les avoir livrés aux pirates normands. Ces terribles sentences sommeillent tranquillement dans la poussière de nos vieilles annales; et, tandis que deux jugemens de la même espèce que nous offre l'histoire moderne ont frappé les nations d'épouvante et d'horreur, et ont si profondément remué les passions des hommes, ceux-là ne paroissent pas avoir produit, parmi les contemporains, des effets, ni excité des sensations qui indiquassent qu'ils s'éloignoient d'une manière trop marquée de la marche ordinaire des idées et des choses. Ces princes furent condamnés, se contentent de rapporter nos anciennes chroniques dans leur concision rarement si énergique, *judicio Francorum*.

Je sais que tous les peuples qui, sortis du nord de l'Europe, ont élevé sur les débris de l'empire romain nos états modernes, ont eu une organisation, ou suivi des coutumes analogues. Mais ne seroit-il pas permis de supposer que ces grandes réunions de toute une nation assemblée et réglant elle-même toutes ses affaires, que ces réunions dans lesquelles Charlemagne,

qui les dominoit par l'ascendant d'un génie
supérieur, décidoit du sort de ses vastes états
qui renfermoient la plus grande partie de l'Europe, aient développé chez les Francs un plus
grand exercice de souveraineté, et déployé un
caractère plus solennel, que chez les autres
peuples de même origine? Ne seroit-il pas permis de supposer que c'est en conséquence de
l'admiration dont ceux-ci avoient été frappés à
la vue d'un spectacle si imposant, qu'ils auroient
admis dans toutes leurs langues les mots de
franc et de franchise comme synonymes de
libre et de liberté? Cette supposition pourroit
bien reposer sur une meilleure base que sur
celle d'un juste orgueil national.

Quoi qu'il en soit de cette conjecture, il
n'est pas de mon sujet d'expliquer, pas même
d'indiquer, les causes et les moyens qui firent
prévaloir le pouvoir de l'aristocratie sur une
autre organisation qui portoit en elle-même les
germes d'une meilleure constitution sociale;
ni comment l'État tomba en dissolution à la fin
de la seconde race; ni comment, par l'établissement de la féodalité proprement dite à cette
époque, il fut divisé entre un grand nombre
d'hommes puissans, sans presque aucun lien

commun, et reconnoissant à peine pour chef
le premier entre ses pairs, sur la tête duquel
ils avoient cependant placé une couronne qui
n'ajoutoit que peu de chose à son autorité réelle.

Il est fort inutile de chercher dans le long
cours de la troisième race rien qui ressemble
à une constitution. On n'y aperçoit que la
longue lutte de la royauté contre l'aristocratie,
commençant par appeler à son secours l'influence croissante des communes ou du tiers-
état, et puis l'abaissant à son tour, après en
avoir fait l'instrument de l'abaissement des
autres, ayant pour auxiliaire presque constant
les parlemens, et plus tard l'appui plus redoutable des troupes soldées et permanentes.
Les États généraux, qui d'abord avoient été tenus avec quelque fréquence, plus tard ne paroissent plus que comme des espèces de coups
d'État dans des momens d'angoisse et de crise,
et n'atteignent jamais à ces retours périodiques
de convocation, ni à cette régularité de système
qui peut les faire regarder comme partie inté-
grante du corps social. On est forcé de reconnoître partout le fait bien plus que le droit,
jusqu'à ce qu'enfin un despote heureux fasse
disparoître également les germes et les débris

d'institutions libérales, détruise toute tendance vers la liberté, et consolide le pouvoir absolu. Libre à qui le veut de décorer
du nom pompeux de droit public quelques
maximes plus ou moins vagues, quelques traditions plus ou moins avérées, quelques fragmens plus ou moins clairement déchiffrés de
nos vieux monumens, quelques ordonnances
plus ou moins observées. Mais quiconque jet-
tera sur cette partie de notre histoire un coup
d'œil impartial n'hésitera pas à répéter avec
Loiseau, qui la connoissoit aussi bien que ceux
qui y font ces rares découvertes, « que dans
» le royaume de France on a toujours vécu
» à discrétion et à loge qui peut. »

Il seroit absurde de ne pas admettre que, considéré en lui-même et séparément des circonstances
qui l'ont produit, le régime féodal ne soit loin
d'être favorable au bonheur et au développement
de la société. Mais il y auroit une égale injustice
à ne pas reconnoître qu'il sortoit, qu'il naissoit
de la situation même de la nation dans ces temps
reculés, et qu'il ne pouvoit par conséquent manquer d'être assez bien accommodé à ses besoins
réels, et que sous son empire s'est lentement
et graduellement assuré l'affranchissement du

peuple des campagnes, condamné à la servitude
de la glèbe avant même l'époque où César entra
dans les Gaules ; tandis au contraire que l'esclavage n'a jamais pu être aboli , pas plus dans les
états libres de l'antiquité que sous le despotisme
éternel de l'Orient. La féodalité me paroît avoir
été redevable d'un avantage aussi remarquable ,
d'un côté à l'usage qu'elle introduisit de faire
servir les chefs par les hommes libres ses compagnons, ce qui, rehaussant le service domestique,
en bannit l'esclavage ; et d'un autre côté, à la nécessité où furent les seigneurs d'élever leurs serfs
au rang de guerriers, pour augmenter le nombre et la force de leur suite militaire : de plus ,
en introduisant une subordination hiérarchique,
elle put maintenir l'ordre au milieu de l'anarchie, et préparer lentement les voies aux meilleures formes que doivent prendre les sociétés
modernes. Elle pourra se vanter d'avoir vu
naître de son sein ces gouvernemens représentatifs qui partout sont sur le point de la remplacer. Enfin , sans prétendre nier et ne pas
regretter que le nombre de ceux qui partici-
poient à ces hauts priviléges fût si borné , on
doit avouer que c'est au noble esprit qu'ils
inspiroient que sont dus ces traits de magnani-

mité et de fierté, compagnes inséparables de l'indépendance et du pouvoir, qui font le principal ornement de notre ancienne histoire : héritage de gloire qu'il ne nous est pas permis de répudier, et qui établit une inappréciable différence entre ces temps et ceux qui n'ont connu que la dégradation universelle d'un joug égal sous un despote unique.

Ce fut Richelieu qui termina cette longue querelle, et abattit, pour ne jamais plus se relever, cette fière et turbulente aristocratie. Ses tentatives impuissantes pendant la Fronde ne firent que prouver que, soit par l'administration despotique de ce ministre célèbre, soit par les changemens peu à peu survenus dans l'état de la société, soit, ce qui me paroît être la vérité, par l'action de ces deux causes réunies, les nerfs de sa force étaient coupés, et que l'esprit qui l'avoit jusqu'alors animée s'étoit retiré d'elle. Les descendans ou les successeurs de ceux qui avoient détrôné leur roi, mis la couronne sur la tête d'un de leurs égaux, et qui s'étoient constitué à eux-mêmes des souverainetés indépendantes, virent finir leur existence politique au milieu de pitoyables intrigues et de ridicules projets ourdis dans des boudoirs par des femmes galantes, la virent finir au bruit des chansons, des sifflets et des pasquinades.

Louis XIV, qui recueillit tout le fruit de la conduite des deux cardinaux qui s'étoient succédé dans le ministère, et des oppositions avortées d'un ordre déchu, n'eut pas de peine à régner sans restreinte sur des âmes déjà asservies. Ainsi que tous les hommes qui marquent à une époque quelconque, il m'a toujours paru avoir été doué de qualités admirablement adaptées à celle où il monta sur le trône, et à la tournure des esprits qu'il devoit gouverner. Des têtes qui ne demandoient plus que le joug devoient en effet plier avec empressement sous un maître qui avoit un air imposant, un ton impérieux; qui ne manquoit ni de gravité ni de dignité, ni surtout de cette enflure que des esprits superficiels prennent aisément pour de la grandeur d'âme; qui possédoit, en un mot, et qui savoit faire jouer à un haut degré de perfection tous ces arts de représentation théâtrale qui ont fait dire au célèbre Bolinbroke, après avoir traité personnellement avec lui, que c'était sinon le plus grand roi, du moins certainement le plus grand acteur de royauté qu'il fût possible de voir. Tout plia, tout s'éclipsa, tout disparut devant cet homme qui vouloit, je répète ici ses expressions, « que tout fût » autour de lui rampant, impuissant, frappé » de stérilité, et que nul n'eût d'éclat que ce » que pouvoient verser sur lui quelques épan- » chemens de sa majesté royale. » Les parle- mens furent abaissés et réduits au silence. La noblesse, privée de toute importance réelle, et jalousement éloignée des charges influentes de l'Etat, fut ravalée à n'être qu'un brillant ameublement du palais de Versailles, où sa pré- sence étoit rigoureusement exigée. Elle se vit dépouillée de ce pouvoir qu'elle tenoit d'elle- même, de ce pouvoir indépendant auquel elle avoit dû autrefois sa gloire et son éclat, réduite à ne plus avoir même d'un lustre faux et emprunté que ce que vouloit bien lui accorder la dédai- gneuse libéralité d'un fastueux despote, et, en punition apparemment de quelques hauteurs en- vers ses inférieurs, seul et triste privilége qui lui restât désormais à exercer, condamnée pour comble d'humiliation à tenir à honneur des dis- tinctions telles que celles des grandes ou des pe- tites entrées, telles que le droit d'être admis à cer- tains momens de la toilette du maître, qui avoient toutes leurs nuances d'importance habilement

définies, depuis celui où il se chaussoit jusqu'à
celui où il se rasoit, ou le droit d'être présent
à son botter, ou de porter son bougeoir quand
il se couchoit. Ce qu'il y eut de plus déplorable
encore, c'est que cette humiliation ne fut pas
sentie. Heureuse, ai-je mille fois entendu répéter, la nation qui peut être menée par de
pareils moyens ! Que l'on auroit bien plus de
raison de plaindre le sort, et de rougir des sentimens de ceux parmi lesquels de pareilles misères,
leur origine et leur but, peuvent avoir quelque
valeur ! Les restes des priviléges des villes furent
abolis, ou plutôt mis en vente, comme ressources fiscales. Le despotisme orgueilleux de
ce temps ne daignoit pas concevoir de jalousie
de droits qui lui étoient à peu près aussi indiffé-
rens et inconnus que les plébéïens obscurs qui
en jouissoient ; et il étoit réservé au despotisme de nos jours, servi, non avec plus de
zèle, mais avec encore plus d'habileté, par des
instrumens populaires, de faire disparoître jusqu'aux dernières traces de ce qu'ils avoient
eux-mêmes exercé. Ce n'étoit pas assez que de
vouloir que tout fût rampant autour de lui, tout
le fut en effet. On en vit le résultat et la preuve
dans le concert unanime d'adulation effrénée

qui de toutes parts se fit entendre sous son règne. Les doctrines du despotisme le plus absolu furent les seules connues ou permises. Les écrivains comme les courtisans, le clergé comme l'académie, n'avoient d'autre ambition que de se devancer dans cette carrière, et de rivaliser dans les formules de la servilité. Bossuet lui-même, cet homme éloquent, que l'on appelle quelquefois le dernier Père de l'Eglise, après avoir enseigné à son élève, dans un livre destiné à l'instruction de l'éhritier du trône, « que le prince tient sur la » terre la place de la Divinité, que tout l'Etat est » en lui, que la volonté du peuple est contenue » dans la sienne, » finit, en poussant la flatterie jusqu'à un point que je me garderai de qualifier, par lui dire « qu'il faut respecter » les rois avec une espèce de religion, la reli- » gion de la seconde majesté, qui n'est qu'un » écoulement de la majesté divine. »

Cependant quelques esprits d'une meilleure trempe ne se laissèrent pas atteindre d'une contagion malheureusement trop générale. Saint-Simon, quoique passablement ébloui lui-même de la splendeur de la seconde majesté, reconnoît du moins et déplore l'abaissement de la noblesse. Boulainvilliers, avec cette fierté qui convenoit à un homme qui se disoit, qui se croyoit, qui peut-être étoit descendant des conquérans des Gaules, lui déclaroit, mais bien en vain, que du moment où elle avoit accepté de la main de ses souverains des ordres et des titres, elle s'étoit dégradée en reconnoissant qu'elle pouvoit tenir d'autrui quelque chose de supérieur à cette qualité incommunicable qu'elle ne pouvoit, qu'elle ne devoit tenir que d'elle-même. Ce langage lui étoit déjà et lui est resté depuis inintelligible. Il est assez singulier que cet auteur, de qui l'on pourroit citer plus d'une phrase absurde et offensante, où, dans toute la plénitude de l'orgueil aristocratique, il ne parle du tiers-état que comme d'une espèce de race affranchie d'origine servile, ait cependant pensé et écrit le passage suivant, passage bien remarquable. « Toutefois chaque siècle a » tellement ses avantages et ses disgrâces qui se » compensent mutuellement, qu'après tout il » n'y a pas d'homme raisonnable qui ne recon- » noisse que la société totale de la nation et » de toutes les conditions ne soit plus avan- » tageuse à la noblesse elle-même, que ce rang » supérieur et incommunicable dont elle a joui » si long-temps pendant les siècles d'ignorance

» et de grossièreté. » Tant il est vrai que quelque
élévation d'âme mène toujours aux nobles doctrines de la liberté; ou plutôt tant il est vrai
que cette élévation et l'amour de la liberté ne
sont au fond que le même sentiment différemment manifesté.

M. de Montlosier a très-bien relevé la méprise que l'on commet ordinairement en parlant du siècle de Louis XIV : si l'on veut se
contenter de désigner cette époque en la nommant d'après le prince qu'elle a vu régner,
rien assurément de plus permis; mais si l'on
veut par là donner à entendre que ce siècle
ait été l'ouvrage du roi dont on lui impose
le nom, l'examen le moins approfondi suffit
pour faire disparoître, ou du moins pour restreindre à peu de chose cette prétention. Un
de ces rares concours de circonstances, dont
les têtes spéculatives sont ensuite condamnées
à indiquer et à rechercher les causes avec plus
d'ingénuité que de succès, avoit produit au
milieu du dix-septième siècle un assemblage
d'hommes extraordinaires dans la carrière des
lettres comme dans celle des armes : noms
illustres, qui sont destinés à faire peut-être à
jamais le principal ornement des annales na-

tionales! Mais parmi toutes les causes que l'on peut assigner de ce phénomène, entrera-t-il jamais dans la tête de qui que ce soit d'y faire entrer l'influence d'un roi en maillot? La véritable époque de Louis XIV, si par ces mots nous entendons celle dont il seroit raisonnable de supposer qu'il ait pu diriger ou déterminer l'esprit et la tendance, seroit cette dernière partie de son administration durant laquelle ce que certaines gens veulent bien appeler ses institutions pourroit avoir produit ses effets. C'étoit bien alors vraiment que le despotisme portoit ses fruits. Il seroit superflu d'en rapporter le tableau si triste et si connu, nous en avons déjà touché quelque chose dans le chapitre précédent. Du sein des luttes et des troubles civils sous Richelieu et sous Mazarin, étoient sortis des hommes tels que les Turenne et les Condé, tels que les Colbert et les Louvois. La tranquille mais complète servitude qui succéda à ces temps orageux produisit des Villeroi, des la Feuillade et des Chamillard. L'illustre école de Port-Royal, fondée dans un esprit d'indépendance, avoit formé Racine et Pascal; et si elle n'avoit pas eu le mérite de tourner nos vues vers une littéra-

ture plus nationale, elle avoit au moins en celui
de nous inspirer le goût du plus beau des modèles, le goût grand et simple de la pure antiquité. L'école de la cour, cette source dont
a primitivement découlé tout ce que nos lettres
ont eu de faux, de foible, ou de factice, nous
donna à son tour Fontenelle et la Mothe-Hou-
dart; car c'est elle alors qui donnoit ce ton
général qui maîtrisoit ceux mêmes qui ne passoient pas leur vie à la suivre. On voit que,
tandis que Nicole et Arnaud reprochoient à
Racine une trop molle condescendance qui lui
faisoit négliger le beau naturel pour quelques
idées de mode, de leur côté le père Rapin
et Bussy-Rabutin, un homme de cour et un jé-
suite, discutoient et décidoient gravement que
le *tu* devoit être banni du beau style, comme
ne se disant qu'à de petites gens, et comme
étant tout-à-fait déplacé envers des personnes
de qualité. Si de ce que je viens de dire, ou
de toute autre réflexion analogue qui peut m'é-
chapper, on en inféroit que je préconise le
trouble et la' révolte, sous le prétexte, aussi
incertain que dangereux et criminel, qu'ils sont
propres à mettre au grand jour les esprits extraordinaires, je devrois déplorer que mon in-

expérience dans l'art de mettre ses pensées par
écrit m'eût si singulièrement trahi. Mais je
suis convaincu que rien n'est plus possible que
de combiner, sous de bonnes lois, la stabilité
de l'ordre public avec cette hauteur de mérite
individuel et cette dignité de caractère qui ne
peuvent naître que de l'indépendance personnelle.

Sous le règne de son successeur les conséquences de ce système parurent avec encore
bien plus d'évidence. N'est-il pas vraiment
inconcevable que chez une nation aussi grande
que la nôtre, dans un temps qui se piquoit
d'être éclairé, et pendant l'espace de près d'un
siècle, où elle s'est mêlée activement de toutes
les guerres et de toutes les négociations de
l'Europe, il ne soit pas sorti, soit comme
général, soit comme homme d'état, un seul
nom historique? La classe supérieure, privée
de toute participation aux affaires publiques,
s'en rapportant encore plus pour sa considération aux avantages de la naissance qu'à ceux de
l'éducation ou aux acquisitions de l'esprit, ne
trouva de meilleure ressource, pour remplir sa
vie et pour échapper à la langueur mortelle de
l'inactivité et de l'ennui, que de s'adonner à

toutes ces futilités qui faisoient l'occupation de
cette société d'élite qui, sous le titre de bonne
compagnie, s'étoit érigée en régulatrice suprême.
Ici il y a déjà à remarquer un changement
assez notable : sous Louis XIV c'étoit la cour
qui exerçoit cette espèce d'empire, et qui donnoit exclusivement cette espèce de modèle ; sous
Louis XV ce fut la ville. C'étoit passer de la
monarchie pure à l'aristocratie, c'étoit s'acheminer vers un meilleur état de choses. Il ne
s'en améliora cependant pas beaucoup, car de
cette espèce de société étoient et devoient être
bannies toutes les affections fortes, toutes les
connoissances profondes. Rien de plus déplacé,
on pourroit dire de plus ridicule, que tout ce
qui portoit l'empreinte de cet enthousiasme,
sans lequel on n'arrive jamais au grand, ou de
toute autre passion énergique, au milieu des
frivolités, des belles manières et des grâces
artificielles des salons. Un ton général de foiblesse se répandit sur tout, envahit tout. Ce
qui étoit grave et sérieux devint pédantesque
ou hors de mise. L'art de discourir sur tout
sans savoir rien à fond devint le premier des
arts. On ne loua plus les gens, même les gens
de lettres, que sur les progrès qu'ils avoient

faits dans la science du bon ton, dans celle du
savoir-vivre, du tact délicat des convenances,
ou sur je ne sais combien d'autres merveil-
leuses acquisitions d'égale force, imaginées ou
nées d'elles-mêmes pour cacher la seule réalité,
la pauvreté de ce temps. Tout devint frivole,
froid et sans passion, même jusqu'au dérégle-
ment des mœurs qui prévalut si généralement.
Le besoin de cultiver continuellement la con-
versation, cette seule perfection à laquelle on
visât, le désir d'y briller sans cesse, poussa plus
loin qu'il ne l'avoit été le mélange des deux
sexes à tous les instans et dans toutes les occasions. Il s'en suivit que toutes les qualités qui
les caractérisent, et qui en font la différence et
le mérite, ou disparurent, ou allèrent peu à peu
s'effaçant. Les hommes crurent plaire en devenant légers et efféminés ; les femmes, oubliant
que pour elles la modestie et la retenue sont des
qualités sans lesquelles l'esprit et la figure perdent
leurs principaux charmes, ne les bannirent que
trop de leurs habitudes et de leur bouche comme
de leur conduite. C'étoient dans ces salons,
qui reconnoissoient leur suprématie, que s'opéroit, que se rendoit toujours plus intime ce
rapprochement continuel, cette fusion mutuelle.

C'étoit là qu'étalées dans leurs fauteuils elles tenoient tête à tout venant, elles dissertoient sans le moindre embarras sur toute espèce de sujets, depuis le plus relevé jusqu'au plus commun, depuis la métaphysique jusqu'au commérage du jour, tant avait fait de progrès le grand art du parlage encyclopédique. Heureux qui le possédoit, il pouvoit lui tenir lieu de tout! Les hommes déposèrent cette virilité dans les sentimens, dans les opinions, dans les manières, qui devroit être leur lot. Les femmes répudièrent on négligèrent cette douceur, ces grâces naturelles et touchantes, cette modestie féminine, cette pudique réserve qui, pour quiconque n'a pas le sentiment gâté ou corrompu, sont les conditions indispensables de ce que l'on pourroit appeler le type idéal de leur beauté; qualités qui ne se produiront jamais dans un commerce non interrompu des deux sexes, ni au milieu du caquetage, de tous les grands airs et de toute l'effronterie du beau monde.

Personne n'a plus que moi d'éloignement pour la basse jalousie, aussi indigne d'elles qu'humiliante pour ceux qui la conçoivent, qui voudroit leur interdire d'embellir ou de cultiver leur esprit. Il y a entre elles et nous bien

plus encore disparité qu'infériorité de qualités intellectuelles. S'il m'étoit donné de parler,
je serois le premier à les défendre contre ces
absurdités, et à les exhorter à se livrer à toutes
sortes d'études honorables pour lesquelles elles
se sentent des dispositions ou de l'attrait. Mais
si elles veulent y avoir quelque succès, de
même que si elles veulent se former une idée
de manières plus convenables à la haute dignité
de leur sexe, elles sentiront qu'il ne leur convient pas également de se mêler de toutes les
affaires de la vie active, qu'elles doivent savoir
goûter la vie retirée, et plus ou moins s'abstenir de cet éternel tourbillon d'insipidité et de
dissipation où la fausse direction des mœurs
du siècle ne leur a que trop fait consommer leur
existence sans fruit, et, je présume, avec bien
peu de satisfaction réelle.

Sentant bien, quoique ne s'avouant pas même
à soi-même, l'abaissement dans lequel l'avait
fait tomber la perte de toute action comme
ordre politique, la noblesse alla s'imaginer, faute
de mieux, une distinction imaginaire ; indé-
finie et indéfinissable, une espèce de condition
inhérente qui, ainsi que la régénération de certains sectaires, ne se perd pas malgré de graves

chutes, et qui étoit l'apanage à peu près exclusif des gentilshommes. Ayant perdu la réalité d'une existence élevée, on fut excusable en voulant y substituer quelque ombre de supériorité. Montesquieu lui-même vint fortifier ces illusions de son imposante sanction. Ce perçant génie, cédant à la mesquinerie du siècle qui l'entouroit, qui le pressoit, lui révéla que l'honneur étoit le principe des monarchies et le partage de leurs noblesses. Un pas de plus, et notre célèbre bon ton étoit élevé au même rang.

Je sais bien qu'un petit nombre de grands écrivains ont su, pendant ce temps, dignement soutenir l'illustration nationale, et glorieusement prouver que la France étoit toujours un sol propre à porter de grands talens. Je sais que les sciences physiques et mathématiques, moins soumises à la malheureuse influence qui régnoit alors, firent des progrès remarquables ; mais je ne crois pas qu'un observateur impartial veuille nier qu'en dépit de quelques grandes mais rares exceptions la tendance générale du siècle n'ait été telle que je viens de l'indiquer. La philosophie, ou bien plutôt ce qui en usurpoit le nom, ne pouvoit manquer de se ressentir

de la tache de son origine. Un matérialisme
désolant, dont les doctrines étoient peut-être
exposées avec quelque art, mais sans profon-
deur ou étendue de vues, fut la seule professée, d'abord dans ses principes, plus tard
dans toutes ses conséquences. Une des plus
importantes, comme des plus inévitables, fut
que l'intérêt et le plaisir étoient les seuls
principes régulateurs de nos actions. Sachant
de la pratique s'élever jusqu'à la théorie, un
fermier-général des aides mérita la reconnoissance de ses contemporains, en démontrant à
leur satisfaction ces bases éternelles de toute morale. Le style dont on se servoit dans cette école
a su plus d'une fois répondre à ces maximes ; et
l'on ne peut étouffer une honnête indignation,
en se ressouvenant que le langage qui ne devroit
jamais sortir que de la bouche des courtisanes ait
souillé les lèvres de ceux qui s'arrogeoient le titre
de philosophes. La poésie dégénéra en madrigal
ou en prose rimée. Son esprit vivifiant se retira
d'elle, et, oubliant sa langue sublime, elle ne
sut guère plus que grasseyer le jargon des salons. Les arts du dessin se conformèrent au
goût général, et ne surent être que froids et maniérés, sans correction comme sans grandeur.

Le vrai beau fut voilé pour les artistes. Les romans mêmes ne purent présenter que les petits sentimens du jour, minutieusement disséqués, ou entortillés dans je ne sais quel étalage alambiqué de fade libertinage. Les choses les plus sérieuses et les plus sacrées étoient attaquées, bien plus par le sarcasme et la plaisanterie que par le raisonnement. Au lieu de soumettre à une critique décente et sévère les nombreux abus dont la France étoit la victime, on préféroit de s'en moquer, et de faire rire à leurs dépens. Confondant ensemble le bien et le mal, on auroit dit que tout ce qui étoit national n'étoit bon qu'à être voué au ridicule. C'étoit l'humeur railleuse cherchant sa pâture, et non le patriotisme élevant sa voix mâle en faveur de la liberté. Tout se rapetissoit, se rétrécissoit selon la mesure étroite que se formoit des choses la société alors dominante. Qui, maintenant que nous avons le bonheur de voir poindre un meilleur esprit, qui, dis-je, n'a profondément gémi que, dans ses déplorables écarts, même le véritable talent n'ait su voir dans le trait et dans le caractère le plus héroïque de notre histoire qu'une occasion d'indignes railleries et de dégoûtantes obscénités ?

S'éleva-t-il alors quelque voix pour venger la mémoire de cette courageuse héroïne si lâchement outragée, ou pour réclamer au nom de l'honneur national si singulièrement offensé? Cela ne vint dans la tête à personne. On aima bien mieux admirer, applaudir, surtout rire.. Pourquoi donc? c'est que tout étoit faussé, tout étoit frappé d'aridité et tendoit à éteindre les hautes et généreuses affections; c'est que tout ce que l'on disoit, tout ce que l'on écrivoit, étoit calculé pour les cercles, les bureaux d'esprit et les boudoirs, pour la corruption et la mollesse intellectuelle d'un monde frivole et énervé, qui rejetoit toute nourriture plus forte que la politesse superficielle, le bel esprit et le persiflage.

Cependant tandis que l'autorité, sans règle comme sans contre-poids, s'affaiblissoit tous les jours, que la classe supérieure ne retenoit pas plus l'esprit qui l'avoit autrefois animée que la puisssance qu'elle avoit exercée, et que la magistrature seule offroit, dans un pouvoir qui n'étoit guère plus reconnu que déterminé, quelque ombre d'institution politique, un changement lent et important s'opéroit inaperçu dans le corps de la nation. Une répartition de richesse territoriale qui devenoit de jour en jour moins inégale ; une accumulation toujours croissante de richesses mobilières ; la diffusion de l'éducation qui compensoit la fausse direction de la littérature et de la haute société, et par conséquent les facultés intellectuelles, ces facultés qui, à mesure que le genre humain avance dans la carrière de la civilisation, ne peuvent manquer de former la première des puissances, mieux partagées et plus généralement cultivées ; tout concouroit à effacer graduellement les distinctions artificielles de la société parmi nous. En lisant les mémoires qui contiennent des détails de vie privée, on est frappé de voir les progrès que nous n'avons cessé de faire vers l'égalité civile. On y voit en effet combien la dépense, le luxe, le nombre et la qualité des domestiques ont, chez les grands, été en diminuant avec la fortune ; combien le ton et la conduite des supérieurs envers les inférieurs, en changeant et en s'améliorant, a indiqué que les classes se rapprochoient. La seule différence du pied sur lequel les gens de lettres vivoient avec les gens du monde, pendant les deux règnes de Louis XIV et de Louis XV, suffiroit pour prouver ce que j'avance. Tout, jusqu'aux petites distinctions dans l'habillement, avoit disparu, ou tendoit à disparoître.

Aussi les inégalités conventionnelles qui existoient encore devenoient-elles de jour en jour plus irréconciliables avec l'avancement qui avoit eu lieu vers une égalité réelle et de fait. La France, semblable à ces animaux qui à certaines périodes se revêtent de nouvelles enveloppes mieux adaptées à leurs nouvelles formes, cherchoit à se débarrasser de sa vieille dépouille, pour en prendre une qui lui donnât les moyens de développer plus librement les forces nouvelles qu'elle avoit acquises et qu'elle continuoit d'acquérir. Quoique la foule ne prenne jamais garde à ce qui se passe autour d'elle, ces symptômes de changement n'échappèrent pas à plusieurs esprits observateurs. Il pouvoit être lent et graduel. Il pouvoit être subit et violent. Mais de quelque manière qu'il dût s'opérer, il falloit qu'il eût lieu. Il eut lieu en effet, mais par une explosion dont la force ne s'est que trop fait ressentir en Europe. Les courtes vues des politiques de ce temps n'en prévirent pas plus les résultats, que plusieurs des héritiers de leurs opinions ne les aperçoivent aujourd'hui même qu'ils sont en partie réalisés.

L'esprit d'égalité, encore plus que celui de liberté, a été le mobile de notre révolution. C'est, je crois, un de ces points à peu près convenus. Ceux auxquels il ne manquoit que peu de chose pour être égaux de fait ont voulu l'être de droit. A l'approche de la lutte deux partis s'offroient à la noblesse ; céder franchement, ou résister vigoureusement. On ne pouvoit pas raisonnablement s'attendre au premier. Les actes de dévouement ou de désintéressement sont les plus hauts efforts de la vertu humaine, et ne peuvent être espérés que du nombre, même dans les meilleurs temps , si petit des âmes privilégiées. Quelque minces que fussent les avantages qui lui restoient devant un œil éclairé, c'étoient après tout des avantages. Rien ne tient tant à des marques de distinction extérieure que cette foiblesse humaine qui se sent incapable d'en acquérir par elle-même. Le second parti n'étoit pas en son pouvoir. L'événement prouva à quel point d'impuissance étoit tombé ce corps, jadis le seul qui comptât dans l'Etat. Un souffle de la nation soulevée suffit pour renverser un ordre qui autrefois d'un

coup de pied faisoit lever , pour marcher sous
son commandement, tout ce qu'il y avoit
d'hommes en armes sur le sol de la France. Au
lieu de cela , dans des momens à la vérité difficiles, la noblesse prit la plus funeste résolution
qu'eût pu lui suggérer son propre ennemi et
celui de sa patrie. Sentant que la force lui manquoit chez elle , elle ne vit, selon la remarque
de madame de Staël, de compatriotes que dans
les autres aristocraties ; et dans son égarement
elle s'empressa d'aller joindre et exciter ces
armes étrangères qui , sous ces prétextes d'ordre
et de légitimité qui ne manquent jamais , s'ap-
prêtoient à étouffer l'esprit naissant de liberté ,
ou à exécuter des projets d'agrandissement. Je
ne veux pas contester à l'ingénieux auteur que
je viens de citer l'originalité de sa remarque ;
mais long-temps avant elle le prince de Condé,
qui a toujours été plus particulièrement considéré
comme l'interprète des sentimens de cette classe,
avoit dit tout aussi clairement dans un manifeste
publié en 1789... « La noblesse est une... C'est
» la cause de tous les princes, de tous les gen-
» tilshommes que je défends... J'irai à la tête de
» la noblesse de toutes les nations délivrer ce
» monarque infortuné..... » Je suis bien loin de

croire que cette conduite ait été, ainsi que l'on a souvent voulu donner à l'entendre, la seule ou la principale cause des excès qui suivirent, pas plus qu'elle ne peut leur servir de justification. Mais on ne peut nier que ce triste recours à des drapeaux qui n'étoient pas nationaux n'y ait contribué, et qu'il n'ait outre mesure envenimé ces haines qui déjà au commencement avoient éclaté avec tant de force entre les deux partis. On ne peut douter qu'il ne les ranime et ne les entretienne encore dans ce moment, fortifié par des soupçons dus à des événemens récens, et à la coupable habitude que l'on suppose et reproche d'avoir toujours les yeux tournés de ce côté. Instruite par l'expérience, et mieux avisée, nous voyons que dans ces grands changemens, qui s'effectuent ou se préparent, partout où la classe privilégiée sent la force de lui échapper, elle cherche au moins à se faire sa part en se joignant au mouvement général.

Les animosités féroces de la révolution avoient été comprimées et diminuées sous la main de fer du despotisme. L'expression d'autres sentimens que ceux qu'il dictoit, ou qu'il autorisoit, lui auroit paru une tentative de révolte. Sous lui les honneurs de la servitude avoient été par-

tagés avec quelque impartialité entre les courtisans des rois et entre ceux du peuple. La restauration est venue réveiller les haines et ressusciter les
craintes. Des prétentions se montrèrent de toutes
parts, impuissantes pour atteindre le but qu'elles
se proposoient, trop puissantes malheureusement à semer la méfiance et la peur. Le retour
des Bourbons fut salué avec les plus joyeuses acclamations comme devant être la destruction de
la révolution. Cette expression vague, répétée
par toutes les bouches, donnoit d'autant plus
à craindre que personne ne savoit précisément
ce qu'elle vouloit dire, ce qu'elle menaçoit. On
entrevoyoit seulement, chez les uns, l'appréhen-
sion, chez les autres, l'espérance que le parti
que la révolution avoit fait déchoir de sa prépondérance alloit la ressaisir. La classe qui depuis vingt-cinq ans avoit occupé toutes les
places civiles et militaires, qui avoit vaincu les
armées, et administré comme conquêtes les
provinces de la plupart des états de l'Europe,
sentit son intérêt alarmé sur la stabilité de ce
qu'elle possédoit depuis si long-temps, et sa
vanité blessée par quelque supériorité de cour
ou de faveur. Celle non moins nombreuse des
nouveaux propriétaires conçut des inquiétudes

sur les ventes nationales, ou ne put entendre sans douleur la manière dont elles ne cessoient d'être qualifiées. L'habitant des campagnes, qui est en général pénétré qu'il a beaucoup gagné au changement qui a eu lieu dans sa condition, et qui parle avec d'autant plus d'horreur de la féodalité qu'il ne la connoît plus, et y met tout ce que lui suggère l'ignorance de son imagination effrayée, n'étoit pas moins indisposé. Ce sentiment général de mécontentement s'excitoit de lui-même, comme un résultat de la position des hommes et des choses, sans qu'il lui fût nécessaire d'être soufflé par ces bouches auxquelles on attribue si gratuitement le don de persuader tout ce qu'elles veulent. Chacun avoit des exagérations à lui et à sa portée. Si le simple paysan se bornoit à crier contre le retour de la dîme et du champart, d'autres transformoient sérieusement quelques vieux gentilshommes ruinés, enterrés sous les débris de leurs châteaux, et ne jouissant d'autre privilége que de celui d'éveiller la jalousie, en comtes de Flandre ou de Champagne. Avec quelques modifications qu'elles ont subies par ce qui s'est passé depuis, les idées encore régnantes se rapportent à ces premières impressions; et si chez les dernières classes elles viennent, telles que nous venons de les indiquer, à peu près de s'éteindre, chez les autres elles paroissent presque prendre un nouveau degré d'intensité. Mais ce n'est pas le lieu d'entrer dans une discussion à ce sujet.

Il ne s'agit pas de rechercher ce qu'il y avoit, ce qu'il peut y avoir encore de plus ou de moins fondé, de plus ou de moins blâmable dans tout cela, soit dans les prétentions d'un côté, soit dans la crainte de l'autre. Je veux seulement en déduire que l'esprit général qui règne en France, que ce qui peut s'appeler sa passion dominante, c'est le désir de l'égalité et de l'abolition de toute classification hiérarchique de la société. Ce désir y est si puissant, qu'il a pu même faire regretter le despotisme qui vient de finir, parce qu'il lui donnoit moins d'inquiétude que le règne des Bourbons, sous lequel d'ailleurs quiconque avoit des yeux devoit bien voir que l'établissement, ou du moins la durée, d'un système aussi dégradant que celui qu'il venoit de remplacer, étoit parfaitement impossible. Cette égalité règne par la division des fortunes poussée à peu près aussi loin que le comporte un aussi grand état, par l'éducation, et par conséquent par la répartition des qualités de l'esprit, par les mœurs et les habitudes, par des places de toute espèce indistinctement occupées par des personnes de toute condition ; il est par conséquent d'une indispensable nécessité qu'elle règne aussi par les lois et par la manière de les exécuter. Ainsi donc la première règle dans toutes nos institutions sera de veiller à ce qu'elles ne blessent en rien ce sentiment qui naît chez nous de la constitution même de la société. S'il est contrarié ou menacé, comme toutes les affections profondes, il ne peut manquer de devenir intraitable, intolérant, féroce même, ainsi que nous en voyons encore des exemples. En lui laissant un libre cours, il ne gardera que ce qu'il a de bon. La nation pourra alors tranquillement, et sans être agitée par des passions qui l'égarent et qui peuvent lui cacher les piéges qui lui sont tendus pour les plus mauvaises fins, prendre l'assiette qui lui convient. Elle viendra d'elle-même et sans interruption se ranger sous son aristocratie naturelle, je veux dire sous ceux qui, soit par leurs talens, leur conduite, leurs richesses, leur naissance, soit enfin par tout autre moyen, acquièrent de l'influence sur leurs semblables. Ainsi menée, une nation me paroît devoir être sur la voie des plus grands résultats,

sur celle qui conduit au plus haut degré de perfection dans l'organisation sociale.

Eh ! qui, la tête saine et le cœur droit, se
dépouillant de tout préjugé et oubliant des
phrases absurdes et criminelles, ne sent tout ce
que le sentiment d'égalité a de beau et de grand?
qui ne sent qu'il est irrésistiblement fondé sur
l'essence intime de notre nature? Rien ne peut
jamais totalement effacer de l'esprit de la créature qu'elle est sortie égale et indépendante
des mains du créateur. Mais sans rien nous permettre qui puisse être accusé de ressembler à
de creuses spéculations, le plus simple raisonnement ne suffit-il pas pour nous démontrer
que cet état de la société est bien mieux ordonné, dans lequel chacun a le chemin ouvert
pour parvenir à quelque prééminence par les
moyens qui la donnent, et pour la conserver une
fois acquise, pour exercer et mettre à profit
toutes les facultés dont il peut être doué; est
mieux ordonné, dis-je, que celui qui, la divisant
et la classifiant suivant les règles conventionnelles de lois positives, peut bien répondre aux
besoins du moment qui les a vues naître, mais qui
risque ensuite dans d'autres circonstances de ne
plus présenter qu'une hiérarchie factice, ne re-

posant plus sur aucune base réelle, et destinée tôt ou tard à accélérer la ruine de l'édifice qu'elle avoit été créée pour soutenir. Que ceux qu'une trop grande égalité effraie se rassurent. Il y a déjà assez de causes d'inégalité répandues dans le monde, pour qu'il soit superflu d'y en ajouter de nouvelles de la façon des législateurs, qui la plupart du temps, sous une apparence spécieuse de bien public ou de vues politiques, ne cachent qu'un but intéressé que ces distinctions doivent servir à favoriser. Cette inégalité est même une condition essentielle de la société cultivée, sans laquelle elle ne pourroit exister. Mais, sauf ces inégalités inévitables, je dirai presque naturelles, moins elle en présente et plus elle doit jouir de bien-être réel et de dignité morale. Veut-on voir quel est l'effet de ce système d'inégalité lorsqu'il est poussé jusqu'à un certain point? que l'on jette les yeux sur ces peuples de l'Orient que la division par castes condamne à une éternelle enfance. Je ne crois pas que l'observation des états européens, où règne la plus grande disproportion entre les classes, démente ces assertions par le tableau qu'ils nous offrent soit de leur prospérité intérieure, soit de leurs mœurs nationales. Une prépondérance trop marquée des uns au-dessus des autres ne peut manquer d'engendrer d'un côté l'orgueil et le mépris, de l'autre la servilité ou la basse jalousie. On seroit heureux de pouvoir dire que l'on ne découvre plus chez nous de trace de ces sentimens, également à repousser les uns comme les autres.

Je l'ai déjà dit, les idées de liberté ont encore bien moins de force que celles d'égalité. J'y vois une puissante raison de plus pour soigneusement éviter tout ce qui pourroit effaroucher ces dernières. Dans cet état d'irritation et de susceptibilité, on aura toujours un moyen facile d'influer sur les esprits, et de les tromper en flattant ou paroissant flatter leur passion favorite. Il faut cependant considérer qu'on est égaux à Maroc et à Constantinople. Quiconque a observé avec un peu d'attention ce qui se passe depuis six ans, sait que c'est un de ces méprisables artifices dont n'ont pas manqué de se servir ces instrumens de l'arbitraire qui se tiennent inébranlablement rangés sous les enseignes du pouvoir quel qu'il soit. Ils l'ont représenté en mainte occasion comme le rempart de l'égalité en danger contre les atteintes de l'aristocratie. L'alarme a été telle que la crédulité n'a pas man-

qué à l'impudence; et qu'ils ont quelquefois réussi
à persuader à un parti, qui non sans quelque fondement prend fièrement le titre de parti national,
qu'il avoit besoin d'un pareil bras contre une pareille force. Tandis que ce parti au contraire,
laissé en toute sécurité sur ce point important,
n'auroit pu manquer de rire de tels protecteurs,
de traiter comme elles le méritent leurs grossières
jongleries, et surtout de prendre une direction
plus tôt et mieux assurée vers ces saines doctrines
de la liberté, dont une adoption plus générale
n'a été, et n'est encore, retardée que par l'attaque
qu'il croit voir dirigée contre ce qu'il a de plus
cher.

Le simple raisonnement nous indiqueroit la
situation des partis politiques qui doivent naître
d'un tel état de choses, la moindre observation
suffit pour les distinguer. Presque tous ceux qui
ont souffert par les événemens de notre révolution, qui ont été privés par elle de leurs biens,
de leur prééminence, de toutes ces petites distinctions qui restoient encore comme des débris
qui attestoient, bien plus qu'ils ne représentoient,
leur ancienne existence, se tiennent d'un côté.
Ils ne peuvent être favorables aux doctrines
libérales, auxquelles ils attribuent leur ruine, et

qu'ils ne regardent que comme des tables de proscription. A eux viennent se joindre, non sans quelque mélange de jalousie contre l'aristocratie, quelques hommes de bien, également pourvus de foiblesse et de bonnes intentions, qui, ne sachant pas bien distinguer les mots des choses, et effrayés des excès qui ont déshonoré nos discordes intestines, confondent cette liberté que nous cherchons avec cette licence que nous avons trouvée. Il est inutile de parler d'un petit nombre d'intrigans qui professent toutes les opinions et se revêtent de toutes les couleurs, selon leurs vues d'intérêt personnel. Mais il faut y ajouter l'appui, plus espéré que certain, des classes inférieures sur quelques points peu nombreux du royaume.

D'un autre côté, on voit rangée toute cette grande masse qui s'applaudit de la destruction des ordres, qui a profité de leurs dépouilles, qu'effarouche le seul nom de privilége, qui croit avoir encore plus gagné qu'elle ne l'a fait à leur abolition ou à celle des entraves qui gênoient l'agriculture et l'industrie, qui a pris une part active à tous les événemens, et occupé tous les postes depuis vingt-cinq ans ; qui, née ou élevée pendant cette période, se fait un mérite de tenir aux idées nouvelles, quand bien même elle ne les adopte pas de conviction, ou ne les comprend pas; enfin le grand nombre de ces gens sans ambition, et uniquement occupés de la surveillance de leurs propriétés ou de l'exercice de leur état, qui, harassés et dégoûtés de changemens qu'ils n'ont pu subir sans plus ou moins de pertes et d'angoisses, ne soupirent qu'après la tranquillité, tiennent avant toute chose à la conservation de l'ordre établi, et ne peuvent s'empêcher de regarder ceux qui dans leurs bouillantes déclamations ne cessent de s'élever contre la révolution comme des têtes ardentes, comme des révolutionnaires d'une autre espèce qui voudroient eux-mêmes tout bouleverser. Il n'est pas besoin de dire quel parti adopteroient, soit dans les villes, soit dans les campagnes, les classes inférieures et laborieuses. D'où pouvoit venir le singulier attachement qu'elles ont montré au despotisme impérial? Néron au moins donnoit au peuple de Rome du pain et des jeux : Bonaparte ne savoit qu'écraser le sien d'impôts et le décimer par les conscriptions. Mais le retour des Bourbons leur fit craindre le retour d'un régime qu'ils imaginoient être encore plus intolérable. Dans leur

sens il s'agissoit du moindre entre deux maux.
Aussi tout homme impartial ne balancera-t-il
pas à reconnoître le droit de ce parti au nom
qu'il prend et aux prétentions qu'il annonce.
De bonne foi veut-on chercher de quel côté est
la majorité? Quittons les assertions et ces
données générales que l'on peut toujours rétorquer, ou soupçonner être vues à travers l'organe peu sincère d'un œil partial. Appelons-en
au témoignage des faits, des faits reconnus,
avérés, officiels. Il est convenu que plus le cens
de la propriété est élevé et plus le premier parti
y compte d'adhérens. Cependant il a été presque entièrement exclu des élections, restreintes
aux 80,000 plus hauts imposés. Pour qu'il pût
s'y trouver en majorité, il a fallu encore réduire
au quart ce nombre déjà si singulièrement in-
considérable relativement à notre population,
ce nombre qui déjà lui-même méritoit le nom
d'oligarchie électorale. La conséquence n'est
pas ici difficile à tirer. Que seroit-ce si au lieu
de le réduire au quart on le portoit au double?
Dans le second des deux partis on peut bien
remarquer quelques divisions qui offrent certaines nuances de différence. Mais dans les circonstances actuelles elles sont peu nombreuses

et peu marquantes. En présence de l'ennemi commun, elles savent se tenir étroitement unies. La plus importante seroit la classe militaire, jointe à tous ceux qui y tiennent par intérêt ou par sympathie. Des considérations de reconnoissance personnelle en attachent encore beaucoup à un chef sous lequel ils ont si longtemps eu d'étonnans succès, en dépit des graves reproches qu'ils ont à lui faire. Leur intérêt, profondément blessé par la perte des biens qu'ils avoient acquis, des appointemens dont ils jouissoient et du rapide avancement ouvert devant eux; l'injustice ou l'oubli dans la répartition des emplois dans ces changemens, dans ces réformes continuelles dont on a pris plaisir à tourmenter l'armée; le sentiment plus ou moins sincère que leur gloire est avilie et leurs exploits traités comme des actes de rébellion, les ont rangés à côté de gens qui professent des doctrines qui à la plupart d'entre eux étoient ou inconnues ou indifférentes. Sous les ailes de la même protection viennent se réfugier ou se cacher, et ceux qui ont trempé dans les excès et dans les crimes de temps malheureux, et ceux qui se sont distingués dans des temps de servilité, et ont joué de tristes rôles dans les grandes facéties

impériales, maintenant ridicules aux yeux de
tous. Ils espèrent ainsi, les uns faire oublier les
transports de leurs fougueuses passions, les
autres effacer les stigmates de leur servitude récente. S'il est vrai que l'hypocrisie est une des
meilleures preuves de la vertu, on ne peut s'empêcher d'en voir une nouvelle de l'excellence
de la liberté dans l'hommage qui lui est ainsi
rendu. C'est pour cette raison que l'on doit admettre avec empressement l'honorable fiction
par laquelle tel, qui ne rêvoit qu'avancement et
dotations, prétend que dans vingt campagnes il
n'a versé son sang que pour la défense des droits
nationaux ; et que l'on doit écouter avec indulgence balbutier quelques lieux communs constitutionnels à tel courtisan qui vient à peine de
quitter, et qui aspireroit à reprendre sa livrée impériale. Les deux dernières fractions, celle des
jacobins et celle des bonapartistes, n'offrent que
des individus isolés et ne méritant pas le nom
de parti. Il n'en est pas de même de la classe
militaire, qui se fait autrement remarquer, tant
par le nombre de ceux qui la composent, que
par la considération bien différente et mieux
méritée dont ils jouissent, et par l'influence qu'ils
peuvent avoir sur la nation. Cette influence, je

l'avoue, m'a paru en plus d'une occasion passer les justes bornes. Mais cet excès même a sa source dans de louables sentimens, l'indignation causée par les injustices dont ils ont été l'objet, et la reconnoissance des hauts faits par lesquels ils ont au moins décoré, sinon caché, un servage déshonorant.

Ainsi donc deux voies paroissent ouvertes devant nous. D'un côté est celle que désire suivre cette grande majorité nationale qui veut avant tout l'égalité politique, qui est prête à embrasser avec calme et réflexion toutes les doctrines constitutionnelles, une fois qu'elle aura eu son premier vœu non-seulement pleinement accordé, mais placé hors d'atteinte, et qui, bien loin de rêver des nouveautés ou des bouleversemens, est plus portée à envisager toute déviation un peu trop marquée de l'ordre établi comme une sorte d'attentat révolutionnaire. De l'autre côté est celle vers laquelle s'efforcent de nous entraîner un certain nombre d'hommes, parmi lesquels on peut en compter plusieurs de considérables par leur fortune et leur naissance, respectables par leurs vertus privées et par leurs souffrances, mais dépourvus d'influence, trop souvent aigris par

leurs malheurs , et plus disposés , selon l'inévitable lot de notre foiblesse, à réparer leurs
pertes qu'à s'occuper du bien général ; qui
enfin, fermant les yeux et les oreilles aux leçons
de l'expérience, ne semblent occupés qu'à
se rebâtir, pour y occuper la première place,
une fabrique quelconque de hiérarchie sociale,
qu'avec autant de persévérance que peu de
succès ils vont cherchant à tâtons de tous côtés,
sans en avoir plus le plan dans la tête que les
matériaux sous la main. Il y auroit bien d'autres
divergences à noter dans la marche comme dans
le but des deux partis. Il n'est question que de
la direction principale. Il ne s'agit pas ici de discuter quelle est la plus noble , la plus élevée ,
la plus propre à nous procurer en plus grand
nombre tous les avantages de la vie , ainsi qu'à
accomplir les vues de l'éternelle justice. Il
ne s'agit pas d'abstractions, pas même de considérations morales. Il s'agit de la France telle
que nous la voyons , dans les circonstances actuelles , en chair et en os ; et de savoir dans
laquelle de ces deux voies elle doit entrer avec
le plus d'espérance d'éviter tous les dangers qui
la menacent, et de jouir de tout le bonheur qui
se trouve à sa portée. Que chacun examine et

résolve cette question dans le silence , dans l'intégrité de sa conscience. :

Nous assistons, nous autres membres de la grande famille européenne , au spectacle de l'une de ces révolutions aussi rares qu'étonnantes , qui de loin en loin , dans le cours des âges, viennent renouveler la face des sociétés humaines.

Les peuples font partout des efforts pour sortir de cette longue minorité à laquelle les tenoient assujettis ceux qui avoient autorité sur eux , et qu'invoquent encore à grands cris, comme axiome incontestable de jurisprudence , sinon de droit, leurs publicistes. Les peuples au contraire se sentent majeurs , et s'agitent pour qu'il leur soit permis de prendre enfin part à la gestion de leurs affaires , qui avoient été exclusivement remise à leurs tuteurs , à ceux qui s'étoient constitués tels. L'objet avoué de ce qui a été jusqu'à présent appelé politique a été de diriger vers un but donné les volontés et les actions des hommes. Ceux-ci veulent au contraire que la saine politique soit désormais celle qui , enseignant à ne constituer le pouvoir que simplement pour protéger toutes les libertés et tous les droits contre toutes les attaques , rende et laisse à chacun la faculté de s'acheminer vers le but que lui indiquera sa raison , ou que lui suggéreront ses inclinations , sans molester les autres , et sans être molesté par eux ; celle qui apprenne à l'autorité qu'ils ne sont pas un limon qu'elle doive façonner selon le gré de ses intérêts ou de ses caprices ; et au peuple que , si l'obéissance et la soumission aux lois est pour lui un devoir étroit et la première condition du bonheur , il doit en même temps sentir qu'il est aussi contraire à son intérêt que dérogatoire à sa dignité que l'impulsion directrice de la marche qu'il doit suivre parte d'une autre main que de la sienne.

CHAPITRE III.

De la Royauté.

UNE bonne cause peut quelquefois être autant desservie par la maladresse de ses défenseurs que décriée par l'habileté de ses ennemis. La liberté avec laquelle celui qui se hasarde à écrire sur les matières politiques doit s'expliquer sur les opinions qui partagent les hommes, s'il n'est décidé d'avance à renoncer à toute indépendance de jugement, ou à se détourner pour éviter la vérité qui se rencontre sur ses pas, ne peut manquer trop souvent de lui donner l'air de l'arrogance qui s'érige en juge. Mais il faut ou se résoudre à user de cette liberté, ou ne pas se mêler d'écrire. Je vais donc continuer, malgré ce danger, protestant contre tout soupçon de prétentions choquantes, et réclamant en faveur de mes intentions cette indulgence qui doit toujours être accordée, là où rien ne donne le droit de révoquer en doute leur sincérité.

Il m'a semblé que la réflexion par laquelle j'ai commencé pouvoit s'appliquer à la cause de la royauté en France. Il ne manque assurément pas de bonnes raisons pour la défendre , et ses partisans les plus ardens sont cependant ceux qui en vont souvent chercher les plus foibles , et qui avec une certaine prédilection se complaisent à appuyer dessus plus particulièrement. On s'obstine , en dépit du peu de succès qu'elle rencontre , à nous prêcher je ne sais quelle doctrine occulte de légitimité , dont on craint de définir les dogmes ou de laisser voir toute l'étendue, de peur de révolter les esprits. En même temps que perce l'intention manifeste de faire revivre les axiomes du droit divin , depuis si long-temps ignominieusement chassés de chez nos voisins , on laisse entrevoir la crainte de la réception qui ne peut manquer de leur être faite dans un pays éclairé, et chez une nation qui commence à avoir l'œil ouvert sur ses droits. Nous voyons réunis dans les mêmes esprits , et le désir de faire prévaloir des systèmes vides de tout sens raisonnable, et la certitude, dont, bien qu'ils en aient, ils sont eux-mêmes pénétrés , du peu peu de cas que sont prêts à en faire ceux dont ils voudroient former des disciples. Soumise à de justes restrictions et constitutionnellement définie , aucun patriote éclairé ne s'opposera à la doctrine de la légitimité ; tandis

qu'il ne manquera pas de s'élever contre ces prétentions vagues et outrées, cette extension indé-
finie que l'on cherche à lui attribuer.

Peu satisfait apparemment de la réussite présumée ou réalisée de ces tentatives, on se re-
tourne d'un autre côté. Abandonnant ce froid
raisonnement dont on n'espère pas tirer parti,
on fait un appel au sentiment. On évoque à son
aide une classe d'idées qui, quelque belles et
quelque louables qu'elles puissent être en elles-
mêmes, quelque lustre qu'elles aient pu jeter
dans les temps où l'on suppose qu'elles ont fleuri,
quelque réalité qu'elles aient pu avoir dans des
siècles plus heureux, n'ont plus maintenant ni
existence ni racine. Elles ont disparu avec les
causes qui leur donnoient naissance. Car je ne
m'aviserai pas d'aller examiner s'il est bien
prouvé que, même parmi ceux qui s'en décla-
rent les apôtres, elles soient aussi sincèrement
senties que bruyamment proclamées. En ne cessant de se battre les flancs pour nous crier qu'il
faut de la chaleur et de l'enthousiasme, on
s'imagine finir par nous en inspirer. On a in-
venté un nouveau genre d'éloquence pour réchauffer les cœurs tièdes, pour convertir les
cœurs endurcis. On a gâté de la prose. On a

cru faire de la poésie. Que de phrases et quelles phrases n'a-t-on pas faites sur les lis et sur le panache blanc! On nous a parlé *d'enchanter* et *de désanchanter l'histoire;* on s'est à l'envi efforcé *d'environner le trône des prestiges des souvenirs,* de ceux *des sentimens chevaleresques, de la magie de l'amour,* etc., etc., et d'un alarmant débordement de niaiseries de politique sentimentale dont depuis si long-temps l'on s'opiniâtre à nous importuner les oreilles. On eût dit qu'on vouloit le bâtir en l'air. Ou bien, dans l'excès d'un zèle aussi fervent qu'inconsidéré, transformant la famille des Bourbons en une seconde providence, on ne se lasse pas de crier que c'est à sa puissante influence que nous devons tout ce qui arrive de bien, tout ce qui se fait de bon en France, sans songer avec quelle facilité ceux du parti contraire peuvent retourner et rétorquer ces assertions. Depuis qu'un préfet (*) a eu l'extravagance de dire que le roi *veille sur ses sujets les plus éloignés, et que comme Dieu il est partout,* je ne désespère pas de lui voir attribuer le cours des saisons et la maturité des récoltes. Loin d'aller à leur but, toutes ces absurdes exagérations ne sont bonnes

(*) *Moniteur,* 16 septembre 1821.

qu'à faire douter des solides et indubitables bienfaits que nous devons à l'heureuse restauration
de l'antique race de nos souverains ; et il me
semble que l'on ne devroit pas avant tout perdre
de vue que, chez notre nation plus probablement encore que chez toute autre, on ne consolide rien en le laissant ouvert au ridicule.

Un rapprochement assez singulier peut servir
à prouver combien peu tous ces grands mots ont
d'influence sur les opinions des hommes, quand
ils ne s'accordent pas avec celles qui naissent
naturellement de leur position, ou qu'ils se sont
formées à eux-mêmes d'une manière quelconque.
En France, où un parti considérable par la qualité des personnes qui le composent, et par le
pouvoir dont il jouit en ce moment, fait tant
d'efforts, sans éprouver beaucoup de réclamations ostensibles, pour faire triompher cette
doctrine de la légitimité, dont je présume que
le droit inhérent de la maison régnante à la couronne et celui de succession indéfectible selon
l'ordre du sang font la base, on ne peut cependant se dissimuler qu'il n'y ait aussi un parti
de mécontens, qui n'est à mépriser ni par son
nombre, ni par ses moyens, disposé à tout faire
pour s'opposer à cette succession. On ne peut

se dissimuler que beaucoup ne craignent et que
beaucoup n'espèrent cet événement; tandis
qu'en Angleterre, où soutenir cette même doctrine, dont on voudroit faire pour nous une
seconde religion, est par la loi rangé parmi
les crimes de haute trahison, personne n'espère,
ni ne redoute, même la possibilité d'un changement dans cet ordre de succession héréditaire.

Mais cet ordre peut et doit être défendu
par des argumens d'une autre espèce. On ne
peut là-dessus se trouver dans l'embarras. Personne n'ignore qu'il en a été donné de fort
bons tirés de l'intérêt même des peuples, de
celui de leurs droits constitutionnels et de la
tranquillité des états. Mais tous les autres venant à manquer, il en est surtout deux qui me
paroîtroient décisifs, pour une monarchie réglée par les lois et dans la situation actuelle de
l'Europe, deux points que dans tous les raisonnemens que l'on fait il ne faut jamais perdre
de vue, si l'on veut qu'ils soient applicables à
la France telle qu'elle est.

J'avoue que si nos grands états n'étoient pas
exposés à soutenir des guerres trop fréquentes,
et par conséquent condamnés au fléau des armées permanentes, je ne verrois aucune raison

convaincante pour confirmer la sentence qui leur
interdit à jamais la forme républicaine de gouvernement. Je ne ferai même aucune difficulté
de dire que l'état social de la France, et l'esprit
qui en résulte, seroient loin de se refuser à s'y
adapter. Il n'est pas douteux, et il est du reste
fort naturel, qu'en agitant cette question, qu'il
doit être loisible d'agiter comme toute autre,
on n'y ait apporté plus de déclamation et de
passion que d'impartiale discussion. Mais la position de la France, placée au milieu de grandes
puissances toujours en armes, et la nécessité de
tenir toujours prêts les moyens de défense, puisque après tout l'indépendance nationale est la première condition de l'existence des peuples, sont
les véritables raisons qui doivent nous faire regarder comme une chimère la possibilité d'établir
chez elle une république. Il ne faudroit qu'une
guerre heureuse pour la mettre en danger, ou
à la merci d'un général victorieux, et qui auroit
su gagner de l'ascendant sur ses troupes. L'éclat
particulier dont nous éblouit, et dont est destiné à nous éblouir encore long-temps le mérite
militaire, ne prépareroit que trop de moyens de
succès à de pareilles tentatives. Il peut se faire
que par la suite (car quelles limites oseroit-on

prescrire aux changemens et aux perfectionne-
mens des choses humaines?) de nouvelles combinaisons fassent disparoître ce danger. Je ne
parle que du présent; et non-seulement maintenant, mais aussi long-temps qu'il est donné de
le prévoir, un roi héréditaire peut seul le prévenir.

Je ne me souviens d'avoir rencontré nulle
part la seconde raison que je veux indiquer, et
qui ne me paroît pas avoir beaucoup moins de
force. On a beaucoup parlé des troubles que
tirent après elles les couronnes électives, et l'on
ne manque jamais de citer la Pologne. Mais
j'avouerai encore que je conçois qu'il soit possible de parer aux inconvéniens qui peuvent en
résulter, et de tellement combiner le droit d'é-
lection avec la situation du pays qui l'exerce,
que ni son repos ni sa sûreté n'en soient compromis; et à mon tour je citerai les Etats-Unis,
où le choix du premier magistrat n'a pas encore
engendré plus de désordres que celui d'un
simple officier municipal. Mais il est une autre
objection que je ne crois pas qu'en dépit de
toutes les précautions, de tous les règlemens,
il soit jamais possible de faire disparoître. Les
choix se porteroient la plupart du temps im-

manquablement sur ces hommes qui frappent
l'œil et séduisent l'esprit du vulgaire par l'éclat
de facultés brillantes et extraordinaires. Or l'expérience de tous les temps a prouvé que les
hommes ainsi doués sont bien plus portés à
employer les qualités qui leur sont échues en
partage à s'élever au-dessus des autres, et à manifester leur supériorité par l'autorité qu'ils acquièrent et exercent sur eux, qu'à les faire servir à leur avantage, et, par-dessus toute chose,
à leur procurer le premier des biens, la liberté.
La modération qui se contenteroit bonnement
de s'occuper du bonheur de ses sujets, et qui
s'aviseroit de s'abstenir scrupuleusement de violer leurs franchises, n'est guère compatible avec
l'ardeur et l'ambition qui portent à désirer le rang
suprême, ni avec le genre de caractère qui
donne les moyens d'y monter. Elle ne leur sembleroit qu'une vertu plébéienne, une véritable
dérogation. Or, où pourroit-on trouver un expédient plus efficace de se garder de cette dangereuse association des grands talens et du pouvoir que dans la loi de l'hérédité? L'éducation
que reçoivent, et la vie que mènent partout les
princes, et encore plus dans ces gouvernemens
où la responsabilité de leurs agens et la présence

d'assemblées délibérantes détruisent ou circon-
scrivent dans d'étroites limites la sphère des intrigues de cour, assurent bien mieux que tout
autre moyen que pourroit inventer l'ingénuité
humaine, cette modération dans le caractère,
et l'absence de ces qualités extraordinaires et
menaçantes pour les libertés publiques, si essentiellement requise pour que le monarque sache
se soumettre lui-même au joug de la loi. Le
spectacle des familles qui ont long-temps occupé des trônes prouve abondamment cette vérité. Ainsi l'on voit qu'impartialement considérée, cette éducation de la pourpre, sujet de
tant de déclamations banales, se trouve être une
des meilleures garanties de l'ordre constitutionnel.

Mais quelle sera donc la ligne de démarcation
qui sépare le droit de l'hérédité légale au trône
d'avec le droit divin? Dans l'état actuel des
choses cette question assez naturelle ne me paroît pas pouvoir être résolue d'une manière satisfaisante. Elle seroit d'ailleurs oiseuse et peu
importante, comme ne pouvant mener à aucun
résultat pratique. Je ne doute pas que le temps
ne vienne en effet, où tous les devoirs comme
tous les droits ne soient susceptibles de défini-

tions précises. Mais ce sont là des événemens
sur lesquels il seroit très-inutile, peut-être nuisible, de chercher à anticiper. Nous devrions
donc nous borner à répondre à cette interroga-
tion, comme le faisoit il y a un siècle un Anglais de distinction sur le sujet alors si débattu
de la résistance au pouvoir : « C'est là, disoit-
» il, une doctrine que les peuples doivent igno-
» rer, mais à laquelle les rois doivent croire. »
Renversant les termes, nous dirions : un droit
d'hérédité que rien ne peut troubler est une
doctrine à laquelle les peuples devroient croire,
mais qu'il seroit à souhaiter que les rois igno-
rassent.

Nous avons heureusement d'assez bonnes raisons à alléguer en faveur de la maison de Bour-
bon en particulier, sans avoir besoin de recourir à celles qui nous meneroient à remuer ces
hautes questions. Si nous commençons par jeter
les yeux autour de nous chez l'étranger, nous
verrons que les puissances européennes ne pourroient jamais entretenir des relations cordiales
avec un chef que l'usurpation, ou ce qui du
moins à leurs yeux est l'usurpation, auroit porté
sur ce trône qu'elles regardent comme son
patrimoine exclusif; et tant pour abattre ce

grand scandale, que pour servir des vues ordinaires d'ambition fortifiées ou déguisées par des
prétextes aussi spécieux, elles se tiendroient
toujours prêtes à profiter de la première occasion favorable pour fomenter des troubles, et
pour prêter la main au parti qui n'attendroit que
le moment de se déclarer pour ses princes légitimes. Il seroit superflu de s'étendre sur les
dangers dans lesquels le pays pourroit ainsi être
jeté. Il n'y avoit absolument que la monstrueuse
prépondérance, que le bras de fer auquel pendant un temps rien n'a pu résister, qui ait pu
faire assez de violence à tous les sentimens pour
que Bonaparte fût momentanément admis dans
l'auguste confraternité des souverains. Aussi à
peine l'horrible poids qui pesoit sur eux fut-il
éloigné, que malgré les relations d'alliance et
même de parenté qu'ils avoient souffert ou solli-
cité qu'il contractât avec eux, ils s'empressèrent
hautement de proclamer son indignité et son
illégitimité. Heureux que des circonstances plus
favorables leur permissent une rétractation qui
sembloit en même temps effacer leurs humiliations passées et rassurer leur avenir. Je sais bien
qu'une grande nation ne doit pas prendre pour
règle de sa conduite les volontés de ses voisins;

mais il y auroit aussi de la folie à les choquer gratuitement quand d'ailleurs elles s'accordent avec ses intérêts, et sont loin d'offenser sa dignité.

Passant de là à notre situation domestique, nous ne trouvons pas des raisons de moindre valeur. Je suis d'abord aussi loin de nier, que je le serois de regretter, l'heureux effet des rapports qu'une longue suite de règnes a fait contracter entre la dynastie des Bourbons et la nation françoise, l'efficacité de ces liens qu'a formés l'habitude, qu'entretiennent les souvenirs toujours si respectables de l'antiquité quand on ne cherche pas à les pervertir à des vues de parti, la mémoire chérie d'un héros, celle de plusieurs princes illustres, et la haine méritée de la postérité bornée à deux seuls noms sur une aussi longue liste de rois. Je dirai plus. Quelque interprétation que l'on soit porté à mettre à la franchise avec laquelle je me suis exprimé au début de ce chapitre, je n'hésiterai pas à applaudir à ces sentimens comme à un grand bien. Je n'hésiterai pas à m'y joindre sincèrement. Je n'ai prétendu blâmer que l'abus que l'on en faisoit, et le ridicule auquel on les vouoit. Le sceptre, entre les mains des Bourbons, peut, plus sûrement qu'entre tout autres, réunir et conci-

lier les François depuis si long-temps divisés ;
tant ceux qui, considérant avant tout leurs relations comme sujets, font consister le premier
de leurs devoirs dans un attachement personnel,
une fidélité inviolable que leur conscience ne
leur permet en aucun cas de transporter à une
autre famille, que ceux qui, préférant le titre
et la qualité de citoyens, et n'en envisageant
pas les obligations tout-à-fait sous le même point
de vue, sont disposés à servir leur patrie dans
tous les temps, quel que soit le régulateur appelé à présider à ses destinées. Qui ne voit d'ailleurs que, dans le moment actuel, un chef qui
seroit la créature et le protecteur de ce que l'on
est convenu d'entendre par les intérêts révolutionnaires, ne pourroit manquer, par cela
même qu'ils ont été attaqués et rendus peu raisonnables par la crainte de se voir enlever ce
qu'ils ont de plus cher, de réunir dans ses mains,
soit par lui-même, soit par le parti qui le sou-
tiendroit et qui le pousseroit, un pouvoir
énorme, et d'autant plus dangereux qu'il tomberoit inévitablement dans celles d'un chef militaire. Or, il faut encore le répéter, il n'est pas
dans la nature de l'homme de résister à la tentation de mésuser d'un instrument de cette

espèce, une fois que malheurement il est mis à sa disposition. Nos libertés publiques, qui déjà ont tant de peine à germer et à se développer sous une autorité foible, courroient un risque irrémédiable d'être étouffées et foulées aux pieds. Il ne faut pas tant faire attention aux doctrines qu'il plaît à un gouvernement de professer, que ce soient celles de la légitimité, ou celles de la souveraineté du peuple, qu'aux moyens qu'il peut avoir d'être trop fort pour souffrir de contrôle. Ce n'est pas tant dans le caractère ou les dispositions présumées des princes, qu'il faut chercher des garanties (garanties précaires et indignes d'une nation qui se respecte) contre l'ambition et l'amour de l'arbitraire, ces deux plaies incurables de ceux qui remplissent ces rangs élevés, que dans les circonstances où ils sont placés, et dans la conduite qu'elles leur imposent.

Dans un état despotique, où tous les pouvoirs sont concentrés dans les mains du chef de l'Etat, ses dispositions, ses défauts ou ses vertus deviennent des considérations de la plus haute importance. Les destinées de tout le peuple en dépendent. D'anciennes et de récentes habitudes ne tendent que trop à nous faire tourner les regards de ce côté. Mais dans les monarchies libres, à mesure que les institutions se perfectionnent, à mesure que la nation acquiert une plus juste part à la gestion des affaires publiques, l'importance de cette considération va continuellement en décroissant, dans la même proportion que diminue l'action personnelle du souverain ; et celle-ci devroit finir par ne plus s'étendre qu'à peu près à ceux qui ont quelque chose à espérer dans la répartition de ces faveurs ou de ces marques de libéralités qui ne peuvent manquer de rester à sa disposition. N'étoit-ce ce misérable penchant qui même à notre insu nous fait transformer notre intérêt privé en intérêt général, il est probable que nous ne verrions pas de dissentiment sur un sujet qui a tant de de prise sur celles de nos passions, dont les effets sont d'autant plus à craindre ou à mépriser, qu'elles sont d'une nature plus basse. Si ce n'étoit l'espoir ou le désir, plus ou moins bien fondé, d'avoir de plus près accès à la source des grâces, de voir le pouvoir suprême les distribuer de telle ou de telle main, les opinions seroient sûrement bien moins partagées sur la tête sur laquelle il doit être placé. Il me semble que tout homme sensé, tout patriote indépendant qui ne

formant d'autre vœu que celui de l'honneur et
de la liberté de son pays, dédaigne également
dans son altière impartialité de se déclarer soit le
soldat de Pompée, soit le soldat de César, n'hé-
siteroit pas sur le choix s'il étoit à faire. La réflexion feroit aisément voir à un esprit sans préventions la force des motifs qui font pencher
la balance du côté de la famille des Bourbons.
Il verroit, et cela seul détermineroit sa décision, que cette auguste maison ne peut trouver
d'établissement, qu'elle ne peut avoir de base
solide à ce trône qu'elle vient de recouvrer d'une
manière si inespérée, que dans la confirmation
du système constitutionnel. Si cet appui venoit
à lui manquer, tout seroit remis en question
pour elle. De nouveau elle verroit s'élever cet
orage sous les coups duquel elle a déjà une fois
succombé. Je sais bien qu'il ne faut pas se pres-
ser de conclure de l'utilité, de la nécessité même
d'une mesure, à son adoption probable, lorsqu'elle dépend de la volonté changeante des
hommes. Je ne sais que trop combien la
passion les aveugle même sur les moyens les
plus sûrs de parvenir à leurs fins ; et particulièrement je ne sais que trop que depuis la restauration la marche du gouvernement a été bien

loin de tendre à la construction, ou à l'agrandissement de l'édifice constitutionnel. Autant
que qui que ce soit je déplore que bien loin de
réaliser les promesses qui nous avoient d'abord
été faites, l'on n'a au contraire cessé d'attaquer,
de restreindre même, la courte mesure de liberté
qui nous avoit été d'abord octroyée. Mais, comme
je l'ai déjà dit, je m'occupe bien plus dans cette
sphère de l'impuissance de faire le mal, que
des dispositions à faire le bien ; je mesure le
pouvoir bien plus que je ne sonde les intentions ;
et plus j'y réfléchis, et moins je puis ne pas me
persuader, qu'un système de conduite aussi calculé pour mettre en péril l'existence de la maison régnante, ou pour ne lui en permettre
qu'une inquiète et languissante, ne soit enfin
abandonné par une expérience plus éclairée,
ou ne soit redressé par la force de résistance
qui le presse de toutes parts. Ce sont apparemment ces diverses considérations que nous venons de toucher, ou d'autres semblables, qui
ont fait dire à un républicain étranger qui jouit
d'une réputation méritée, M. Dumont de Genève, que si la France n'avoit pas les Bourbons
il les lui faudroit faire.

Toutefois, on ne peut se le dissimuler, la

politique funeste qui nous a tant fait dévier de
cette ligne droite que prescrit la sûreté du trône,
non moins que l'intérêt de la liberté et de l'honneur national, nous a déjà créé un présent
plein de malaise et un avenir plein de crainte.
Qu'ils sont coupables ou mal avisés ceux qui
dérobent à la vue des princes ce que l'œil le
moins exercé voit se passer autour d'eux !
Qu'ils sont à plaindre les princes qui, soit par
choix, soit par l'effet de toute autre circonstance, bornent l'étendue de leurs communications au cercle étroit de ceux qui garnis-
sent les bancs de leurs antichambres ! Les
peuples sentent naître en eux un nouveau
principe de vie. Ils ne veulent plus se résigner à recevoir des mains de l'autorité, comme
l'argile des mains du potier, la forme ou le
mode d'existence qu'il conviendra à la volonté
ou aux intérêts de celle-là de leur imposer.
Les événemens de l'époque mémorable où nous
vivons ont tout changé en France, et ont
donné aux idées de ses habitans une tendance
nouvelle. Que ceux qui approchent d'augustes
personnes, que ceux qui paroîtroient devoir
avoir leur conservation encore plus à cœur que
le reste des Français, cessent, par la plus in-

signe des illusions où par la plus grossière
des flatteries , de vouloir leur persuader qu'il
est de leur intérêt , ou qu'il est en leur pou-
voir, de détruire ou de modifier cet état de choses. En apportant à son développement ces
obstacles que l'autorité ne peut malheureuse-
ment que trop y mettre , elle peut bien le
gêner, et servir à gâter les belles proportions,
auxquelles doit atteindre , si des mains mal-
habiles ne le déforment, cet ouvrage, qui sauroit si bien se faire de lui-même. Elle pourra
bien avoir la satisfaction de manifester son hostilité contre cet esprit; mais elle ne pourra,
certes , ni l'arrêter ni l'étouffer. En voulant
s'opposer au torrent, elle aura bien plus la chance
d'en être renversée que d'espoir de le détourner.

Ces augustes personnes ne doivent pas non
plus oublier que ce n'est que par l'union la
plus franche et la plus intime avec la nation,
que ce n'est qu'en s'identifiant avec ses intérêts et ses sentimens , qu'ils peuvent espérer
de faire disparaître à ses yeux le vice , qu'il
ne doit pas être permis de leur cacher, qu'a im-
primé à leur titre l'intervention de l'épée de
l'étranger. Nous savons bien quel est celui qui

a soulevé l'Europe contre la France, quel est
celui qui a conduit sur son sol jusqu'aux habitans des bords du Don et de la Lena, et, pour
la première fois depuis sa fondation, livré notre
capitale à la merci d'un ennemi vainqueur.
Nous savons bien que le courant des événemens, bien plus que la volonté des puissans
de ce monde, qui jusqu'au dernier moment ont
toujours été prêts à les abandonner, a fait
remonter les Bourbons sur le trône de leurs
pères. Mais il n'en est pas moins vrai que de
fâcheuses apparences n'ont eu que trop d'effet
sur l'esprit du peuple, qui, inaccoutumé et in-
habile à réfléchir, ne sait pas pénétrer au-
delà des signes extérieurs des choses ; et si
des hommes plus éclairés ont parlé avec amertume de ceux qui revenoient avec les bagages
de l'ennemi, nous avons pu être scandalisés,
mais nous n'avons pas dû être étonnés, d'entendre l'homme illettré des champs, respi-
rant à peine des mauvais traitemens de toute
espèce que lui avait fait souffrir la brutalité de
l'insolence militaire, murmurer entre ses dents
contre un roi des Cosaques. Il est temps de
faire disparoître jusqu'aux dernières traces de

ces funestes impressions. Il est temps que l'on
n'aperçoive plus sur la couronne de la France
constitutionnelle la moindre tache qui puisse
nuire à cette splendeur dont elle doit briller,
autant dans l'intérêt du peuple que dans celui
du monarque. Certes ce n'est pas par des prétentions surannées, par la prédication des
mystères du droit divin que l'on y parviendra,
prédication qui dévoile bien plutôt les desseins
qn'elle n'atteste la conviction de ceux qui nous
en affligent; mais ce sera en se montrant disposé à protéger tout ce qui peut contribuer au
bonheur et à la prospérité publique, à s'abstenir soigneusement de tout ce qui pourroit
choquer le sentiment régnant d'égalité, et à
accorder toutes les garanties nécessaires à la
fondation de cette liberté, vœu ardent de tous
les bons esprits et de tous les cœurs généreux,
profitant du temps où ces concessions peuvent encore plutôt être reçues avec reconnais-
sance comme grâces accordées, que dédaigneu-
sement regardées comme droits arrachés à la
main avare et tenace de l'autorité; ce sera en
gagnant la confiance et les affections des enfans
de la France nouvelle, en les adoptant fran-

chement, en employant leurs services sans
réserve, et surtout en se gardant bien d'aller,
par la plus inimaginable des déclarations
d'hostilités, hautement professer que son existence est incompatible avec leur participation
au pouvoir ; ce sera en relevant et en sou-
tenant au dehors l'honneur et le respect du
nom Français, auquel ont porté de si cruelles
atteintes les violences, les rapines, les folies et
les épouvantables revers du despotisme en délire; et la voie n'en seroit ni pénible ni difficile,
en se montrant disposé à remplir le noble rôle
de protecteur des nations qui cherchent à
être libres, celui de conciliateur entre elles
et leurs propres souverains, celui de médiateur
entre elles et les souverains étrangers qui veulent réprimer leurs efforts, plutôt que celui,
le dernier de tous ceux que j'espère la France
jouera jamais, plutôt que celui d'homme-lige
de la Sainte-Alliance.

Pour voir se réaliser des vœux si raisonnables, pour obtenir des résultats si désirables,
que faudroit-il donc exiger de ceux qui sont
appelés à influer sur les décisions royales? Peu
de chose et aisée à trouver si le sordide inté-

rêts , si de petits motifs de parti ou de vengeance, si toutes les passions mesquines ne
nous aveugloient pas autant qu'elles nous dé-
gradent. Il ne leur faudroit que la moindre
clairvoyance dans l'esprit, que la moindre élévation dans l'âme.

CHAPITRE IV.

De la Chambre des Pairs.

Dans les grands états modernes, les peuples, trop nombreux ou trop disséminés sur de vastes territoires pour jouir du droit de participation immédiate au pouvoir, ne peuvent l'exercer qu'au moyen de corps ou d'assemblées sur lesquelles ils ont une action, soit directe par voie d'élection, soit indirecte par l'influence de l'opinion. Il s'agit d'examiner jusqu'à quel point les chambres législatives instituées chez nous dans ce but sont parvenues à le remplir, ou bien si elles n'en ont pas été empêchées par quelques imperfections, soit dans leur composition, soit dans le mode de leur opération.

Ceux qui regardent l'institution de la chambre des pairs comme destinée, pour me servir de l'expression reçue, à représenter une classe d'intérêts distincts, ou ceux de l'aristocratie, me semblent être tombés dans une erreur grave, surtout dans l'application qu'ils font de leurs

idées à la France. Elles n'en auroient pas même
à l'Angleterre. Les deux chambres du parlement
y sont en effet composées d'élémens à peu près
semblables. Elles consistent l'une et l'autre des
membres de cette riche et puissante aristocratie qui gouverne ce pays , et qui pour n'a-
voir pas une existence légale n'en a peut-être
qu'une plus forte et plus efficace, puisqu'elle a
été ainsi préservée de se rendre exclusive, et
obligée de se rendre populaire. Sans nier qu'il
n'y ait entre elles quelques nuances de différence dans l'esprit qui les anime , on peut dire
que cette différence est dans le fond assez
légère ; et en citer pour preuve l'accord remarquable qui en général règne entre elles.
Deux assemblées qui auraient respectivement
des intérêts opposés , ou trop divergens, ne
pourroient manquer d'avoir des vues, ou une
action, conséquentes aux principes d'où elles
dériveroient, et il en résulteroit un état de dis-
cordance et de malaise qui ne donneroit aucun repos au corps politique, jusqu'à ce qu'il
eût subi une crise qui en changeât la forme ,
ou qui fît disparaître la cause de cette opposition. La lutte entre les patriciens et les plébéiens ne cessa à Rome que lorsque les restric-

tions et priviléges qui les séparoient les uns
des autres eurent été enlevés. J'ai ouï dire
que l'essai d'une imitation de la constitution
Britannique, qui fut tentée en Sicile, n'y eut
dès le commencement aucun succès, principalement parce que la chambre haute, composée de barons jouissant de prérogatives féo-
dales très-étendues, étoit trop divisée d'intérêts
de la chambre des communes pour pouvoir
s'entendre avec elle sur le bien général. Mais
quelque opinion qu'il fût permis de soutenir
dans une discussion théorique sur ce sujet, il
faut avant tout dans la pratique s'en tenir aux
faits. Avant de stipuler pour l'aristocratie, il
convient de s'enquérir s'il en existe une. Or
l'observation de ce qui est nous montre que non
seulement il n'y a pas en France d'aristocratie
proprement dite, mais même qu'elle manque
de matériaux pour en construire une. Je veux
dire qu'elle ne possède pas une classe de citoyens assez élevés au-dessus des autres, ayant
sur eux assez d'influence réelle et positive, pour
qu'il soit permis de l'ériger en droit. Il seroit
donc tout-à-fait absurde de prétendre représenter une classe qui n'a plus d'existence que dans
les regrets impuissans des uns, ou dans les re-

proches amers des autres. Il y a bien des opinions ou des partis politiques opposés les uns
aux autres. On ne peut même les accuser de
ne pas être assez prononcés. Mais ceux-ci ne
peuvent réclamer le droit d'entrer dans les assemblées que dans la proportion de la force
qu'ils ont hors d'elles, et l'élection doit être
destinée à y pourvoir. Il ne peut pas leur être
permis d'obtenir des corps à part, des places
de sûreté, qui leur soient spécialement affec-
teés. Ces précautions ne pourroient qu'entretenir
l'éloignement et la discorde, et donner au faible
le moyen d'arrêter la marche du fort.

La chambre des pairs ne doit donc être considérée que comme un sénat, qui, par sa formation étant plus sous l'empire des habitudes de
l'esprit de corps, plus porté à conserver qu'à
innover, par cela même qu'étant investi de plus
hautes dignités il doit tenir à leur intégrité,
moins exposé à l'entraînement des passions
populaires, doit servir de contre-poids et de
modérateur à la chambre élective, nécessairement plus sujette à leur influence, mais nullement comme étant destinée à pactiser dans
l'intérêt d'aucune classe d'individus, et à plus
forte raison, quand on ne lui voit pas d'existence

à cette classe, à la représentation ou à la pro-tection de laquelle on voudroit la faire passer pour plus particulièrement affectée. Elle n'est investie de prérogatives spéciales que pour veiller en commun avec la seconde chambre à la conservation des grandes prérogatives nationales. Il ne faut jamais perdre de vue que la France s'avance sans cesse, si elle n'est pas encore arrivée, à cet état où ses habitans ne reconnoîtront plus dans leurs conditions sociales que cette portion d'inégalités qu'exige, et que produit nécessairement, la situation d'un peuple parvenu à un haut développement de civilisation. La chambre des pairs méconnoîtroit singulièrement son but, et les principes qui doivent la guider, si elle pouvoit s'imaginer que sa destination soit d'apporter à cette tendance un obstacle permanent et insurmontable.

Ce fut donc une entreprise hardie, et à laquelle on fut bien plus poussé par d'anciens souvenirs, ou par de fausses analogies, que par la prévoyance politique, que celle qui fit tenter de créer de toutes pièces une chambre des pairs héréditaire, là où il n'existoit point sous la main de pairs tout faits, et qui se désignassent d'eux-mêmes par le pouvoir dont ils jouis-

soient et l'éclat dont ils étoient environnés.
Quelques nominations faites avec discernement,
parmi ces familles dont les noms ornent
toutes les pages de notre histoire, présen-
toient sans doute de justes et d'heureux choix,
mais qui offroient malheureusement plus d'apparence que de solidité, la richeste et l'influence les ayant abandonnés. D'un autre côté,
quoi qu'on en ait dit, la révolution n'avoit point,
ou n'avoit plus de leudes. Certes si l'on cherchoit la considération publique, ou l'illustration, on ne pouvoit espérer de les rencontrer
dans un sénat destiné à fournir aux historiens
futurs un parallèle de servilité avec le sénat de
Tibère, ou avec les parlemens de Henri VIII.
Ce n'étoit pas plus parmi ceux qui avoient
pris part aux grands événemens qui ont mar-
qué la fin du siècle dernier. Ceux d'entre eux
que nous aurions pu saluer comme les pères
de la liberté avoient presque tous humilié
leur front et abjuré leur foi aux pieds du Baal
du despotisme. Ce n'étoit pas même parmi
ceux qui ont pris part à nos longues guerres.
Nous en avons déjà dit une raison. Mais en
outre celui qui les commandoit étoit à un
trop haut degré possédé de la jalousie inhé-

rente au pouvoir absolu, pour permettre à
leurs talens de se faire un libre jour dans
une carrière dont il se réservoit le monopole
d'honneur et de gloire. Comme son orgueilleux prédécesseur, il voulut que tout fût impuissant autour de lui; comme sous son orgueilleux prédécesseur, tout le fut en effet. L'esprit
de parti se fait partout ressentir. Il est d'une
irritabilité bien plus susceptible daus tout ce qui
a trait aux personnes. Il ne faut donc pas s'é-
tonner si, depuis la rivalité acharnée qui s'est
déclarée entre ce qui est ancien et ce qui est
nouveau, l'on s'appuie et se renforce d'exemples pris de tous les côtés. Mais il ne faut
qu'une légère dose d'impartialité pour voir, et
sur quels minces fondemens, et pour quelle
cause, certains noms sont quelquefois offerts à
notre admiration. On n'a pas besoin de me faire
remarquer qu'à tout ce que je viens de dire il
y a des exceptions. S'il n'y en avoit pas notre
orgueil national auroit trop à souffrir; mais
on conviendra en même temps qu'elles sont
d'autant plus brillantes qu'elles sont plus rares.
D'ailleurs on ne pouvoit pas espérer que ce fût
sur elles que se porteroient les regards de ceux

chargés de dresser les listes de notre pairie naissante.

Il y a sans doute plus d'un reproche à faire à ceux-ci. Je serois bien fâché de me rien permettre qui pût approcher d'une offensante personnalité. Mais il ne peut pas être interdit de parler de ce qui a frappé tous les yeux et a été dans toutes les bouches. Dans le triage de ce qui étoit offert et permis, il y auroit pu avoir plus de justice et de discernement. Ces listes n'ont laissé voir que trop de traces de faveur, d'obscures clientelles et de népotisme ministériel. Mais il faut être de bonne foi, et convenir que la difficulté étoit, sinon tout entière, du moins en grande partie, dans l'absence des sujets réunissant sur leurs têtes les qualités requises.

Si nous étions encore au moment où cette institution était à créer, nous pourrions nous permettre d'examiner quelle seroit la meilleure manière de lui donner cette force, et de lui assurer cette haute considération qu'elle devroit avoir, mais qui jusqu'ici a paru lui manquer. On pourroit aisément démontrer, ce me semble, combien dans cette occasion l'on s'est laissé dominer par ces idées que l'on est convenu

d'appeler monarchiques, et qui, enseignant
que le monarque est la source unique du pouvoir comme des honneurs, en déduisent, comme
une conséquence immédiate, que non seulement rien ne doit avoir de l'importance que
ce qui est émané de sa majesté royale, que
ce qui est une création de ses mains, mais
bien plus, que tout ce qui en sort doit nécessairement, et par cette seule vertu, en avoir.
Il ne s'agit pas de discuter la solidité de ces
prémisses ni de leurs conséquences, dont ample justice a depuis long-temps été faite. Il me
suffira d'observer comme un fait hors de doute,
que les opinions des hommes, avec quelque
chagrin qu'on puisse le voir, ont pris et maintiennent depuis long-temps un cours bien différent de celui que voudroient leur voir suivre
ceux plus particulièrement dévoués au culte de
la seconde majesté; que depuis que les nations
cherchent à sortir de leur longue minorité, de
plus justes et de plus nobles théories, gagnant
chaque jour du terrain, ont passé du cercle
étroit de quelques esprits hardis dans le domaine de la croyance générale, et que plusieurs d'entre elles, d'abord les États-Unis,
ensuite la France dans sa première constitution,

et depuis celles du Midi, qui font tant d'efforts pour en fonder, ont déjà ouvertement déclaré en tête des lois qu'elles se sont données que c'est en elles-mêmes que réside la souveraineté. Il s'ensuivroit que cette espèce de prééminence, qui fait que l'on paroît aux yeux des autres comme élevé au-dessus du niveau commun, n'ayant plus lieu dans les existences individuelles, n'étant plus conférée par l'imposition des mains royales, bien moins encore par les emplois dans la domesticité attachée à sa personne, il faudroit la chercher dans l'éclat que donnent les suffrages et l'opinion de ses concitoyens; et qu'en effet de cela seul qu'un homme réunit leurs votes sur sa tête, il s'ensuit qu'il jouit d'une certaine portion d'influence et de considération. On pourrait faire voir qu'en établissant un cens de fortune plus élevé, tant pour les électeurs que pour les éligibles, en mettant la différence d'âge précisément en sens inverse de ce qu'elle est maintenant, et les places à vie, on pourrait inspirer à la chambre haute un esprit et un caractère assez distinct pour qu'elle ne fût pas simplement une section de la chambre élective; en même temps qu'en ne lui accordant pas une exis-

tence hériditaire, et ne cessant par conséquent
de la recruter et de la renouveler par de nouveaux membres pris dans le sein de la nation,
on préviendrait le danger de cette division
d'intérêt, de cet esprit de corps, d'autant plus
dangereux qu'il peut prendre, et qu'il prend souvent en effet, l'apparence d'un devoir, ou d'une
vertu politique , aux yeux de ceux qui en sont
atteints. Mais, comme il n'est pas question de
s'occuper de ce qui auroit pu être fait, et seulement des moyens de faire marcher ou d'a-
méliorer ce qui a été fait, nous nous garderons
d'entrer dans cette discussion.

L'indépendance et l'autorité sont es premières conditions pour arriver à la considération
dont cette assemblée doit aspirer à jouir. Je
crois qu'il est permis d'aller plus loin et de dire,
celles de toute son existence politique. Plus les
titres qu'elle prend sont pompeux , plus les
prétentions qu'elle affiche sont hautes , et plus,
pour montrer qu'elle n'en est point indigne et
pour faire taire l'envie, elle doit s'attacher à
prouver qu'elle est investie de ces indispensables attributs. La foiblesse même de sa composition que nous avons remarquée , tout en aug-
mentant la difficulté, lui en impose l'obligation

encore plus étroite. On n'est que trop porté à
donner à la condescendance du foible un tout
autre motif qu'à celle du fort. Il peut se faire
que dans notre système elle se regarde comme
plus particulièrement appelée à soutenir la prérogative de la couronne. Dans de justes limites
c'est une doctrine qui peut se maintenir avec
avantage. Mais elle devroit réfléchir que pour
remplir ce but, qui est incontestablement une
partie essentielle de ses devoirs, elle doit d'a-
bord en acquérir la capacité. Or il y a long-
temps qu'on le répète, il n'y a que ce qui sait
résister qui puisse efficacement appuyer. Avant
d'offrir présomptueusement à autrui le secours
de son bras, il convient de prouver que ce bras
sait et peut se protéger lui-même. Ce n'est donc
pas sans peine que l'on a dû voir notre chambre
des pairs se résigner avec une infatigable patience
à toutes les atteintes portées avec si peu de ménagement à sa dignité et à son indépendance. Une
fois échappée des mains du pouvoir constituant,
elle ne devoit plus reconnoître qu'en elle-même
son propre principe de vie. Elle a souffert que
son mode d'existence, ses honneurs et jusqu'à
son étiquette fussent modifiés par des ordonnances changeantes et qui n'émanoient pas

d'elle. Tantôt pour y être admis on a exigé des majorats ; un instant après on en a dispensé. Une énorme augmentation , ou plutôt l'adjonction d'une seconde chambre lui a été faite, et l'on a vu un corps qui parle quelquefois d'aristocratie ouvrir sans résistance ses portes à cette violente intrusion , sans dire un mot, sans faire entendre une parole de protestation. Il a souffert que son tribunal, qui devroit être entouré d'un si haut respect , restât jusqu'ici ravalé au niveau de celui de juges par commission ; et lorsque dans un procès célèbre un ministre vint, avec le plus singulier oubli de toute justice comme de toute convenance , le requérir de décider sur le sort de l'accusé par assis et par levés , aucun cri d'improbation ne s'éleva. Quelle idée voudroit-il donc que se formât de lui la nation qui à les yeux ouverts sur sa conduite , s'il persistoit encore long-temps à ne pas témoigner plus de conscience du sentiment de ses droits constitutionnels? que pourroit-il gagner à risquer de n'être regardé que comme une matière inanimée prête à prendre toutes les formes que voudroient successivement lui imposer, selon que cela conviendroit à l'éternelle fluctuation de

leurs intérêts ou de leurs caprices, les mains
ministérielles? Si après cela arrivoit le moment
du besoin qui forçât l'autorité de recourir à son
appui, auroit-il bonne grâce de se récrier?
qui pourroit être étonné qu'à l'épreuve il ne se
trouvât plus être que celui du roseau brisé?
En attirant tout à elle la première suit sa tendance naturelle, et le blâme qu'elle peut encourir y trouve quelque espèce d'excuse. Mais
si trop s'abandonner à ses penchans est le plus
souvent un vice, y résister aussi n'est pas dans
tous les cas une vertu. La chambre des pairs
devroit céder, un peu plus qu'elle ne s'y est
montrée disposée jusqu'à présent, à celui qui la
porteroit à établir son autorité et à étendre la
sphère de ses attributions. Elle emprunte avec
un minutieux empressement quelques bagatelles
d'étiquette extérieure à sa sœur aînée d'Angleterre. Si elle veut la prendre pour modèle
que ne s'efforce-t-elle plutôt de parvenir à la
dignité dont l'autre est investie, à l'autorité
qu'elle exerce dans l'Etat? Certes un ministre
anglois ne se seroit jamais permis de la traiter
comme nous avons vu la nôtre traitée. J'ignore
sous quel autre point de vue l'humilité de sa
vie politique pourroit lui accumuler des mé-

rites; mais je suis sûr que si elle se flatte que
tout ce qu'elle perd par son abnégation de soi-
même aille en accroissement de l'autorité
royale, elle fait un bien faux calcul. On peut
expliquer ou excuser le sentiment de respect
qui a fait que jusqu'ici elle a voulu rester éclipsée devant la splendeur de la couronne. Mais
si elle aspire toutefois à lui rendre quelque service plus essentiel que celui de lui servir d'ornement ou de cortége, si elle aspire à se tenir à côté d'elle comme son auxiliaire, il lui
faut suivre un autre régime, et se procurer
les forces nécessaires. On lui a dit qu'elle ne
commenceroit guère à avoir de la considération
que du jour ou elle rejetteroit une ordonnance.
Plus on y réfléchira, et plus on se convaincra
combien ce conseil contient de vérité. On l'a
enfin vu dans le courant de la dernière session sortir de sa longanimité ordinaire, et montrer quelque ressentiment du manque de tout
égard avec lequel continuoit à la traiter la présomption et l'inconséquence ministérielle. Il
est permis de fonder quelques espérances sur
ce nouvel esprit qui se manifeste. On auroit
cependant désiré que dans cette occasion elle

se fût prononcée plus ouvertement, et d'une manière qui fût plus connue de tout le monde.

Un des moyens les plus sûrs, et j'oserois dire les plus urgens, pour se rehausser dans l'opinion publique, seroit sans doute de mettre un terme à la répartition arbitraire entre ses membres du fonds qui lui sert de dotation. Il est sans doute à regretter que des pairs soient dans la nécessité d'être dotés, et cet inconvénient devient bien plus frappant quand ils sont héréditaires. Rien ne peut contribuer davantage à relever celui qui remplit de si hautes fonctions, que l'air de désintéressement que lui donne l'accomplissement de devoirs gratuits. Mais quelques idées de perfection que l'on puisse avoir, on ne peut régler la forme de ses institutions que sur l'état du pays auquel elles sont destinées. A quelques exceptions près, encore même peut-être douteuses, nous ne voyons rien en France qui réponde à l'idée que l'on se fait, ou que l'on a conservée, d'un grand seigneur ; ni aux exemples que l'on en peut trouver dans les pays étrangers. Nous ne possédons pas une classe de citoyens assez riches pour maintenir sans secours la représentation, ou l'espèce de dignité que nos mœurs ou plutôt nos préjugés attachent à la pairie. La division des propriétés y mettra bientôt ordre dans les familles dont les revenus pourroient encore y suffire. Elles ne se fonderont pas sur les faibles majorats qu'elles ont même plus la faculté que les moyens d'établir, et contre lesquels s'élève d'ailleurs une opposition toujours croissante. Ce qui est ancien n'a plus que des débris de fortune ; ce qui est nouveau et honnête n'en a pas bâti de nouvelles. Nos lois et l'indestructible tendance de notre siècle vers l'égalité, doivent ôter à ceux qui le désirent le plus l'espoir de changer cet état de choses.

Il y auroit ici une question aussi curieuse qu'importante à élever. La plupart des esprits, frappés à juste titre des incontestables avantages qu'a produits jusqu'à présent une plus égale répartition des richesses, et aigris par les doctrines que professent et les projets qu'annoncent les adversaires de ce grand changement, ne veulent y entrevoir aucun danger, aucun inconvénient. Il seroit bien difficile, même aux plus clairvoyans, de prévoir les résultats de circonstances si nouvelles, que nous n'avons aucune analogie pour nous guider, au moins dans

ce qui touche les états d'une étendue considérable. L'opération d'une mesure qui jusqu'à
un certain terme peut avoir l'influence la plus
salutaire, poussée plus loin, peut au contraire
devenir nuisible. Ainsi les partisans de l'inégalité des conditions pourroient soutenir, en
n'envisageant la question que sous le point de
vue purement politique, que la propriété doit
à la longue devenir tellement morcelée, qu'il
n'y aura plus un assez grand nombre de familles
ou de citoyens aisés pour remplir cet ordre de
places dont l'administration devroit toujours
être gratuite; et qu'ainsi, au lieu d'espérer voir
réduire ce nombre d'emplois soldés, qui est
déjà arrivé au point d'être un véritable fléau,
il faudroit au contraire se résigner à le voir
augmenter; que l'on verroit diminuer et peut-
être disparoître la classe de ceux qui, débarrassés
des soins plus ou moins sordides qu'entraîne la
dure nécessité de se procurer une existence par
un travail assidu, affranchis de la glèbe et du
comptoir, peuvent plus librement s'occuper à
fortifier ou à étendre leurs facultés intellectuelles; de ceux parmi lesquels les connaissances acquises par un esprit exercé, et un
loisir noblement consacré à la chose publique,

placent, les défenseurs les plus zélés comme
les plus éclairés des libertés nationales ; de ceux
qui ne sont pas moins nécessaires pour faire
l'ornement et la vie de la société , que la culture de l'intelligence ne l'est pour élever l'in-
dividu à un certain degré de perfection; et qu'enfin ce partage indéfini de la terre ne laisseroit
de fortunes un peu considérables possibles, que
celles qui naîtroient du commerce ou de l'industrie ; d'autre aristocratie probable, que celle
des banquiers ou des maîtres de filatures, ou
celle bien moins désirable des agioteurs ou des
fournisseurs. Sur ces bases l'on pourroit établir un raisonnement du moins plausible aux
yeux mêmes du partisan le plus dévoué au système opposé. On sait que l'écrivain le plus
distingué de l'Angleterre sur les matières d'é-
conomie politique , sans aucune apparence de
vues de parti, vient de tâcher de démontrer
que l'inégalité des fortunes de son pays y est non-
seulement favorable , mais nécessaire à la conservation de la liberté, et que leur trop grande
égalité en France ne peut mener qu'au despotisme militaire. Je me garderai de hasarder
mes idées sur la solution de cette question que
personne parmi nous ne seroit dans ce moment

disposé à traiter ou à écouter avec quelque impartialité. D'ailleurs, pour pouvoir le faire avec
moins d'incertitude, pour avoir quelques aper-
çus mieux fondés de l'effet de nos nouvelles
lois, il leur faudroit avoir eu une plus longue existence. L'expérience que nous en avons
ne me paroît pas être suffisante. Mais rien ne
pourra me faire renoncer à l'opinion que l'état
le plus désirable de la société policée, celui
qui le plus sûrement lui apporte et le plus de
bonheur et le plus de dignité, est celui où elle
ne renferme que la mesure d'inégalité entre
ses membres strictement nécessaire à une existence accompagnée de tous les avantages qui
doivent être le produit de l'état de civilisation. C'est sur cette mesure seule que devroit
s'établir la discussion. Or l'observation sembleroit
conduire à la conclusion que d'elles-mêmes les
choses tendent à y atteindre ; car il est à remarquer, d'un côté, que la propriété si singulièrement concentrée en Europe par le système
féodal, n'a cessé d'aller en se divisant, en dépit
des restrictions législatives inventées pour la retenir en peu de mains ; et que d'un autre, dans
aucune des républiques de l'ancienne Grèce
qui avoient ordonné et exécuté le partage égal

des terres, cette égalité n'a pu se soutenir, quoique si conforme aux sentimens de la jalousie démocratique, et bien que la législation fût calculée pour en assurer la durée.

Mais revenant à mon sujet, personne ne niera qu'il est incompatible avec l'idée que l'on se forme d'une chambre des pairs, et même de tout autre corps d'un rang bien inférieur auquel on veut attacher la moindre considération, que le traitement de ses membres leur soit capricieusement assigné et distribué par la volonté ministérielle. Il est de tout point indigne d'elle, qu'ainsi naissent et se propagent ces bruits que la malignité se plaît à repandre, et qui, mettant à profit la voie qui leur est par là laissée ouverte, ne manquent pas de donner pour règle de ces distributions, des discours, des votes, ou tout autre motif de cette espèce. Le démocrate le plus fougueux partisan de l'égalité, l'aristocrate le plus soulevé contre un patriciat qui le ravale à jamais au niveau commun, deux partis comme on le sait également acharnés contre elle, ne pourroient pas lui donner de conseil plus propre à empêcher son institution naissante de jeter des racines sur un sol aussi mal préparé à la recevoir. On est

encore à concevoir comment elle a pu si long-
temps se soumettre à un système aussi humiliant.
Puisque nous n'avons pas un nombre assez considérable de sujets auxquels leur fortune permette d'être pairs à leurs propres frais, il
n'est pas étonnant qu'il ne faille, qu'ainsi que
toutes les autres magistratures, ils soient dotés
des deniers publics. Mais il faut en même temps,
et à plus forte raison encore que dans toute autre magistrature, que cette dotation soit déterminée d'une manière fixe et légale, qui ne
laisse pas même le soupçon de cette faveur et de
cet arbitraire, qui ne doit, je ne dis pas flétrir une
dignité si éminente, mais pas même en approcher.
Non-seulement il faut une fixation légale, je dirai plus, il faut qu'elle sorte de la chambre elle-
même. Elle en acquerra bien plus solidement
cette réputation d'indépendance qui est son
premier besoin, qu'elle doit avant tout chercher à s'assurer: Elle fera d'elle-même cesser un
grand scandale trop long-temps toléré. Elle
prouvera que non-seulement elle a le sentiment de sa dignité blessée, mais encore qu'elle
n'a besoin que d'elle-même pour y porter remède. Que si l'on taxoit ceci d'exagération,
ou peut-être de subtilité, je prierois que l'on

me dise si chacun ne fait pas une singulière
différence dans son estime, entre celui qui sait
seul et de sa propre impulsion redresser son
honneur offensé, et celui qui a besoin qu'un
autre lui en indique la nécessité, et lui en four-
nisse les moyens. Le plan d'ailleurs qu'elle pro-
posera elle-même ne peut manquer d'être plus
convenable que celui que l'autorité ne présentera qu'à la dernière extrémité. La nature de
celle-ci est de vouloir abaisser tout ce qui a des
rapports avec elle. On peut ne pas trouver extraordinaire qu'elle subisse son sort ; mais doit-
on user de la même indulgence envers ceux
qui ne cherchent pas à prévenir les funestes
effets qui en résultent pour eux ?

Ne faut-il pas attribuer à la même cause
le secret auquel a été condamnée la chambre
des pairs par ceux qui furent appelés à modifier les principes d'un gouvernement libre,
que le roi s'étoit hâté de promettre en mettant le pied sur le sol français ? Comment
faut-il que l'amour du pouvoir aveugle au
point de prendre tant de précautions pour priver
de toute force, je ne dirai pas ceux dont on redoute les attaques, mais ceux-là mêmes que
l'on destine à être ses auxiliaires dans ces cir-

constances difficiles où l'on sent combien on
a besoin d'appui! Il seroit difficile en effet
d'imaginer un moyen plus efficace d'empêcher
une assemblée d'acquérir de l'influence et de
la considération, qu'en la reléguant ainsi hors
des yeux et des oreilles du public, dans un
régime où la publicité est un moyen de force
si prodigieux ; qu'en lui ôtant ainsi la possibilité de suppléer par le talent ou le patriotisme,
qui pourroient se manifester dans la discussion publique , à ce qui lui manque en tradition d'antiquité et en prépondérance de supériorité personnelle. J'ai bien souvenance
d'avoir entendu quelques étranges déclamations
sur les avantages du secret et du mystère qui
environnent ses délibérations. Il falloit en donner tant bien que mal quelque raison qui ne
fût pas la véritable ; et l'on sait à quelles absurdités force parfois cette fâcheuse obligation. Voudra-t-on peut-être nous persuader que,
tel qu'un sultan de l'Orient enterré au fond de
son harem, le sénat d'un peuple libre lui im-
primera d'autant plus de respect qu'il sera
plus dérobé à ses regards , et qu'il connoîtra
moins ses actions ? ou que ses décisions ac-
querront d'autant plus le poids et l'autorité des

oracles ; qu'elles sortiront d'un lieu plus impénétrable à tout œil profane ? ou bien prétendroit-on par là le soustraire à la dangereuse
influence des opinions du moment ou des passions dominantes? Dans ce dernier cas, je n'hé-
siterois pas à dire, s'il étoit possible de le soumettre à une pareille interdiction, qu'il seroit
fort à regretter, fort à réprouver, qu'il fût privé
de toute communauté de sentimens avec le corps
de la nation. Puis, qui ne voit que tout ce qu'il en
résulteroit seroit, non pas que les pairs n'eussent
aucune communication avec la nation, mais bien
que celle-ci n'en ait pas avec eux. Non pas qu'ils
fussent soustraits à l'influence de l'opinion publique ; mais, au contraire, que l'opinion publique
fût soustraite à la leur ; car quelle action veut-on
qu'ait cette chambre sur un public qui sait à
peine ce qu'elle dit par la voie froide de l'impression, et cela même, après que la décision
intervenue a enlevé ou réduit à peu de chose
l'intérêt des débats? tandis qu'elle voit à côté
d'elle une autre assemblée composée d'élémens
plus populaires, et à laquelle heureusement on
n'a pas ordonné de fermer ses portes.

Mais il seroit fort inutile de s'occuper plus
longuement de tous les pitoyables sophismes

auxquels on pourroit avoir recours pour dé-
guiser les motifs qui ont porté à refuser à ce
corps les moyens nécessaires pour parvenir à
cette autorité qui lui est cependant indispensable, si toutefois il est considéré comme appelé à servir d'appui solide, et non pas simplement de décoration dispendieuse au trône.
Il y a long-temps, je veux dire depuis sa
fondation, que tous les bons esprits sont convaincus de cette vérité, qui ne paroît pas
même être du nombre de celles qui sont sujettes à contestation. Tous les efforts de la
Chambre des pairs doivent donc tendre à effacer
cette copie maladroite du modèle impérial, à
faire tomber cette barrière, à lever ce voile qui
la sépare du public. Quand même elle échoue-
roit dans ses premières tentatives, on lui tiendroit compte seulement de les avoir faites. Comme
elle n'est pas encore montée assez haut pour éveiller la jalousie, on lui sauroit gré, sans aucun
mélange d'inquiétude sur les conséquences,
de montrer qu'elle sent et qu'elle revendique
ce qui lui est dû.

Dans le projet conçu de ne faire des Chambres que des espèces de grands conseils que
l'on consulteroit sur les affaires de l'Etat, bien

plutôt que de les admettre a une part effective
du pouvoir législatif, on les a privées de l'initiative des lois, ou au moins, elle ne leur a
été accordée que par une voie incomplète et
détournée. On a préféré la donner d'une manière qui pût la rendre inutile, que durement
la refuser. En leur ôtant le droit de discuter
en public les propositions qui émanent d'elles-
mêmes, on leur a enlevé à peu près le droit d'en
faire, car la publicité est le grand ressort d'un
gouvernement libre. Elle est surtout le grand
moyen de puissance d'une assemblée populaire.
Le soin jaloux avec lequel on l'évite est une des
meilleures preuves de son efficacité, et les partisans de l'arbitraire, qui sont les premiers à
nier à grands cris les effets de cette force, sont
aussi les premiers à les avouer, par l'ardeur et
l'opiniâtreté qu'ils mettent à la proscrire. Ju-
geant aussi, avec quelque raison, qu'en le con-
damnant au secret ils sont parvénus à étouffer
dans son germe ce privilége de l'initiative, ils
ne cessent de répéter, même dans les Chambres, qu'il n'appartient qu'au roi seul ; quoique, dans le fait, la Charte le donne positivement aux deux corps qui entrent avec lui en
partage de la souveraineté. Voyant qu'il n'en a

encore été fait aucun usage, ils espèrent que le
sort qu'il a éprouvé jusqu'ici le destine à rester
à jamais une lettre morte. Ce qui suit sur ce sujet est applicable aux deux Chambres, dont la
cause est ici commune.

On a cherché à démontrer que cette initiative, que s'étoit attribuée la couronne, étoit
ou pouvoit devenir nuisible à son propre
pouvoir, à sa propre dignité. On a prétendu
qu'elle consulteroit bien mieux et l'un et l'autre en le remettant aux chambres; qu'il étoit
bien plus convenable d'y faire proposer par
quelque membre dévoué, en son nom privé,
les mesures qu'elle voudroit faire adopter, que
de s'exposer elle-même à un refus patent et direct, et qu'enfin la libre discussion, qui, quelque vigilance, quelque dextérité qu'on y ap-
portât d'un côté, quelque réserve, quelque humilité qu'on pût y inculquer ou y espérer de
l'autre, ne pourroit jamais être totalement pré-
venue, étoit de tous points incompatible avec
nos justes idées de la majesté royale, dont le
nom sacré ne devoit être employé que comme
les arrêts du destin, soit pour appeler à l'existence, soit pour faire rentrer dans le néant, la loi
jusqu'alors inanimée et simplement ébauchée.

Il faut en convenir, ce ne sont là que de pieuses fraudes dont se sont quelquefois servi les amis de la liberté. En faveur du but, on peut les justifier, et même les honorer. Mais je penserai toujours que parler et agir ouvertement doit être le meilleur moyen, après tout, d'y parvenir, et que la franchise est un auxiliaire aussi utile qu'il est respectable, pour ceux qui d'une manière quelconque se mêlent des affaires d'un pays qui a fait quelques pas dans la carrière de la liberté.

Nous devons d'autant plus abandonner ce stratagème qu'il n'est pas à présumer que l'autorité donne dans ce piége. Elle entendra, soyons-en sûrs, toujours trop bien ses intérêts pour cela. Cette espèce d'instinct qui ne la quitte jamais suffiroit seule pour la mettre dans ce cas au-dessus de ces considérations d'étiquette si graves en toute autre occurence, et pour lui faire sentir que cette initiative exclusive est, et surtout seroit dans des mains fortes, un des plus grands moyens de pouvoir. Il n'est alors plus permis de s'occuper que des matières qu'il plaît au gouvernement, et dans les limites qu'il veut leur assigner. On écarte ainsi de la discussion et des regards du public toutes celles dont on

veut lui dérober la connoissance. Ce que l'on
pourroit penser qu'il perd en dignité en voyant
ces propositions attaquées, déchirées, tournées
en ridicule dans les débats, ou rejetées à la délibération, lui est amplement compensé par le
pouvoir réel et solide qui lui demeure. Toute
cette intempérance de langage parlementaire
finit par l'habitude à ne plus être regardée que
comme le style d'usage, et l'on a ordinairement
de la philosophie de reste pour supporter ces
injures qui ne sont que du bruit et qui ne portent point atteinte aux intérêts essentiels. Le
nom du roi est lui-même loin d'être autant compromis qu'on veut paroître le redouter. Les
fictions constitutionnelles ne trompent que ceux
qui font semblant d'être trompés. L'apposition
de son nom au bas d'un projet n'est au fond le
plus souvent qu'une affaire de forme, et tout le
monde le sait. Elle peut être interprétée, et elle
l'a été, comme une permission gracieusement
accordée de s'expliquer sur tels ou tels objets.
Cette extrême importance attribuée à des marques extérieures de respect a visiblement rapport à d'anciennes idées que l'on croit à tort
s'appliquer au temps présent dans toute leur extension. Mais nous renfermant nous-mêmes dans

le cercle du langage constitutionnel, ne considérons ce droit que comme touchant aux relations entre les chambres et l'autorité ministérielle.

Le point principal que celle-ci peut se flatter d'avoir gagné, est de leur avoir fermé la voie qui pouvoit le plus sûrement les mener à acquérir cette influence, et à obtenir ce respect, aux yeux de la nation, sans lesquels elles ne peuvent que bien imparfaitement remplir la tâche pour laquélle il faut cependant nous résoudre à les croire instituées? Si elle leur étoit ouverte, que de bonnes lois sur les différentes parties qui occupent les méditations et le patriotisme de ses membres pourroient alors sortir de ces sessions, maintenant si longues et si stériles, que nous voyons se traîner péniblement dans les éternelles discussions d'un petit nombre de projets qui leur sont apportés avec parcimonie, après avoir été long-temps attendus. Quelque influence que l'on veuille supposer aux ministres sur les chambres, il leur seroit impossible de continuer à rejeter des améliorations constamment proposées à ce système que nous a laissé la tyrannie la plus complètement comme la plus fortement organisée qui ait pesé sur les hommes. Il leur est bien plus facile, bien plus praticable

de ne pas présenter eux-mêmes que de repousser ce qui auroit été une fois présenté, de prévenir que de réprimer ce que, tant le désir du
bien public que l'orgueil attaché à ne pas se
désister d'une entreprise une fois commencée,
reproduiroit sans cesse toutes les fois que la législature se réuniroit. Doué d'un peu de talent
et de beaucoup de persévérance, un seul membre
pourroit alors, en revenant toujours à la charge
sans se laisser rebuter, nous obtenir quelques-
unes de ces institutions, de ces garanties, qui
sont généralement réclamées, mais auxquelles
il n'y a que les mains ministérielles qui aient le
privilége d'ouvrir l'arène de la délibération.
C'est ainsi, et tel doit être le but de toute bonne
organisation sociale, que peuvent s'élever des
existences individuelles, et que, par ses facultés ou par ses vertus, un simple citoyen
peut devenir l'artisan de sa renommée et de sa
grandeur. C'est ainsi que chaque loi romaine
portoit le nom de son auteur. Mais sans aller
chercher si loin des exemples que l'on me reprocheroit sûrement de prendre dans une république, c'est ainsi que nous avons vu M. Wil-
berforce, après vingt ans d'honorables travaux,
et sans avoir été revêtu d'aucun emploi public,

gagner enfin par son inébranlable constance la cause de l'abolition de la traite des noirs, et se faire un nom destiné à être associé par la postérité à celui du vertueux Las Casas. Croit-on donc que l'on ne trouvât pas parmi nous de citoyens aussi zélés, aussi éclairés, aussi patriotes, qui ne cesseroient de demander ce qu'exige le bien de leur pays, et d'indiquer le remède aux maux qu'il souffre, si leur bouche n'étoit pas fermée et leurs mains liées par une dure législation? Qui peut mieux connoître ces besoins et ces maux, que ceux qui sont choisis dans le corps de cette nation qui les éprouve, que ceux qui en gémissent et qui n'en profitent pas, et qui souvent seront élus, par cela même qu'on les croira propres à procurer le redressement de ces griefs et à en faire l'exposition? Quel plus sûr moyen auroient les membres de la chambre haute d'acquérir cette considération dont ils devroient être environnés? Quelque courage que possédât un ministère à braver l'opinion publique, quelque docilité qu'il pût espérer de trouver dans une majorité dévouée, il ne pourroit parvenir à tenir indéfiniment étouffées sous l'ordre du jour, ou sous la clôture, des propositions claires, précises, rédigées en forme de lois, et dont les sti-

pulations détaillées feroient ressortir les avantages, tandis que six années d'expérience nous
démontrent avec quelle longanimité, avec quelle
parfaite sécurité il sait et peut se boucher les
oreilles à des demandes vagues, à des vœux
offerts avec hésitation et humilité, exprimés con-
fusément et sans force, parce qu'il leur est interdit d'en venir jusqu'à être discutés à l'audience
du public. On a voulu réduire les chambres à
présenter d'humbles cahiers de doléances, tandis que l'autorité se réservoit le rôle brillant d'y
faire droit ; encore si elle vouloit le remplir ce
rôle ! Mais il n'est pas plus de leur dignité que
de notre intérêt qu'il en soit ainsi. Je ne parle
pas de la dignité de ces assemblées dans l'intérêt
de leurs membres et de quelque éclat qui pourroit en rejaillir sur leurs personnes, mais dans
des vues de bien général. Que devrons-nous
attendre d'un corps législatif que la foiblesse de
sa constitution condamneroit à la nullité, et à
ne pas pouvoir se saisir de cette autorité qu'il
devroit avoir sur la marche des affaires !

On pourroit répondre que le but de remettre
l'initiative aux chambres, et d'y placer même
en quelque sorte le gouvernement, est rempli
dans la pratique et par le fait, ce qui est tout ce

qu'il faut, par cela seul que le ministère, quelque imparfaite que soit encore notre allure, ayant cependant besoin de l'appui indispensable d'une majorité, est obligé de lui céder, et jusqu'à un certain point de se plier à ses volontés, et par conséquent de proposer lui-même toutes les mesures qui peuvent être agréables ou paroître utiles à cette majorité, et qu'elle auroit pu faire présenter par un de ses membres dans le cas où elle eût eu la pleine initiative; tandis que celles qui ne seroient au contraire conformes qu'à l'avis du parti opposé, ou à celui de la minorité, étant sûres d'êtres rejetées, peu importe après tout qu'elles soient ou non soumises à l'assemblée. On pourroit ajouter qu'il n'est pas étonnant que, dès notre début dans la carrière constitutionnelle, les choses n'aient pas déjà pris cette marche, qu'elles doivent nécessairement y tendre peu à peu, et qu'il vaut mieux s'en rapporter là-dessus aux effets peut-être un peu lents, mais sûrs, du temps, que de compromettre l'objet même que l'on voudroit atteindre par quelque changement trop brusque, ou par quelque amélioration hasardée.

Ce raisonnement me paroîtroit plus spécieux que solide. Je répondrois d'abord, que même dans

le cas où une majorité puissante prescriroit aux
ministres toutes leurs démarches, il s'en faudroit
de beaucoup que la faculté, qu'auroit la minorité de faire discuter toutes les propositions qui
lui sembleroient convenables, fût dépourvue
d'utilité réelle. On peut appliquer ici les raisonnemens que nous avons faits pour prouver
les bons effets du droit d'initiative donné aux
chambres considérées, dans leurs relations avec
le ministère. A celui-ci il ne s'agit que de substituer la majorité. De même, et à bien plus
forte raison encore, cette majorité ne pourroit
pas long-temps s'opiniâtrer à se refuser à ces
vœux qui seroient appuyés par l'opinion publique, à ces projets utiles qui pourroient éclore
au grand jour de la publicité, mais que l'ombre du secret condamne à l'avortement ; celle
de la chambre des députés surtout, qui se verroient exposés à perdre leurs places, quand de
nouvelles élections viendroient appeler leurs
commettans à prononcer sur leur conduite.

Je passerois ensuite à des considérations d'un
ordre différent. J'examinerois quel résultat
l'on peut raisonnablement attendre de ce qui
existe actuellement, si aucune modification n'y
est apportée. J'examinerois si les Chambres

sont sur la voie d'y acquérir cette prépondérance, dont, faute de mieux, on leur fait une
prédiction assez légèrement avancée. Si elles
avoient une organisation assez forte, si elles
jouissoient d'assez de prérogatives pour posséder leur juste part de la puissance publique, il
est probable, on pourroit, sans se compromettre, dire sûr, que tôt ou tard ce seroient elles
qui formeroient le ministère, et qui lui trace-
roient sa conduite et son système ; ou plutôt ce
seroit la majorité qui administreroit par les
mains de ses chefs qui tiendroient les rênes :
selon l'expression des Anglais, qui ont le bonheur d'y être parvenus, le gouvernement seroit parlementaire. Mais si, au contraire, une
organisation foible, vicieuse ou mutilée, ne donnoit pas cette force aux Chambres, il y auroit
alors tout lieu de craindre que ce ne fût le ministère qui ne formât la majorité, et qui ne lui
dictât ses lois; ou autrement, que voyant qu'elles
ne pourroient pas jouer le premier rôle, les
Chambres ou leur majorité ne se tinssent constamment soumises sous les bannières de ce pouvoir qu'elles désespéreroient de pouvoir elles-
mêmes élever et diriger. Son influence une fois
établie, les moyens de soumission une fois con-

nus et pratiqués, les premiers momens de honte
de ceux qui les subissent une fois surmontés,
on courroit risque de voir se confirmer et se
consolider cet état de choses. Le patriote, ou le
moraliste, pourroit sans fruit s'indigner de voir
oubliées les obligations sacrées du citoyen, et la
pratique des vertus d'un ordre supérieur. Il
n'en est pas moins vrai que, le but étant une
fois démontré hors de leur courte portée, la
conviction de cette impuissance étant une fois
établie, on pourroit s'attendre à voir les Chambres découragées renoncer à la lutte, et se laisser dominer par des sentimens d'un genre un
peu différent. Des places, de l'argent, des
distinctions de cour, des rubans viendroient
les récompenser de la cessation de leurs efforts,
et garantir contre leur renouvellement. Car,
qui persévère dans une voie après qu'elle n'offre
plus d'espoir de succès? Qui peut à jamais se
résigner à préférer le pain sec du devoir aux
grasses tables de la corruption? Un bien petit
nombre peut-être d'âmes privilégiées. Ceux qui
se mêlent des affaires humaines, soit pour
les redresser, soit pour les plier à leur biais,
n'ont à s'occuper que des hommes tels que
nous les présente l'expérience journalière de

la vie. Ne pouvant tracer la route, ne pouvant conduire le char du triomphateur, on s'empressera de le suivre pour ne pas paroître exclus de la marche. Que l'on veuille bien réfléchir seulement à l'armée d'employés, de salariés de toute espèce, haut et bas, qui est à la nomination du gouvernement, que la division et la médiocrité générale des fortunes ne laisse que bien peu d'indépendance réelle à ceux qui ont des familles à élever et à établir, et que presque aucune place n'est incompatible avec les fonctions de député, et l'on ne pourra pas ne pas voir la prodigieuse influence, tant directe qu'indirecte, que les ministres peuvent mettre en jeu, influence qui est à elle-même un moyen de se perpétuer; car tant qu'ils auront la main aussi forte, on ne peut pas espérer de la leur arracher. Ils se croient, en effet, si sûrs de la conserver, que publiquement ils en affichent l'emploi, et en revendiquent la nécessité, mettant de côté l'espèce de pudeur avec laquelle on tâche ordinairement de dérober aux yeux ces pratiques et ces prétentions. Il ne seroit pas difficile de s'étendre sur ces réflexions et d'y ajouter; mais je crois que ce que nous avons dit sur la Chambre des pairs, et que ce que

nous allons ajouter sur celle des députés, doit
bien suffire pour faire pressentir de quel côté
s'inclinera la balance ; si par le moyen des assemblées, qui devroient en être l'organe, la volonté générale aura assez de force pour imposer sa loi à l'autorité, ou bien si, sans en tenir
compte, ce sera celle-ci qui pourra tout mener
à son gré, se flattant d'être sûre de la maîtriser ou de l'étouffer : en d'autres mots, si nous
aurons le système représentatif tel qu'il doit être
entendu pour avoir un sens raisonnable, ou bien
si nous l'aurons renversé.

Il n'en faudra pas davantage pour nous démontrer la nécessité que les Chambres aient la
libre proposition et la discussion publique des
lois, comme la possède le parlement d'Angleterre, comme l'ont possédée les premières assemblées qui les ont précédées en France,
comme se la donnent avec raison celles dont
nous voyons les premiers actes dans le midi de
l'Europe. Bien loin d'avoir jamais été regardé
comme un partisan exagéré des droits populaires, on sait, au contraire, que le célèbre Hume
a toujours été, et avec bien plus de raison, accusé d'un penchant décidé en faveur des principes des Torys. Il n'hésite cependant pas de

déclarer que si le droit de *veto,* qui dort dans les
mains du roi d'Angleterre, venoit à être exercé
par lui avant au lieu de ne l'être qu'après la délibération sur les bills, s'il pouvoit empêcher qu'il
n'en fût proposé au parlement d'autres que ceux
qu'il auroit préalablement approuvés, il ne différeroit en rien d'un monarque absolu. Car, ajoute-
t-il judicieusement, le pouvoir exorbitant vient
bien plus d'anciens abus que l'on se refuse à
corriger, que de lois nouvelles que l'on cherche
à introduire. A l'appui de son opinion, il cite
l'Ecosse, son pays, tant qu'y fut en vigueur l'institution des lords des articles, qui y exerçoient
ce droit en faveur de la couronne. Il auroit pu
citer l'Irlande, qui fut pendant si long-temps
soumise à de semblables restrictions. Il n'est pas
douteux que tant qu'elles dureront en France,
celle-ci ne doive fournir un nouvel exemple
de leur incompatibilité avec une véritable liberté.

CHAPITRE V.

De la Chambre des Députés.

L<small>E</small> principe des gouvernemens libres, ce
qui les distingue de ceux qui ne méritent pas
de porter ce nom, consiste dans le droit dont
y jouissent les citoyens de discuter sur les intérêts communs, d'aviser aux moyens d'en procurer l'avancement, et dans le pouvoir, soit
direct, soit indirect, de diriger dans ce sens la
marche de l'administration générale de la chose
publique. Dans les cités qui formoient les petites républiques de l'antiquité, les citoyens as-
semblés sur la place publique exerçoient par
eux-mêmes ces droits dans toute leur plénitude.
D'où vient que ces formes de constitution ont
été considérées comme fondées sur la souveraineté du peuple. On sait à quelles pesantes charges étoient souvent soumis ceux auxquels de
si hautes prérogatives ne sembloient jamais ache-
tées à un trop grand prix. Aussi, quoiqu'il n'y
ait que la plus aveugle partialité qui puisse nier

le singulier degré de prospérité et de splendeur auquel la plupart sont parvenues , ni le bien-être général et la dignité morale qui étoient l'apanage de leurs citoyens , il faut convenir qu'elles imposoient de dures entraves à la plupart des droits , et entre autres à celui de la liberté individuelle , dont la conservation est pourtant , ou devroit être , le premier objet de la réunion de l'homme en société.

On aperçoit les rudimens de ce même principe dans les premières traces d'organisation sociale que se donnèrent ou plutôt qu'apportèrent des forêts de la Germanie ces barbares qui ont jeté les fondemens des états modernes. Les hommes libres s'assembloient dans chaque district territorial , et là , sous la présidence de l'officier public , ou bien du chef qu'ils se donnoient volontairement, ils traitoient en commun de tous les objets qui, tels que les expéditions militaires , les contestations entre particuliers ou tous autres , pouvoient les occuper dans l'état peu avancé de civilisation dans lequel ils vivoient. Ils devoient ensuite se rendre aux grandes convocations du champ-de-mai, où se décidoient de même toutes les questions qui intéressoient le corps de la nation en général.

Mais, de même que dans les anciennes républiques, ces grands priviléges étoient accompagnés de rudes charges. Ils étoient tenus au service militaire et à la fréquentation de ces mêmes assemblées, tant cantonales que générales, qui les enlevoient à leurs affaires, et les éloignoient de leur domicile, souvent à de grandes distances. Les capitulaires de Charlemagne fixent avec précision la mesure de propriété (quatre manses ou près de cinquante arpens), qui, soit qu'elle appartînt à un seul, ou fût divisée entre plusieurs, devoit fournir un homme libre, qui, à la fois législateur et soldat, assistoit à l'assemblée nationale ou *placitum*, et se rendoit à l'armée. De même que dans les anciennes républiques, la souveraineté ne résidoit que dans une partie comparativement peu considérable de la population qui habitoit le territoire. C'étoit une portion choisie, une classe privilégiée qui gouvernoit, et la masse de la nation, si l'on peut donner ce titre à une aggrégation d'hommes ne jouissant d'aucun droit politique, étoit réduite en servitude. C'est en cet état que l'avoit déjà trouvée César à son entrée dans les Gaules; car ceux qui s'imaginent qu'il est dû à l'invasion des Francs sont dans l'erreur. L'écrivain qui a le mieux éclairci les antiquités de notre histoire calcule, par conjecture il est vrai, que les dix-neuf vingtièmes de la nation étoient attachés à la glèbe.

Les temps modernes ont vu naître les gouvernemens appelés représentatifs, qui seuls paroissent applicables à ces grands états dont nous sommes les membres, et sous lesquels nous pouvons nous permettre d'espérer un degré de liberté plus parfait que celui que nous offre l'antiquité, quoique environné de formes moins imposantes, et peut-être moins séduisantes au premier coup d'œil; désavantage, si cela en est un, amplement compensé par la considération que nous ne sommes pas obligés de nous soumettre aux mêmes restreintes. Le seul acte de souveraineté que la nation y exerce est de choisir des délégués auxquels est commis le soin de ses intérêts. Encore ici, le mot nation n'est-il qu'une fiction politique. Il n'y a, et ne peut y avoir, qu'une partie de la nation qui concoure à l'élection. Les plus grandes questions qui puissent donc être traitées sont de savoir par qui et comment seront choisis ces délégués, quelle autorité leur sera confiée, et comment ils l'exerceront. Il ne faut donc pas s'étonner de la fermentation qu'elles ont déjà excitée, ni de celle qu'elles sont encore destinées à exciter parmi nous.

Dans le système électoral consiste principalement le système représentatif; car c'est lui qui, en déterminant à quelles mains sera confié le privilége d'élire les délégués nationaux, décide s'ils le seront de sorte à exprimer fidèlement et sincèrement les vœux et les sentimens de tous ou du plus grand nombre, et à en exiger l'accomplissement avec persévérance ; ou bien, de sorte à ne laisser prévaloir que ceux d'une portion dont les opinions peuvent plus ou moins différer de celles du reste. Les deux pays qui nous ont précédés dans cette carrière, l'Angleterre et les Etats-Unis, ne peuvent nous servir de modèles que sous de fortes restrictions. D'anciens usages, des abus invétérés, mais corrigés par l'ensemble des institutions et justifiés par les résultats, ont peu à peu établi chez nos voisins le mode d'élection le plus bizarre, le plus irrégulier, le moins ramenable aux théories générales des spéculations politiques qu'il soit possible d'imaginer. Il ne nous est pas plus permis de prendre en tout pour règle sa chambre des communes que sa chambre des pairs.

On y voît des élections, ou plutôt des nominations directes, tombées au pouvoir d'une puissante aristocratie, à côté d'autres où les formes
populaires sont portées à l'excès. On y voit des
bourgs où les représentans sont plus nombreux
que les commettans, à côté de villes où le candidat court risque de la vie au milieu d'une populace mutinée. Le patriote, qui croit que dans
le fond son pays jouit de toute l'extension de
liberté qu'il soit désirable, qui redoute les effets toujours incertains des réformes, quoique
entreprises dans les meilleures vues, peut être
admis à soutenir ou à pallier les défauts de cet
édifice, aussi vénérable par son antiquité que
frappant par ses anomalies ; mais l'étranger ne
peut pas l'être à y chercher sans discernement
des exemples. En Amérique, un pays neuf et
fertile, une population qui a plus de terres
qu'elle ne peut en cultiver, et où tout homme
qui veut travailler est sûr de se procurer une
existence aisée, ne fournit pas d'analogie avec
un pays où la surabondance des habitans aux
moyens de subsistance en condamne nécessairement un grand nombre à une existence précaire,
à une pénible dépendance, à la véritable condition de prolétaires ; condition dont il seroit

même peut-être heureux qu'une partie pût être empêchée de remplir les fonctions, si cela pouvoit avoir lieu sans contrarier le vœu de la nature, et sans aggraver un sort déjà si pénible.

Toute l'habileté doit donc être employée, d'abord à se bien pénétrer de la situation réelle de la France, et ensuite à fixer en conséquence tellement la limite du privilége électoral, qu'elle ne descende pas assez bas pour le conférer à ceux auxquels l'absence d'éducation ou de fortune ne laisse que peu de chances d'indépendance ; et que, d'un autre côté, elle ne soit pas tracée de manière à exclure aucun de ceux que leurs lumières, ou leur position, doivent porter à supposer intéressés au sort de la chose publique.

Notre système électoral, même tel qu'il étoit avant le dernier changement qu'il a éprouvé, remplissoit-il cette condition ? Je suis loin de le penser. Il est certain qu'il paroissoit d'abord assez bien se conformer au sentiment régnant de la nation, qui est celui d'égalité, non certes qu'il fût d'une égalité qui même de très-loin approchât de l'absolu, puisqu'il créoit une véritable aristocratie de 80,000 électeurs, mais parce qu'il sembloit être, et étoit dans le fait,

calculé pour réduire à rien ou à peu de chose
l'influence de l'ancienne noblesse, qui a le malheur d'être en ce moment, et qui sera encore
longtemps, l'objet principal et presque exclusif
de toute jalousie. On voyoit que, grâce à cet arrangement, le parti dont les vœux sont dirigés
vers l'ancien régime ne pourroit pas prévaloir,
et cela contentoit. Mais les esprits une fois ras-
surés, la crainte de ce retour une fois apaisée,
peut-on penser qu'une loi qui borne à si peu
de mains ce droit précieux, qu'un réglement si
singulièrement aristocratique dans son essence,
puisse continuer à jouir de quelque popularité?
Le temps ne doit-il pas venir où nous enten-
drons parler d'ilotes? où, comme chez nos voisins, des démagogues s'adresseront aux passions
des habitans non représentés? où l'on s'étendra
sur la partialité qui prive du droit d'élection
tant de personnes qui y sont appelées par leur
état, leur éducation et le rang qu'elles tiennent dans la société, pour le donner à tant
d'autres qui, sans aucun de ces avantages, ont
cependant eu le bonheur d'arriver à un certain
taux sur les rôles du percepteur? L'entraînement qu'ont produit des circonstances momentanées, et les motifs de l'esprit de parti, n'exis-

tant plus, ou étant oubliés, on trouvera bien d'autres reproches à faire à cette loi des cent écus que nous avons vue l'objet de tant de panégyriques.

Un de plus graves, après celui qui s'élève contre le cercle étroit dans lequel est circonscrit le droit électoral, est sa variabilité. Le petit nombre de ceux auxquels il est accordé devroit au moins le posséder d'une manière stable et assurée. Au lieu de l'asseoir sur le cens de la fortune, on l'a fait sur le taux des contributions. Chaque dégrèvement d'impôt direct que l'on a éprouvé, ou que l'on peut éprouver par la suite, opère un nouveau dégrèvement dans l'aristocratie électorale; qui, au lieu d'être pour les contribuables un soulagement sans mélange, traîne après lui sa part de regrets particuliers et d'inconvénient général. Incertains entre deux maux, les députés patriotes sont presque tentés de s'opposer à ces diminutions, qui dans tous les temps ont été l'objet des constantes réclamations, des efforts persévérans de ceux qui s'intéressent au bien de leur pays. L'autorité de son côté, aidée en cela par l'intérêt personnel des possesseurs de biens fonds, s'attachera tant qu'il lui sera possible à faire voter la réduction des impôts, quand on pourra ou quand on voudra en faire, sur ceux qui portent avec eux le privilége offensant de nous donner des électeurs. Il pourra se faire que, par cette malheureuse combinaison, l'on tende principalement à conserver ceux qui pèsent plus particulièrement sur la classe la moins en état de supporter les charges de l'Etat, ou même que nous voyions indéfiniment prolongés ceux que reprouve sévèrement la morale publique, mais qui ne confèrent aucun droit politique. En voulant, ainsi que cela a eu lieu, se servir de la cote de contribution, il auroit été cependant facile de le faire d'une manière qui fît disparoître ces objections, en prenant pour donner ce droit une partie déterminée de ce que nous appelons le principal, que l'on auroit assez réduit pour le rendre fixe. On ne pouvoit guère trouver de moyen qui ne fût préférable à celui qui a été mis en œuvre. Pour plus grande cause d'instabilité, la formation des listes a été entièrement abandonnée à l'autorité administrative sans autre contrôle que le sien propre. Le mieux seroit sans doute que cette tâche, que celle de rechercher et d'indiquer tous les électeurs, fût confiée à des fonctionnaires choisis par ceux-ci.

Mais de quelque sorte que l'on s'y prenne pour
les nommer, du moins faut-il qu'ils le soient
sous telles conditions qui assurent leur impartialité et leur indépendance. La nécessité d'une
pareille précaution ne peut pas être douteuse,
surtout dans un système où les mutations paroissent devoir être continuelles, quand on
réfléchit à tout ce que peuvent les agens de l'administration, à tout ce que l'on s'est mis sur le
pied d'exiger ouvertement d'eux, et à toute
la mesure des inconvéniens qui peuvent en
résulter.

En prenant pour base le cens du capital, on
remédieroit à un autre défaut de la loi actuelle.
Je ne puis pas croire qu'elle tienne assez de
compte de la richesse mobilière. D'anciens et
d'honorables préjugés, joints à quelques bonnes
raisons, donnent, et doivent donner, j'en conviens, à la propriété territoriale, une supériorité
réelle et une faveur d'opinion. L'agriculture est
la base et la source la plus abondante de la richesse nationale. Il en est ainsi non-seulement
en France, qui s'intitule un royaume agricole,
mais même dans l'opulente Angleterre que nous
sommes beaucoup trop habitués à ne regarder
que comme un pays mercantile, presque que

11*

comme un vaste comptoir (1). L'agriculteur est
plus nécessairement attaché au sol, qui est le
plus souvent son seul capital. Son industrie, si
l'on veut lui donner ce nom, est d'une nature
non-seulement plus utile, mais plus relevée, et
dont l'exercice s'accorde mieux avec certaines
nobles qualités. En s'y livrant, il n'a pas continuellement devant les yeux le but unique du
gain ; tandis que c'est l'occupation de presque
tous les momens de l'homme enfermé dans son
comptoir ou dans sa boutique. Celui qui suit
sa charrue en plein air ne s'en occupe que
dans les momens, relativement assez rares, où il
fait ses marchés et vend ses denrées. L'autre ne
se livre que trop souvent à des spéculations ha-
sardeuses et désordonnées, qui le mènent à sa
ruine par des voies honteuses. Si l'agriculteur
fait mal ses affaires, cela vient, la plupart du
temps, uniquement de ce qu'il n'exerce pas avec
assez d'intelligence sa pénible et honorable profession. Aussi ne faut-il pas trouver mauvais
qu'il lui soit accordé quelque préférence. Il
faut seulement désirer qu'elle ne soit pas poussée trop loin. La noblesse, la suprématie, le

(1) Le revenu de l'agriculture y est quatre fois plus considérable que celui du commerce et des manufactures.

commandement et l'influence sur les hommes,
ont été pendant bien long-temps exclusivement attachés à la terre. Nos idées changent,
difficilement et à regret un cours qu'elles se sont
frayé, et qu'elles ont suivi pendant des siècles.
Elles nous portent à vouloir favoriser la terre de
priviléges trop considérables. Celui qui, privé de
ce genre de propriété, s'adonne à l'exercice
d'une industrie quelconque, ne doit être soumis
à aucune différence qui l'aigrisse, ou qui tende à
l'abaisser. Par l'effet de circonstances nouvelles,
cette classe acquiert, et est destinée à acquérir
chaque jour, continuellement plus de richesse,
et par conséquent plus de poids et d'importance
dans la société. L'observation de ce qui se passe
sous nos yeux, et les regrets amers qui en sont
exprimés, en donnent des preuves à quiconque
veut les voir. Il n'est donc plus permis de lui
appliquer des principes nés dans des temps différens. Ceux qui couvrent la mer de leurs vaisseaux, dont le nom privé supplée dans les
besoins des états au crédit que n'ont pas les
promesses royales, ne doivent plus être traités
comme ces serfs émancipés qui couroient de foire
en foire, vexés et rançonnés par le dernier châte-
lain ; ou comme ces misérables Francs de l'Orient.

qui se vengeoient fructueusement des avanies du
Mamelouk, en le surfaisant dans tous ses marchés. D'ailleurs la communication plus intime et
plus facile entre les habitans des villes, les
moyens d'éducation plus à leur portée, et l'esprit d'association plus répandu, y font naître et
y propagent toujours la connoissance et l'amour
de la liberté bien avant qu'il ait pénétré dans les
campagnes, où il avoit été en outre, dans nos
temps modernes, singulièrement arrêté par les
effets de la prodigieuse inégalité des possessions
territoriales. C'est en effet des villes, et plus particulièrement des villes industrieuses, qu'a pro-
cédé presque partout en Europe la lumière de la
liberté. Certains genres d'industrie même se
rapprochent beaucoup de celle de l'agriculture.
La différence diminue beaucoup entre celui qui
fait valoir une usine ou une fabrique, et celui qui
fait valoir une ferme. Le premier est loin d'être
débarrassé de tous liens qui l'attachent au sol,
et en général ce reproche, que l'on se plaît tant à
adresser à la classe industrielle, est bien moins
fondé qu'on ne le prétend, en ayant soin de tout
confondre ensemble, et de conclure d'un petit
nombre à la totalité. Dans le droit d'élection,
qu'il faut s'attacher à étendre le plus qu'il est

compatible avec la sûreté générale, on auroit donc tort de n'avoir égard qu'à un seul genre de propriété, ou de lui accorder avec trop de partialité une supériorité disproportionnée. Mais la question est évidemment envisagée et traitée maintenant dans des vues d'esprit de parti. Le commerce ne vit que de liberté et tend nécessairement à l'égalité. Ceux qui sont opposés à ces doctrines doivent donc faire tous leurs efforts pour l'empêcher d'acquérir de la prépondérance dans ces assemblées qui doivent finir par faire une part quelconque dans la direction des affaires publiques, et par conséquent, pour maintenir une règle qui fonde le droit électoral sur l'impôt foncier seul, en préférence à celle qui voudrait le faire porter sur l'ensemble de la fortune.

Un autre défaut sérieux de cette loi étoit l'obligation de se rendre au chef-lieu du département pour une élection unique. Ces élections ont en général été, comme cela devoit être, dans le sens du parti qui est parmi nous le plus nombreux, et le mode en a été naturellement loué outre mesure par celui qu'il favorisoit. On ne peut cependant nier que cette nécessité de se transporter dans un lieu éloigné de sa résidence ordinaire, n'en empêche beaucoup d'électeurs, qui sont arrêtés soit par les frais, soit par l'inconvénient de quitter des affaires qui réclament leur présence. Ainsi le nombre des électeurs, déjà si court par le droit, est encore plus resserré par le fait. Il est plus qu'inutile de prêcher à la masse des hommes le patriotisme et le dévouement. On l'aigrit, bien plus qu'on ne l'entraîne, en lui reprochant de ne pas remplir des devoirs qui lui sont à charge. L'adresse du législateur consiste à faire en sorte que l'intérêt particulier soit le moins possible divergent de l'intérêt général, et que les devoirs de citoyens soient aussi faciles dans la pratique qu'ils peuvent paroître indispensables dans la théorie. Les élections locales sont bien mieux calculées pour atteindre ce but. On s'est récrié sur l'ouverture que cela donneroit aux influences personnelles. Mais, de bonne foi, en voit-on d'assez puissantes pour donner de l'inquiétude à un esprit raisonnable? De peur d'ailleurs qu'un corps trop réduit d'électeurs ne le fît tomber dans une dépendance quelconque, de peur de voir nos arrondissemens électoraux dégénérer en bourgs pourris, il seroit bon de fixer un certain nombre comme nécessaire pour constituer ces collèges. Ce qui leur manqueroit en électeurs légaux seroit suppléé par ceux qui en approcheroient le plus près en qualifications requises.

Je ne me permettrai plus de remarquer qu'un dernier désavantage de cette loi, mais qui, ne devant être que d'une nature temporaire, ne mérite pas autant de considération que ceux que nous venons brièvement de signaler. La division qui règne parmi nous étoit cause que la classe que l'on est convenu d'appeler aristocratique (mot que je répète sans autre prétention que celle de me faire entendre) étoit sur le point d'être exclue par la classe rivale, qui jouissoit dans ce système de toute la prépondérance. Tout homme impartial devra convenir qu'il auroit été très-fâcheux de voir ainsi presque fermer la porte de la représentation, c'est-à-dire exclure du plus grand honneur auquel puisse aspirer le citoyen d'un état libre, à une classe qui est encore celle qui, par les débris de son ancienne existence, par d'antiques souvenirs, par l'accession de ceux que la vanité ou tout autre motif porte à se rallier à elle, par son influence dans une cour, dont l'action ne peut pas être du premier abord circonscrite dans d'aussi étroites bornes qu'il seroit désirable, se trouve placée à la tête de la société ; et qui, toute autre prérogative plus élevée lui étant refusée, seroit toujours celle chez laquelle les autres viendroient chercher leurs modèles de politesse et de manières. Ce n'étoit pas un moyen de la réconcilier avec ces nouvelles institutions, pour lesquelles elle manifeste malheureusement tant d'éloignement. On ne surmontera pas sa répugnance, on ne convaincra pas son esprit, en l'apostrophant sans cesse sur le ton aigre de l'invective, en lui reprochant que c'est elle qui est la véritable cause des excès de nos temps de malheurs, et en lui débitant d'insipides homélies sur les bienfaits de la liberté. Ce sera, au contraire, en lui présentant un système dans lequel elle puisse espérer d'être admise à sa part et de jouer un rôle. Or, être privé de la chance du privilége le plus précieux qu'il puisse offrir, n'est pas même être admis à l'égalité. Mais je ne veux pas pousser plus loin ces raisonnemens, cet état de choses ne me paroissant, ainsi que je l'ai dit, devoir être que momentané. J'en aperçois deux motifs. D'abord cette différence de condition, dont on parle encore tant, ne repose sur aucune différence spéciale et réelle. Il n'y en a aucune de droit, aussi peu de fortune et d'éducation qu'en comporte un aussi grand royaume; où d'ailleurs la

pente continuelle vers le niveau corrige tous
les jours ce qui pourroit encore choquer le partisan le plus susceptible de l'égalité. Le regret
de quelques restes de supériorité perdue et de
pertes éprouvées, la crainte de voir les premiers
ressaisis et les dernières réparées, sont après tout
les véritables fondemens de la division que l'on
établit. Or chaque jour ces sentimens doivent
s'effacer. Chaque jour aussi, en dépit de ces vains
titres que l'on a été si imprudemment ressusciter, doit s'affoiblir l'idée qu'il existe une noblesse séparée et distincte du corps de la nation.
La vérité de ce qui existe réellement doit peu
à peu avoir le dessus, et détruire les illusions
de la vanité comme celles de la jalousie. En
second lieu, il est permis d'espérer qu'à mesure
que nous avancerons dans notre nouvelle carrière, la beauté et les avantages des institutions
libres, se faisant de plus en plus sentir, finiront
par gagner irrésistiblement les affections de
ceux mêmes qui s'y montrent encore rebelles.
On ne peut pas continuer au grand jour, et tenir
les yeux constamment fermés à la lumière.

Pour fonder un meilleur système l'on a proposé de diviser la France en classes graduées
sur la différence des fortunes, et d'investir cha-

cune du droit de nommer séparément ses représentans. Mais ici se reprodüiroit l'objection déjà énoncée, que dans le fait il n'existe pas de divisions assez marquées d'elles-mêmes pour les ériger en espèces d'ordres, et qu'en essayant d'en créer de factices, outre le danger d'instabilité qui ne cesse de menacer ces organisations artificielles qui n'ont pas de bases solides, on courroit encore celui de finir par inspirer aux habitans d'un même pays, et ayant absolument tous les mêmes intérêts, l'idée qu'ils en ont cependant de différens et même d'opposés, au lieu de hâter ce moment, vers lequel doivent tendre tous nos vœux comme tous nos efforts, où les François, quelques nuances d'opinions divergentes qu'ils puissent avoir sur les mesures à prendre ou sur les hommes à employer, seront cependant convaincus que dans le fond ils n'ont tous qu'une même communauté d'intérêts. Là où l'on trouve des classes toutes faites, il peut être prudent, il peut être nécessaire de les reconnoître et de leur assigner une existence. Mais prétendre en établir là où il ne s'en trouve point, pourroit tout au plus être permis dans telles circonstances données. Or on ne peut pas douter que la situation actuelle des choses et des esprits en France n'oppose une espèce d'impossibilité à la réussite de tout projet semblable.

Il faut cependant avouer qu'une partie de ce plan offroit un avantage digne de la plus sérieuse méditation. Il présentoit à ces classes inférieures, dont la condition n'atteint pas l'indépendance, un moyen de compensation, en leur laissant, au lieu de cette élection directe que la prudence ne permet pas de leur confier, l'élection indirecte ou la faculté de nommer des électeurs.

On ne peut avoir recours à trop d'artifices, si une pareille expression est ici le moins du monde applicable, pour attacher les hommes au gouvernement sous lequel ils doivent vivre, non-seulement par les avantages positifs et matériels qu'ils sentent qu'ils en retirent, mais encore par le juste orgueil que leur inspirent les priviléges qu'il leur confère. Et comment parviendra-t-on mieux à leur persuader qu'ils ne sont pas exclus du cercle étroit des institutions constitutionnelles, qu'ils ne sont pas rejetés hors de leur terrain privilégié, qu'en leur y accordant une portion d'influence, d'ailleurs si petite et si indirecte qu'elle puisse sans le moindre risque leur être remise ? C'est à quoi me semble parfaitement bien adapté le projet de leur faire

nommer des électeurs, sans concourir directement au choix des députés. Vous allez voir,
me dira-t-on, que l'artisan, ou le simple cultivateur, va attacher un grand prix à ce précieux
droit d'être une cause si éloignée de la nomination d'un homme dont il n'a jamais entendu
parler, pour remplir des fonctions qui lui sont
également inconnues? Ce seroit bien méconnoître la nature humaine que de le nier. Que
chacun fasse simplement un retour sur soi-
même, et qu'il réponde franchement. Ne sait-
on pas avec quelle ardeur les hommes de tous
les états convoitent tout ce qui a l'apparence
d'une distinction? N'a-t-on pas vu avec quelle
opiniâtreté ils ont tenu à des priviléges bien
autrement insignifians, quelquefois même complétement absurdes? Et puis à mesure que nous
avancerons, et que nous nous débarrasserons des
restrictions qui pèsent encore sur nous, il faut
se garder de croire que les matières politiques
resteront totalement étrangères à la classe dont
il est ici question.

On est entré dans une voie bien différente.
Un ministère imbécile et chancelant sentoit que
les rênes de l'administration étoient sur le point
de lui échapper. Un parti entier craignoit de

se voir condamné à l'exclusion. Foibles l'un et l'autre séparément, ils se coalisèrent pour s'opposer à celui qu'ils regardoient comme l'ennemi commun devant qui devoient se taire les querelles particulières. Un projet fut proposé, en conséquence, qui pût, pour le moment du moins, mettre à l'abri leurs prétentions respectives; qui pût conserver aux uns leurs places, aux autres une chance de participation quelconque au pouvoir et à la jouissance des emplois. Il n'est pas difficile de voir, encore moins de prétendre, que là où sont nos avantages particuliers, se trouvent aussi les intérêts de tous. Il ne fut question que des dangers de la démocratie. On rappela d'antiques ou d'imposantes autorités. On réchauffa d'anciens axiomes, que leur brièveté rend bien plus commodes à retenir et à répéter que faciles à comprendre ou à défendre, ces axiomes qui nous ont depuis si long-temps déclaré qu'il n'y avoit pas de monarchie sans noblesse ou aristocratie. Il fallut donc jeter les fondemens de cette construction déclarée nécessaire. Chose étrange! Il fut proclamé avec emphase, prouvé par mille excellentes raisons, que les 80,000 citoyens les plus haut imposés, pris sur une population de trente millions, con-

stituoient une véritable démocratie, une démocratie aussi orageuse que dangereuse. Il seroit
difficile de citer un exemple plus frappant de
la perversion du sens des termes. Le nombre
des nobles étoit autrefois plus considérable en
France. Il l'est en Espagne qui n'a que le tiers
de notre population. Afin de mettre la chambre
représentative dans des mains sûres, les choses
furent arrangées de manière que le quart seul
de ce nombre pût par ses nominations y former
la majorité. Les premiers essais de cette nouvelle
loi sembleroient prouver que le but a été atteint.
La conservation douteuse de leurs siéges précaires peut servir à consoler les ministres des
affronts et du mépris. Un parti a saisi l'ascendant auquel il aspiroit. Les ennemis de la liberté
ont la satisfaction de voir ses doctrines sinon tout-
à-fait proscrites, du moins écoutées avec une
extrême défaveur. Le peu de terrain qu'elles
avaient conquis a été abandonné et perdu. Mais il
est permis de s'enquérir si le bien de la France
a été consulté, si les intérêts dont nous venons
de parler se confondent tellement avec les siens
que le triomphe des uns soit en même temps
celui des autres.

Loin de là, si une loi n'est bonne qu'en tant

qu'elle est favorable aux intérêts généraux,
nous voyons celle-ci entachée de deux vices
radicaux. D'abord, ses combinaisons resserrent
encore davantage le droit d'élection que nous
nous sommes attachés à prouver ne l'être déjà
que trop. Elle aggrave ce défaut de celle qu'elle
a remplacée, défaut qui n'a pas été relevé autant qu'il auroit sans doute fini par l'être, tant
par la nécessité d'éviter, en la défendant et en
la maintenant, un système bien moins désirable,
que par respect pour le texte littéral de la
Charte. Ensuite, au milieu d'un peuple dont
le caractère distinctif est un amour ardent de
l'égalité, elle érige un privilége, et un privilége
d'une haute importance, à en juger par ses résultats. Elle le crée principalement en faveur
de ceux qui ne sont déjà l'objet que de trop de
jalousies. Elle nous force ainsi à renoncer à l'espoir de voir peu à peu disparoître et finir par
s'éteindre à petit bruit ces funestes causes de discorde, que nous a léguées en mourant notre ancienne hiérarchie sociale. D'un côté elle retran-
che des droits acquis, ou, ce qui revient à peu
près au même, elle en confère de nouveaux, exclusivement aux autres, à une classe favorisée,
dans le but avoué que la suprématie lui passe et

lui reste. De l'autre, elle excite les passions et perpétue les haines. Loin d'ajouter au gouvernement des forces réelles, elle indispose contre lui. Plus ou moins elle éloigne de lui cette majorité nationale, dont les vœux portoient les hommes du parti opposé à celui qui a prévalu, et qui est au moins étonnée de s'entendre sans cesse répéter qu'ils ne pourroient être élus sans mettre le Roi et la France en danger. Au lieu de mettre un terme à ces idées malheureusement trop répandues sur l'instabilité de nos institutions naissantes, elle leur donne au contraire une nouvelle force, en propageant le désir ou l'espérance de nouveaux changemens. Ceux qui l'ont apportée n'ont eux-mêmes osé la proposer que comme un tâtonnement provisoire. Ceux auxquels elle a été imposée font tout ce qu'ils peuvent pour qu'elle ne soit regardée que comme telle. Elle a en effet tous les caractères d'une loi de circonstance, d'un moyen dont on s'est servi pour obtenir la victoire d'un parti sur un autre, du plus foible sur le plus nombreux; et, pour aller par là directement contre le but essentiel du gouvernement représentatif, si toutefois on veut reconnoître pour ce but l'influence que l'opinion publique, ou l'opinion du plus grand nombre, doit avoir sur la marche de ces affaires qui ne sont autre chose que ses propres affaires.

Je suis loin d'avoir la présomptueuse prétention de blâmer ou d'inculper les intentions de qui que ce soit. Tout homme vraiment honnête doit se lier au parti qu'il croit animé des meilleures vues d'intérêt général, et il doit nécessairement en désirer ensuite le succès avec d'autant plus d'ardeur qne sa bonne foi est plus entière. Il est d'ailleurs si conforme à l'allure ordinaire des esprits de s'aveugler sur les effets de cet irrésistible penchant qui nous porte à transformer ce que nous sentons sûrement être notre avantage particulier, en ce que nous présumons être celui de l'Etat ! Les opinions de la société au milieu de laquelle nous vivons, les paroles qui frappent journellement nos oreilles, nous gagnent, nous pénètrent à notre insu. Il faut qu'un corps soit d'une nature bien peu perméable, pour ne point s'imbiber à la longue de l'essence du milieu dans lequel il nage continuellement. Bien plus, nos liaisons, nos préjugés finissent par nous faire attacher un point d'honneur à ne pas sortir du cercle étroit que trace autour de nous cette existence factice ;

et le désintéressement, du moins apparent, de
sa conduite, dont le principe sembleroit mériter quelques ménagemens, ne met que rarement à l'abri de l'amertume des reproches
dirigés contre ce que l'on qualifie de désertion,
celui qui se résout à secouer ces liens. Il faudroit cependant être d'autant plus enclin à
l'indulgence, que les partis ont peu de dangers
à craindre de cette cause de diminution. Leurs
membres leur sont trop solidement attachés
par le double nœud de l'intérêt et de l'habitude, pour qu'ils puissent concevoir des alarmes de trop fréquens abandons, surtout quand
on songe à la méfiance qui attend ceux qui se
présentent à des rangs auxquels ils ont été
censés opposés.

Mais si la charité nous engage, ou nous
oblige à interpréter favorablement les motifs
qui ont dicté la conduite d'une grande partie
de ceux qui l'ont emporté dans la lutte acharnée
qui a produit tant d'agitation, il ne peut nous
être défendu d'examiner si l'utilité probable
des résultats répondra à la bonté supposée des
intentions. Il est évident que ce parti, sentant,
bien plus qu'il ne l'avoüe, sa propre foiblesse,
sera obligé, pour être en état de tenir tête à ses

puissans antagonistes., de chercher l'appui de
l'autorité, et qu'il ne pourra pas par conséquent
jouir de l'éclat ou prétendre à la dignité qui
lui seroit acquise, s'il avoit la fierté et la vigueur de pouvoir l'emporter et se soutenir seul
et par ses propres moyens. Pour effectuer une
coalition avec cette autorité, surtout lorsqu'elle
se trouve placée dans les mains d'un ministère
qui n'a jamais eu d'autre politique que celle de
se cramponner à son poste, et de conserver
intact le vaste dépôt d'arbitraire dont il a hérité du gouvernement impérial, il se faudra
faire des concessions mutuelles. L'un deman-
dera que le pouvoir lui soit conservé, et l'autre
exigera en retour de son appui la jouissance
des emplois, et de tout ce qu'il sera possible de
fabriquer qui ressemble à des priviléges. On
n'empêchera jamais les hommes de présumer,
là même où leur manque la preuve directe, que
l'utilité est la règle pratique de conduite, et
que l'on n'agit en général que sous l'influence de
la position dans laquelle on se trouve placé.
C'est ainsi que ce parti ne pourra pas manquer
d'encourir le soupçon d'être disposé à vendre
pour des places les libertés publiques. Comment
pourroit-on en effet le croire porté de cœur à

en être le défenseur, quand un fâcheux concours de circonstances peut donner à penser
qu'elles seroient contraires à ses intérêts, qui
seront d'autant plus exposés à être envisagés
comme ceux du petit nombre en distinction
de ceux du grand, que sa prépondérance forcée
suscitera plus de préventions contre lui ? Comment persuadera-t-on qu'il puisse être porté
pour la liberté de la presse, quand on voit
qu'elle est le véhicule constant d'invectives
contre lui, et que le moyen le plus efficace de
déjouer les projets qui lui sont attribués de rebâtir quelque fabrique aristocratique est de les
exposer à la publicité ? Comment peut-on espérer de lui voir jamais consentir à reculer les
bornes du droit électoral, quand l'expérience
lui a appris que cette extension entraîneroit son
exclusion ? Comment de même espérer que,
pour offrir quelque dédommagement, quelque
consolation à la masse privée de ce droit, il lui
accorde d'une main large celui de s'élire les
administrations locales, quand on sait qu'il a
lieu de craindre que cette libéralité ne produise le même résultat, et ne soit une source
abondante de désagrémens, qui, pour être donnés et reçus de plus près, ne s'en font que plus

vivement sentir ? Ses liaisons obligées avec le ministère feroient suivre d'un œil défiant tous ses votes en matière de finances. Non-seulement on lui reprocheroit son opposition ouverte à quelques économies proposées, et que l'impartialité pourroit dans le fait regarder comme plus ou moins praticables; mais on s'empresseroit de prêter l'oreille à tout ce que la malveillance se plairoit à répandre à son préjudice. Malgré ses propres maximes et ses premières intentions hautement manifestées, autoriseroit-il une de ces mesures d'agiotage qui doivent être interdites à toute administration franche et loyale ? Cette malveillance toujours aux aguets ne manqueroit pas d'insinuer que c'est parce qu'il lui auroit été dit à l'oreille que l'on avoit besoin d'argent, soit pour des desseins à l'extérieur que lui-même avouoit, soit pour subvenir à quelque prodigalité de cour, que la pudeur publique ne permettoit pas de porter comme un article des comptes patens. La censure seroit-elle, en dépit des réclamations universelles, continuée sur les journaux et ouvrages périodiques ? Ce seroit le prix honteux qu'il auroit consenti à payer pour obtenir l'érection de quelques évêchés additionnels. Il ne s'agit pas

de savoir jusqu'à quel point ces bruits pourroient être fondés. Je ne veux point donner la vérité pour source à toutes les rumeurs
populaires. Je me borne à prétendre que toute
rumeur semblable tirera toujours une déplorable confirmation de la position même
de ce parti, au préjudice duquel elle seroit
propagée ou controuvée. Jetée momentanément dans l'opposition, cette attitude, à défaut de conviction ou d'inclination, lui auroit
fait avouer ou soutenir quelques doctrines constitutionnelles. Son alliance avec un ministère,
aussi radicalement incapable de les aimer que de
les concevoir, ne peut que lui faire changer de
langage; et le genre de désagrémens inévitablement attaché à ces variations frappantes de sentimens né seroit dans l'occasion actuelle pas du
tout affoibli par la réflexion, qu'il y a ici passage, je me garderai de dire désertion, des
principes de la liberté à ceux de l'arbitraire.
C'est cette dernière doctrine que l'on donneroit
pour régulateur de sa conduite. Car, quand
même on ne l'y croiroit disposé ni par ses préjugés ni par ses principes, on craindroit toujours qu'il ne l'y fût par sa foiblesse, qui, ne lui
permettant pas de rester debout sans secours

étranger, le forceroit à rechercher celui de l'autorité, qui ne pourroit jamais, ainsi que nous
l'avons déjà dit, lui être acquis qu'au prix de
ce sacrifice. Je regretterois profondément que
l'on pût voir dans mes paroles une injuste amertume contre un parti qui est généralement considéré comme celui de la classe dans laquelle
je m'honore d'être né moi-même. Mais les intérêts de la cause sacrée de la liberté, devant
lesquels tous autres disparoîtront toujours à
mes yeux, ne me laissent pas taire, surtout
dans un moment où ils sont en danger, ce qui
me semble être la vérité, après y avoir apporté
l'attention la plus impartiale, et je puis dire
la plus consciencieuse, que me permette la mesure de mes facultés. D'ailleurs je ne prétends
pas que tout ce dont j'indique l'existence hypo-
thétique se soit déjà vérifié. Je suis loin de nier
qu'il n'y ait des exceptions plus ou moins pro-
noncées. Mais dans mon intime conviction je
crois, et par conséquent je puis dire, que telle
est la tendance générale de ce parti, et, bien
plus, qu'elle ne peut pas être différente. Les si-
tuations maîtrisent les hommes, et les entraînent
dans leur marche bien qu'ils en aient.

On risqueroit de voir alors un gouvernement

appelé représentatif, dans lequel les vues et les
intérêts des représentans différeroient des vues
et des intérêts de ceux qu'ils seroient supposés
représenter. Alors la chambre élective, loin
d'être ce dont elle doit viser à se rapprocher le
plus possible pour remplir sa destination, une
véritable aristocratie de choix, sous laquelle la
nation entière viendroit avec empressement se
ranger d'elle-même comme sous ses chefs naturels, comme sous ceux qui ne sont que l'organe de tous ses sentimens, courroit le risque
au contraire de ne plus être regardée que comme
un corps privilégié ligué contre elle avec l'autorité. Il en résulteroit une autre espèce de danger. La nation continuant à se séparer de plus
en plus de la représentation, et même, par la
suite naturelle des passions violentes qu'enfan-
tent les dissensions de parti, finissant par la
regarder comme son ennemie, pourroit dans son
aveuglement se laisser tromper par les menées
des factieux, que les mécontentemens populaires ne manquent jamais de faire naître ; ou
bien par les artifices de quelque prince ou ministre ambitieux, possédant le funeste talent de
faire tourner à son profit les passions les plus
abjectes qui déshonorent l'humanité, qui lui

persuaderoit qu'elle n'auroit d'autre moyen d'a-
battre une aristocratie oppressive ou offensante
qu'en se jetant sans réserve dans ses bras; et nous
pourrions risquer d'avoir la honte de renouveler l'affligeant spectacle qu'offrit le Dane-
marck quand une partie de ses habitans remit
bassement ses droits au pouvoir absolu, afin
d'avoir la singulière satisfaction de priver l'autre
des siens. Cet état de choses seroit d'autant plus
déplorable que le remède en seroit plus difficile à trouver. Il ne seroit pas à espérer que le
parti en force supérieure dans ce corps ainsi
organisé, que le parti qui le regarderoit comme
l'instrument de son pouvoir, consentît de bonne
grâce à le briser lui-même. En changer la constitution autrement que par le concours de l'autorité législative, quels qu'en fussent les résultats, ne seroit autre chose qu'un acte de despotisme bien caractérisé. Le remède seroit encore
pire que le mal. Il n'y auroit peut-être que trop
de penchant à excuser, même à invoquer des
mesures extralégales. La funeste année de 1815
en a fourni des preuves. Mais ceux qui sont sincèrement attachés à la liberté doivent bien se
pénétrer qu'avant tout elle demande des moyens
dignes d'elle ; que ce ne sera jamais par de pa-

reilles voies qu'on lui procurera une prospérité durable; et qu'il vaut beaucoup mieux se résigner à quelques maux présens et en attendre le redressement de meilleures circonstances, que d'avoir recours, sous quelque prétexte et pour quelque fin que ce soit, à l'intervention de l'arbitraire, le plus grand comme le plus flétrissant de tous les maux, qui, de la même main qu'il vous a relevé aujourd'hui, peut demain vous traîner à votre perte.

L'Angleterre nous offre dans un spectacle analogue un exemple instructif et que l'on ne sauroit trop méditer. L'effet combiné du temps, des événemens et de la législation y a créé et consolidé une forte aristocratie, plus de fait que de droit, fondée sur de grandes fortunes perpétuées par des substitutions, et sur l'existence de nombreuses clientelles formées de longue main. La répartition la plus inégale de la richesse territoriale y place l'influence entre les mains d'un nombre relativement rétréci de propriétaires favorisés. Cette aristocratie a de plus su mériter en diverses occasions la reconnoissance nationale par le plus beau et le plus légitime des titres, en se mettant aux premiers rangs quand il a fallu conquérir ses droits. L'ancienne illus-

tration historique est devenue un moyen additionnel de recommandation, au lieu d'être un
objet de jalousie aux yeux d'un peuple fier et
jaloux de son indépendance. Ce n'est ni parmi
des parvenus, ni parmi des démagogues, mais
bien dans son sein, que furent pris ces généreux
défenseurs de ses libertés qui les réclamèrent
sous Jacques Ier, qui les réclamèrent sous son
fils, et qui en leur faveur commencèrent la
lutte contre ce monarque mal conseillé, dont
les infortunes et la fin tragique ont fait oublier
les imprudences et les injustices. Ce fut également elle qui fournit ces illustres patriotes qui
conduisirent la révolution bien autrement heureuse, comme bien autrement glorieuse, de
1688; et depuis, le parti qui jusqu'à ces derniers temps a soutenu les doctrines les plus populaires s'est toujours vanté de compter dans
ses rangs une prépondérance de ces grands
noms aristocratiques sur ses antagonistes. Par
la nomination des députés des bourgs, par
l'effet d'influences de familles héréditaires, par
celui du crédit parlementaire sur le patronage
des places, c'est dans le fait cette aristocratie qui
élit la majorité de la chambre basse, et la
chambre haute lui appartient en entier. C'est

elle aussi qui remplit à peu près ce grand
nombre de charges qui, dans ce pays auquel
une administration centrale qui régit tout et le
règne sans bornes des bureaux ministériels sont
des fléaux absolument inconnus, s'occupent de
la décision ou de la surveillance des affaires locales, telles que celles de juges de paix, de
grands jurys, d'administrateurs des chemins,
des fondations pieuses, etc. C'est elle en un
mot qui gouverne en général et qui administre
en détail l'Angleterre. Tant que le peuple n'a
vu en elle qu'une magistrature naturelle et qu'il
s'est paisiblement rangé sous ses bannières,
aucune plainte ne s'est élevée, rien n'a troublé
l'harmonie de la société. Cette île a joui pendant un siècle et demi de ce calme intérieur
que certains esprits s'efforcent de représenter
comme incompatible avec une constitution,
qui ouvre aux opinions, si l'on veut aux passions populaires, un champ libre pour se manifester. Mais les choses ont changé et une
nouvelle époque commence. Les classes inférieures paroissent vouloir se séparer des supé-
rieures, et se disposer à leur refuser cette
espèce de soumission qu'elles leur avoient montrée jusqu'à présent. Elles veulent avoir une

part plus forte que celle dont elles jouissent dans la nomination de leurs mandataires, et par conséquent plus d'influence dans la direction politique des choses. Elles ne veulent plus que de riches particuliers, n'importe qu'ils se classent parmi les whigs ou parmi les torys, possèdent troquent, vendent ou louent le droit de siéger au parlement, le vrai droit de souveraineté. Elles se plaignent qu'il s'ensuit inévitablement que la législation, qui ne devroit avoir pour objet que le bien de tous, n'a que trop souvent, ainsi que cela a eu lieu dans les lois sur le commerce des grains, sur la chasse, etc., été uniquement dirigée vers celui de la classe gouvernante, ou exclusivement représentée. D'un autre côté, on ne peut pas raisonnablement s'attendre à voir des gens investis d'un droit qui leur donne tant de poids dans l'État s'en dépouiller volontairement, et, dans un pieux accès de désintéressement, en faire offrande au bien public. On a vu le succès des tentatives réitérées qui ont été faites à cette fin auprès du parlement. Quelle sera l'issue de la lutte qui paroît se préparer ? Je l'ignore. Mais malgré la force et l'excellence de la constitution de l'Angleterre sous tant de rapports, elle offre

des symptômes d'un avenir alarmant. Il n'est
pas de mon sujet d'en rechercher les proba-
bilités, ni de présenter cette importante question dégagée des combinaisons accessoires qui
la compliquent dans ce moment; pas même
d'exprimer mes vœux bien sincères pour que
la liberté puisse en sortir sans perte et sans atteinte; car quelque part qu'ils soient placés,
une communauté de sentimens doit lier tous
ses partisans. Toute rivalité nationale doit se
taire à sa voix, qui est celle de la grande cause
commune. Sur quelque point qu'elle succombe,
les effets de sa chute ne pourront manquer de
se faire sentir partout où elle est connue. J'ai
seulement voulu montrer par cet exemple remarquable le danger qu'il peut y avoir à ce que
dans une constitution, dont fait partie une
assemblée de délégués chargée de représenter
le corps de la nation, cette assemblée ne tombe
sous l'influence ou ne soit mise à la nomination
d'une classe de citoyens qui, quoique peut-
être d'abord assez propre à exercer ce privilége dans l'intérêt général, risque de finir par
être assez séparée de la masse pour avoir des
intérêts distincts, ou pour être même supposée
en avoir d'opposés.

Pour prévenir ce mal, toute la prévoyance du législateur devra donc être employée à donner au droit d'élection toute la latitude qui est compatible avec la sûreté générale, et avec l'état de cette société pour laquelle ses institutions sont destinées. S'il ne faut pas descendre assez bas pour atteindre l'homme pauvre et nécessairement dépendant, que l'indigence et les bornes étroites d'une intelligence inculte ne mettent que trop souvent à la discrétion du puissant ou du factieux, il faut aussi se garder d'en exclure aucun de ceux qu'une certaine propriété, ou une éducation plus soignée, affranchissent de cette infériorité. Quand on vient à tracer une règle précise, il se présente toujours des difficultés, et il ne peut manquer d'en résulter quelques anomalies. Cependant si je me hasardois à indiquer une limite de fortune, je ne craindrois pas de dire que quiconque possède un revenu de 4 à 500 francs doit être compris dans cette classification. Je voudrois y comprendre, sans condition de fortune, ceux qui exercent des états qui exigent une éducation qu'empruntant une expression étrangère j'appellerai libérale (parce qu'en effet rien ne tend plus irrésistiblement à mener

r homme à la liberté qu'un esprit cultivé, nourri
et fortifié par l'instruction), tels que le droit
ou la médecine, les chaires publiques des lettres et des sciences, etc..... Il est temps, il
est juste que l'intelligence ait aussi quelques
priviléges dans l'ordre politique, et que ceux
qui doivent y être admis ne continuent plus à
être exclusivement désignés par des signes matériels. Pour dédommager ensuite le reste,
tous ceux qui sont portés sur les rôles des contributions, sans cependant pouvoir être électeurs directs, auroient une participation indirecte en nommant des électeurs en nombre
déterminé, et, pour rassurer les têtes même les
plus soupçonneuses et les plus timides, dans
une proportion telle, relativement à la totalité
des autres, que leur influence sur les choix ne
fût jamais à redouter. Ce n'est pas en désinté-
ressant les hommes de la chose publique qu'on
leur persuadera qu'ils en font partie. Ce sera
avec peu d'espoir de succès qu'on leur prêchera
l'amour d'une patrie dans laquelle ils seront
déshérités de tout droit. Rien n'est et ne doit
être plus loin de moi que la plus légère prétention à m'ériger en législateur. Mais quand
les raisonnemens et les faits, quand de grands

mécontentemens publics démontrent quelque
vice radical dans le système existant, il est
permis de chercher spéculativement quel remède pourroit lui être applicable. Si les esprits
parvenoient jamais sur ce point à un certain
accord dans la théorie, ils feroient ensuite
tous leurs efforts pour que l'usage en fût introduit dans la pratique. On est tenu à ne pas
exciter par des paroles factieuses contre ce qui
a une existence légale. Mais on peut en relever les défauts, sans quoi il n'y auroit pas
l'ombre de liberté. Le système qui nous régit
ne peut que nous mener, dans mon opinion,
à un état d'anxiété, peut-être de convulsions
intérieures, ou bien à la réduction, peut-être
à l'extinction de la liberté : deux maux dont il
me seroit impossible de dire quel est celui que
je redoute le plus. Pénétré de cette persuasion,
je puis réclamer quelque indulgence en indi-
quant mes idées sur les changemens à y apporter, pour prévenir ceux que tenteroit un
jour la violence et dont profiteroient les factions.

Quel danger voudroit-on donc voir dans
quelque organisation semblable à celle dont
les bases viennent d'être sommairement dési-

gnées ? Craindroit-on des choix trop démocratiques ? Mais j'avouerai franchement que dans
une nation aussi démocratiquement constituée
que la nôtre, loin de les éviter, ils doivent
être recherchés. Sans cela l'esprit qui anime
les mandataires différeroit de celui qui règne
dans la masse qu'ils représentent, ce qui est
précisément le plus grand danger que puisse
courir cette espèce de gouvernement, comme
en conviendra je crois facilement quiconque a
réfléchi sur sa nature. Se laisseroit-on aller aux
chimériques appréhensions de ne voir les bancs
garnis que de factieux démagogues ? Nous étour-
dira-t-on sans cesse des mots injurieux de jacobins et de terroristes ? Comment avec un peu
de réflexion et de bonne foi pourroit-on conserver ces frayeurs au milieu d'une nation où
règne l'égalité des droits civils, où la jalousie
publique n'est destinée à être entretenue par
aucune division réelle de classes ayant des
droits opposés, ni par une choquante inégalité
dans les fortunes, maintenue et accrue par la
législation ; où l'on ne trouve presque personne
qui n'ait sa parcelle de propriété et n'y attache
une espèce de point d'honneur ? Trouve-t-on
dans un corps ainsi constitué des élémens de

fermentation, des causes de passions populaires, aussi long-temps que l'on s'abstiendra de toucher d'une main téméraire à ces sauvegardes de la tranquillité publique ? Au commencement [de notre révolution on vouloit détruire et envahir, parce que l'on croyoit avoir beaucoup à acquérir. On détruisit, on envahit en effet largement. Alors ces causes de mécontentement, dont nous venons de remarquer l'absence, existoient et opéroient dans toute leur force. Elles étoient rendues encore plus dangereuses, l'irritation qu'elles produisoient étoit encore plus envenimée que si elles avoient été abandonnées à leur cours naturel, par les menées des ambitieux qui vouloient exploiter les événemens à leur profit. Maintenant au contraire on ne veut que conserver ce que l'on a acquis. L'on croit même avoir plus gagné que l'on ne l'a réellement fait. Qui ignore que, quand on veut exciter contre un certain parti, on ne représente ceux qui le composent comme des révolutionnaires qui, par de nouveaux essais de changemens, voudroient mettre l'Etat en péril ?

Les rôles ont changé. Ce n'est pas sur un peuple ainsi disposé que les agitateurs peuvent avoir prise. Les opinions qui règlent la conduite des hommes sortent bien plus, quoi qu'on en dise, de la position dans laquelle ils sont placés, qu'elles ne leur soient soufflées et suggérées, comme à des machines, par l'ascendant et par l'adresse de quelques esprits ardens ou artificieux. Ceux-ci sont bien plus souvent les symptômes que les causes de ce qui se passe. Dans tout ce qui touche aux personnes, je suis loin de le nier, il est bien plus possible de fortement exciter la fougue de la multitude, et c'est une raison de plus pour se garantir de ce danger; mais dans ce qui regarde purement les institutions libres, je ne crains pas d'avancer que la plupart du temps elle a bien autrement besoin d'éperon que de frein.

Un semblable droit d'élection, exercé par les arrondissemens et par quelques villes, ne donneroit lieu à aucune inquiétude de désordre et de tumulte. On ne pourroit certainement pas le comparer à ces comices de l'ancienne Rome où, sur tout depuis l'extension du droit de cité à toute l'Italie, les nominations des magistrats de la république n'étoient souvent que des combats qui se livroient à main armée. Je ne crois pas non plus qu'il fût possible de lui trouver quelque ressemblance avec ces cohues de l'Angleterre, où le candidat, parlant du haut d'une espèce de théâtre à la populace qui l'entoure, la qualifie, par une fiction oratoire, des titres pompeux de francs-tenanciers indépendans, d'électeurs in— corruptibles, etc., tandis qu'il n'y en a pas un sur cent qui jouisse du privilége électoral ; et où il s'expose quelquefois à recevoir encore plus de coups que de votes.

Je ne dirai rien sur la question de savoir si le renouvellement des députés doit être total ou partiel. Surtout auprès de l'autre, elle me semble, je l'avoue, de peu d'importance. Si elle a été si chaudement discutée, c'est que, dans le moment, elle s'appliquoit à des intérêts de parti. Il s'agissoit de conserver ou d'obtenir la majorité ; mais, dans les circonstances ordi— naires, quand les choses ont pris une allure dé— terminée, et que les idées sont arrêtées ; il me paraîtroit de peu d'importance que la chambre fût élue par cinquième tous les ans, ou en entier tous les cinq ans ; quoique peut-être l'exemple général des assemblées représentatives, et quel— ques raisons qu'il ne seroit pas difficile de donner à l'appui, puissent faire pencher en faveur de ce dernier mode. Seulement il seroit, dans ce cas, à désirer que la chambre, pour ne pas être trop long-temps soustraite au contrôle de ses commettans, n'eût pas une durée aussi prolongée. Je ne suis pas loin d'être du nombre de ceux qui, avec un système électoral raisonnable, verroient peu d'inconvéniens à des élections annuelles. Trois ans devroient suffire aux terreurs de ceux qui ne peuvent voir qu'une tempête dans le moindre exercice des droits populaires.

Je me permettrai une dernière observation sur la véritable source du pouvoir de cette assemblée. Réside-t-il dans quelque article de charte, dans quelque disposition législative, qui ne reste qu'une lettre morte si l'assentiment national ne lui donne le souffle de vie? A-t-elle d'autre troupe à ses ordres qu'une douzaine de messagers ou d'huissiers? Où sont ses armes? Livrée à elle-même, elle paroîtroit dénuée de toute espèce de force; mais sitôt qu'elle se sent soutenue au dehors par l'opinion publique, quand ses actes ne sont que la déclaration de la grande volonté nationale, c'est alors qu'elle acquiert une puissance irrésistible. Il est possible que l'on ait beaucoup abusé de cette expression, *opinion publique*, qu'on l'ait invoquée en toute occasion, et qu'on l'ait fait descendre comme un dieu dans une machine, quand on étoit embarrassé pour avoir un dénoûment. Nous avons, il est vrai, un merveilleux penchant à nous servir de certaines formules verbales sans trop nous enquérir du sens qu'elles renferment. Mais pouvons-nous raisonnablement nier l'existence ou les effets de ce puissant agent, quelque nom que l'on préfère lui donner, nous qui n'en sommes plus réduits à découvrir ou à deviner son action lente et imperceptible, mais qui sommes arrivés au moment où il brise tout ce qui s'oppose à lui, où il change avec violence la face du monde civilisé ? Or, pour que cette opinion générale puisse avoir l'action la plus puissante et la mieux dirigée, l'organe le plus sincère dans la représentation, il faut que la plus grande portion possible de la nation concoure à la formation de celle-ci. Ce n'est qu'alors que nous pourrons lui voir prendre cette autorité et cette dignité qui lui conviennent. Ce n'est qu'alors que, traçant elle-même la marche de l'administration, et désignant le choix de ses membres, elle lui donnera cette vigueur, cette attitude imposante, cette sollicitude pour le bien public que peut seul avoir un gouvernement national. Ce n'est que soumis à cette heureuse influence, que nous pouvons espérer de voir celui-ci se délivrer à jamais de méprisables tracasseries de coteries , et s'élever au-dessus de la petitesse des cours. Ce n'est qu'ainsi que nous ne serons plus condamnés à voir le timon de l'État confié à des mains dont la servilité ou la nullité font le principal mérite ; que nous ne serons plus affligés et humiliés par une succession d'insignifians personnages, sans talens comme sans caractère, assez propres peut-être à tenir leur place dans la domesticité d'un prince , mais indignes d'être placés à la tête d'un peuple fier et généreux.

CHAPITRE VI.

Continuation.

Mais il ne suffit pas que la Chambre représentative soit composée de manière à être l'expression la plus fidèle de l'opinion publique, et à présenter les défenseurs les plus naturels des intérêts nationaux, il faut encore que sa constitution lui assure un mode d'action qui lui donne tous les moyens, toute la facilité d'opérer le bien, et d'arriver à ce pouvoir qu'elle doit avoir dans ce but, et dans ce but seul. Ce n'est pas assez que les matériaux qui doivent servir à la construction d'une machine soient de bonne qualité, il faut, de plus, que le mécanisme qu'elle reçoit de l'artiste, soit propre à produire l'effet demandé. De bons choix pourroient être rendus inutiles, leurs bonnes intentions pourroient rester sans effet, par la courte mesure d'action qui leur seroit accordée, par les gênes et les entraves imposées à leurs délibérations, par une trop large voie laissée ouverte aux séductions de la corruption ; enfin par tout autre

moyen que peut leur opposer l'adresse des
hommes, ou cette espèce de hasard qui régit
souvent leurs affaires. Sous ce point de vue,
notre Chambre des députés me paroît laisser
presque autant à désirer que sous celui du système qui gouverne l'élection de ses membres.

Le privilége le plus important qui lui manque,
celui dont elle doit avant tout demander et gagner la libre puissance, est celui de l'initiative.
Tout ce qui a été remarqué à ce sujet sur la
Chambre haute s'applique, et avec bien plus
de force, à celle-ci. C'est d'elle en effet, plus
particulièrement, que l'on doit s'attendre à voir
sortir ces redressemens d'abus et de vexations
locales, ces lois d'administration intérieure qui
contribuent tant au bien-être d'un peuple, et
que, plus que tous autres, des députés élus par
lui sont à portée de connoître, et propres à réclamer. Il est inutile de revenir sur ce que nous
avons déjà dit. Quelle considération veut-on
qu'ait une assemblée qui, semblable à un instrument d'os ou de bois, ne sait rendre de son
que lorsqu'il plaît au musicien de lui en prêter?
La plupart de ceux qui soutiennent ce système,
et qui voudront être de bonne foi, me répon-
dront : « Nous voulons justement l'empêcher

d'en acquérir, et nous ne connoissons pas de meilleur moyen ». C'est la seule, c'est la véritable raison à donner pour la priver de la libre proposition des lois. Ceux cependant qui ne sont pas portés à cette opinion dans l'unique vue de faire bassement leur cour à l'autorité, mais qui croient sincèrement que ce privilége seroit susceptible de graves inconvéniens, devroient bien réfléchir que son exercice ne pourrait jamais devenir dangereux, puisque le ministère étant soutenu par la majorité dans les Chambres, condition indispensable pour que le gouvernement puisse marcher, pourra toujours écarter toute motion vraiment digne d'être repoussée, et qu'il ne perdra que la faculté d'étouffer ces propositions utiles qui n'ont besoin que de la discussion et de la publicité, pour être à la longue sûres du succès. Quant à cet absurde argument, tiré des terreurs du passé, il seroit enfin temps de nous en faire grâce. La Convention a bien abusé d'autre chose que de l'initiative : elle a abusé de tous les droits possibles. Faudra-t-il, pour cela, en priver notre Corps législatif actuel ? faudra-t-il se régler sur ces phénomènes dont l'apparition fait époque, ou bien sur le cours ordinaire et régulier des choses ?

Nous pourrions aisément, de notre côté, citer des exemples plus irréprochables, et une expérience plus concluante en notre faveur. Et si nous voulions en représailles retracer les abus d'un pouvoir d'une autre nature, quel champ ne s'ouvriroit pas devant nous ? Mais l'emploi de ce genre de sophisme est si facile, et a toujours été si commun, que l'on devroit y renoncer. Je dirai même qu'il y auroit lieu de craindre, si ce droit d'initiative demeuroit trop long-temps refusé, qu'une Chambre factieuse, ou capable de se laisser emporter par le torrent des passions populaires, ne tentât de s'en emparer avec cette violence qui fait dédaigner ou oublier la justice, soit dans son but, soit dans ses moyens. L'habileté et la prévoyance de l'homme d'état consiste à tenir ouverte une voie large et sûre aux humeurs qui peuvent agiter le corps politique, de peur qu'elles ne s'en fraient une elles-mêmes qui n'altère plus ou moins sa constitution. Ne vaut-il pas mieux, une fois pour toutes, s'entendre sans réserve sur ses intérêts, que de les plâtrer pour le moment par des transactions sur lesquelles il faudra revenir de gré ou de force ? Et ne devrions-nous pas trouver, dans ce qui se passe tout autour de nous, de salutaires avertissemens?

Nous sommes redevables à la loi du 29 juin 1820 d'une seule amélioration au milieu de grands défauts ; mais cette amélioration, il faut l'avouer, est importante : elle a augmenté le nombre des députés, et cet accroissement seul est un grand pas vers un meilleur système. Réduite à des dimensions aussi étroites, aussi exiguës que l'étoit notre Chambre élective, l'imagination la plus complaisante ne pouvoit se prêter à y voir une représentation nationale, surtout quand elle venoit à la comparer à la masse de ses commettans. Les banquettes désertes d'une salle fastueusement décorée rendoient encore plus ridicule la parcimonie avec laquelle elles étoient garnies, et sembloient appeler les membres qui leur avoient été enlevés. Mais une assemblée nombreuse n'est pas seulement nécessaire pour en imposer à la vue ou à l'esprit, pour satisfaire à certaines idées de convenance morale que l'on est si porté à regarder comme ne reposant sur rien de réel, et incapables de conduire à rien de positif ou d'utile. Si cette cause devoit être plaidée maintenant, il ne seroit pas difficile d'en donner de plus solides raisons.

14

Dabord, le nombre de ceux qui prennent part
à une délibération, quand il ne dégénère pas
en une multitude sans règle, imprime aux décisions qui en sortent le sceau d'une autorité
bien plus grande et plus respectable. Ensuite,
plus une assemblée sera considérable, et plus il
y aura de chances de compter dans son sein des
citoyens qui aient des vertus ou des talens, et,
par conséquent, plus elle devra avoir d'indépendance et d'habileté ; plus aussi ses membres
pourront s'acquitter de leurs devoirs avec facilité, n'étant pas astreints à une présence aussi
assidue. Cette considération a plus de poids
peut-être que l'on ne pense. Il ne faut jamais
assujettir les hommes à des institutions dont la
pratique pénible demande des efforts, ou du
moins, une action qui excède la moyenne de la
vertu humaine. Un grand maître de la science
politique, et que l'on n'accusera pas d'avoir eu le
cœur ou la tête froide, M. Burke, a dit que tout
État qui auroit la prétention de se fonder sur des
vertus héroïques, finiroit par la plus honteuse
corruption. Les lois doivent être de nature à
exciter, à former le patriotisme, ou, pour parler
plus exactement, à lui permettre de se développer librement ; car le principe en est dans le

cœur de l'homme, et n'y est point introduit par
ses propres inventions ; mais elles ne doivent
pas impérieusement l'exiger. Si des députés qui
doivent venir de loin, du fond de leurs provinces, ne peuvent pas avoir le temps raisonnable pour vaquer à leurs intérêts domestiques,
pour s'adonner aux soins que réclame, de ceux
surtout qui ont une famille, la médiocrité générale de nos fortunes, il faudra ou qu'ils re-
noncent à l'honneur de la représentation, ou
qu'ils aient recours à quelque moyen de se dédommager de la préférence qu'ils donnent aux
affaires publiques sur leurs affaires privées. De
cette même considération nous pouvons inférer,
que ce ne seroit que par une idée de délicatesse
déplacée et mal entendue, ou plutôt pour diminuer encore davantage la liste de ceux sur lesquels peuvent se porter les choix, que l'on continueroit à ne pas accorder une indemnité aux
députés. Il faudroit seulement mettre le plus
grand soin à ce qu'elle ne fût que strictement
nécessaire pour les défrayer de leurs dépenses,
et jamais, en aucun cas, assez élevée pour en
faire ce que l'on entend par une place, mal bien
plus grand que celui auquel on prétendroit remédier.

Nous sommes ici conduits à un sujet délicat, et l'un des plus importans dont la Chambre puisse avoir à s'occuper; je veux parler de l'admission des fonctionnaires dans son sein. Des théories irréfléchies, des sentimens nobles mais exagérés d'indépendance et de désintéressement, ont pu en dicter l'exclusion absolue, et prononcer que les fonctions de député étoient incompatibles avec toute autre fonction quelconque. Tels ont été probablement les motifs qui ont influé sur l'assemblée constituante qui a adopté ce principe, et sur les cortès d'Espagne qui l'ont imitée; mais ceux auxquels il échoit de régler les affaires des hommes doivent soigneusement se défendre de l'empire exclusif de ces sentimens, d'autant plus dangereux, que l'illusion sur laquelle ils reposent part de la plus noble des sources, et que l'opposition en devient d'autant plus difficile aux âmes honnêtes. Je conçois que, s'abandonnant à ces idées séduisantes d'indépendance, et d'obligations remplies sans motif de récompense, on ait de la peine et du regret à céder à l'austère réflexion qui nous interdit de les attendre de la majorité de nos semblables. Il est si doux de se persuader de la vérité de tout ce qui tend à élever notre nature,

et de croire, dans ces momens où nous perdons
le monde de vue, à la conformité des actions
des hommes avec cette règle invariable du devoir que chacun porte en soi ! Mais il faut en
appeler à l'expérience, et voir jusqu'à quel point
l'infirmité humaine nous permet d'aspirer à ces
brillans résultats. Exclure sans exception les
gens en place de toute la législature, et de la
Chambre élective principalement, seroit ne pas
tant la rendre indépendante du gouvernement,
que la lui rendre opposée; ou ne pas lui permettre
d'avoir une action sûre et aisée sur sa marche.
Dans l'absence d'une méthode douce et indirete
d'agir l'un sur l'autre, il y auroit collision entre
ces deux corps; ou la Chambre se targueroit
d'une indépendance ombrageuse, inflexible,
tracassière, et qui pourroit finir par devenir
factieuse; ou elle tomberoit dans la dépendance
d'un pouvoir étranger, et, par conséquent,
dans l'avilissement. L'opposition à un pouvoir
qu'il nous est interdit de partager produit l'irritation, la jalousie, et une rivalité qui engendre
le désir de la réduire plus bas que ne l'exige le
bien public. La dépendance d'un pouvoir auquel
on ne peut atteindre ne peut consister que dans
des services rendus dans l'espoir d'un salaire

stipulé ou espéré, que dans la servilité récompensée par la corruption. Et lors même que, dans l'un ou l'autre cas, les choses n'approcheroient pas des extrêmes, la disposition qu'elles auroient à y tendre ne pourroit manquer d'amener de tristes résultats,

Tant qu'en Angleterre le parlement et la royauté se regardèrent comme deux puissances indépendantes l'une de l'autre, elles se conduisirent en ennemies. Il y eut guerre; d'un côté, on combattoit pour la prérogative; de l'autre, pour les libertés publiques. Les règnes des Stuarts ne furent remplis que par cette longue et mémorable lutte, dont les événemens et la fin sont si connus. Ce ne fut qu'après la révolution qui les chassa du trône, ce ne fut même complétement qu'après l'accession de la maison d'Hanovre, que se fit l'heureuse union des deux pouvoirs. Ce ne fut qu'alors qu'il devint une maxime constitutionnelle, qu'un ministre qui avoit perdu la majorité devoit résigner les rênes de l'administration; ou que, lorsqu'il voyoit les mesures qu'il méditoit prêtes à être repoussées par ce parti dominant, il devoit y renoncer, et adopter celles qui lui étoient indiquées par celui-ci. Le gouvernement devint alors, pour me servir de l'expression anglaise, parlementaire ; ce qui veut dire que le parlement se vit attribuer la nomi-nation presque directe des ministres, le droit de leur tracer la route de leur politique, d'exa-miner sans restriction, d'approuver ou de blâ-mer tous leurs actes, et de porter partout ail-leurs, où lui semble convenable, ses recherches ou ses censures. Cette forme de gouvernement nous a offert, depuis son établissement la plus grande portion de liberté dont, dans le fait, au-cun peuple civilisé ait jamais joui. Un heureux concours de circonstances y a amené une ingé-nieuse combinaison qui semble, jusqu'à un certain point, réunir les avantages des élections populaires des anciennes républiques, le plus sûr moyen de mettre sur le théâtre les grands talens, à la stabilité et à la tranquillité qu'as-surent davantage les systèmes des monarchies modernes.

On m'objecteroit en vain l'exemple contraire des États-Unis, qui paroissent destinés à laisser derrière eux les institutions du pays d'où ils tirent leur origine. Là, les ministres ne peuvent pas être membres du congrès. Je répondrai que ces États sont trop jeunes pour pouvoir en-core nous fournir des exemples portant autorité,

et dans une situation sociale trop différente pour
nous offrir des points applicables d'analogie ;
mais une raison encore plus valable de récustion,
est que, chez eux, le président est électif. La
même majorité nationale qui nomme le congrès
nomme aussi, par conséquent, le pouvoir exé-
cutif ; ce qui fait que tout est d'une pièce et
marche d'accord. Dans nos monarchies où, au
contraire, le chef est héréditaire, et où l'on voit
qu'il est si difficile de circonscrire exactement
sa part légitime d'influence personnelle dans
l'État, nous sommes forcés à avoir recours à
d'autres combinaisons et plus compliquées.

Il faut donc prêter l'oreille aux leçons de
l'expérience qui nous apprend les bons effets
de la faculté de choisir les principaux fonctionnaires parmi les représentans de la nation. Quel
meilleur titre peut-on d'ailleurs apporter aux
premiers emplois de l'État, que celui d'avoir
préalablement été jugé digne par ses concitoyens de les représenter, et quelle plus honorable carrière peut être ouverte à l'ambition de
ceux qui ont été honorés de ces suffrages ? Mais
une considération encore plus essentielle aux
yeux de tout homme impartial, est que l'on
trouve dans ce système l'expédient le plus effi-

cace pour soustraire ces nominations aux intrigues de cour et de coterie, et au funeste crédit
auquel elles ne cessent d'être assujetties chez
toutes les nations dont le déplorable sort est
d'être soumises aux caprices de l'arbitraire,
ainsi que notre patrie ne l'a été que trop long-
temps, et pour son bonheur, et pour sa gloire.
Qu'attendre d'hommes d'état éclos sous l'influence vivifiante des favoris et des maîtresses?
Ignore-t-on quel est le genre de talens, quel
est le genre de caractère qui assure leur protection, qui mérite leurs louanges? Mais quand
même on s'adresseroit plus haut, le principe
de servilité, ce principe par lequel on renonce
à ce que l'on est pour s'humilier devant un
autre, par lequel on abjure ses propres sentimens pour n'avoir, pour ne manifester plus que
ceux qui peuvent plaire à un autre, par lequel
on troque le rôle d'agent libre pour celui d'instrument passif, n'est-il pas le plus souvent,
presque toujours, le seul par lequel on puisse
parvenir? Sous quelque forme qu'il soit déguisé, de quelque parure qu'il soit orné, c'est
le seul qui se reproduise, qui se cultive avec
autant de constance que de succès dans les
cours. Il y fait le fond de tout. Aussi, dans

tous les temps , ont-elles été accusées d'être les sources fécondes et intarissables de tout ce qu'il y a de futile, de rampant et d'impur. Là où domine leur esprit , tout se corrompt. Les objets auxquels on vise sont petits et indignes. Les moyens par lesquels on cherche à y arriver sont mesquins. Hommes et choses, tout s'abâtardit. On ne peut donc trop apprécier un préservatif contre son action , qui doit du moins le tenir captif dans les murs du palais , et ne lui abandonner, comme sa proie naturelle , que ce champ de misérables intrigues qui ne devroient jamais se répandre au-delà de son étroite enceinte.

Ces observations sont applicables à tous les temps. Mais elles doivent attirer dans ce moment une attention particulière, parce que , profitant de la foiblesse de nos institutions naissantes et de l'incertitude de nos premiers pas dans cette nouvelle route, cette funeste influence s'agite et fait tous ses efforts pour devenir un des principaux rouages du gouvernement. Elle a déjà eu plus de succès qu'il ne seroit à désirer, et là où elle n'a pas pu diriger, elle s'en est dédommagée en entravant. Il peut se faire que les effets qui lui sont reprochés, et les projets

qui lui sont imputés, aient été exagérés dans
ces plaintes, où l'esprit de parti a souvent plus
de part que celui de la vérité. Mais son existence n'est malheureusement que trop certaine.
Son hostilité à toute espèce de liberté l'est
bien davantage, et les amis de celle-ci ne sauroient mettre trop de fermeté et trop de vigilance à s'opposer à sa naissance et à son accroissement.

Mais de ce qu'il est utile de permettre à
quelques-uns de ceux qui occupent les principales charges de l'Etat de siéger sur les bancs
des députés, il ne s'ensuit pas qu'il faille y admettre tous les fonctionsnaire sans distinction. Ce
n'est que parmi les premières places qu'il faut faire
un choix de celles qui jouiront de ce privilége. Cela me paroît devoir suffire pour faire
passer, ce qui est le point essentiel à établir,
la direction du gouvernement dans l'assemblée.
Voir, comme nous le voyons, tous ses agens
salariés y être admis pêle-mêle, la voir courir
le danger d'être envahie par les préfectures et
les parquets, par la douane et les droits-réu-
nis, est le comble de l'abus ; surtout quand,
sans aucune espèce de pudeur, il est publiquement déclaré que la conservation de la place ne

tient qu'à la dépendance du vote. On n'intro-
duiroit pas ainsi l'action de la Chambre sur le
ministère. On la soumettroit, au contraire, à
la toute-puissance de celui-ci, au moyen d'un
énorme et coûteux appareil de séduction qu'il
vaudroit bien mieux nous épargner. Ce seroit
risquer de retomber dans le détestable système
des indignes déceptions du despotisme impérial.
Ce seroit de nouveau pervertir le sens de ce qui
sert à opprimer ce qu'il y a de plus noble, et
nous réconcilier avec la fausseté par la corruption. J'aimerois d'ailleurs voir s'introduire je
ne dis pas le préjugé, mais le juste orgueil,
que toute place d'une nature subalterne est incompatible avec la dignité de représentant de
la nation, la plus grande, certes, la plus élevée
qui puisse honorer le citoyen d'un état libre.
Autrefois tel gentilhomme d'épée, végétant,
ruiné et ignoré au fond de sa province, auroit
cru déroger en acceptant une charge de robe.
Elles étoient cependant les seules qui eussent
alors quelque importance politique. Et celui
qui dans le fait entre en partage de la souveraineté ne croiroit pas déroger en se résignant à
des fonctions inférieures, fonctions qui le mettent souvent dans la dépendance d'un supérieur

qui, tout gonflé de l'importance d'office, exige,
pour me servir de l'expression de l'un d'eux,
*qu'il se montre jaloux de mériter ses suf-
frages?* Tous les emplois inférieurs de l'administration, tous ceux des comptables de deniers publics, de la domesticité de la cour, et
plusieurs qu'il seroit facile d'indiquer comme
plaçant ceux qui les possèdent trop directement
dans un état de dépendance et d'infériorité, devroient donc exclure de la Chambre des députés.
Lors même que ceux qui n'entraînent pas cette
exclusion viennent à être conférés à quelqu'un
de ses membres, il devroit être renvoyé par-
devant ses commettans pour y subir de nouveau la chance d'un scrutin électoral. Il est
juste que la conduite de l'élu ne soit pas soustraite à toute espèce de contrôle, du moment
que son nom est sorti de l'urne. Il faut que les
commettans ne soient pas trop exposés à être
les dupes de ces belles protestations que dans
ces occasions on ne manque pas de leur prodiguer, et que ceux qui bonnement croient avoir
choisi un patriote ou un indépendant, aient,
s'ils le jugent à propos, les moyens de rectifier
la méprise qu'ils ont faite en ne tombant que
sur un homme à places. On sait qu'une pareille

loi existe en Angleterre. Mais on ne sait peut-être pas que, grâce aux nominations des bourgs parlementaires que le ministère tient à sa disposition, elle n'est qu'illusoire. Les Anglois rendent du moins hommage au principe. Faisons mieux : mettons-le en pratique. Il me paroît un de ceux qui sont les plus évidens et les moins sujets à contestation.

Je m'entendrois peut-être répéter ici ce qui a déjà été dit. Comment, par cela seul que le Roi, suprême administrateur de son royaume, daigne témoigner sa confiance dans un de ses sujets en l'honorant d'un emploi, voulez-vous au contraire, lui mettant un signe de réprobation sur le front, le désigner comme un objet de suspicion légitime, le livrer presque comme une victime à la jalousie populaire? Je me souviens, lorsqu'une question s'éleva parmi quelques casuistes de nos jours, pour savoir jusqu'à quel point un député pouvoit consciencieusement recevoir du gouvernement des gratifications pécuniaires, sans que cela arrivât jusqu'à la limite de la corruption, d'avoir entendu s'écrier avec étonnement, même avec indignation : « Depuis quand donc y a-t-il du dés-
» honneur à un François d'accepter les grâces

de son roi? » Une même réponse, inutile à articuler, suffiroit à ces deux observations.

Venant de citer un premier exemple pris chez nos voisins, je veux faire voir par un second comment on pourroit cependant se tromper en les présentant toujours comme modèles, sans avoir égard aux circonstances différentes des deux pays. Chez eux, les siéges au parlement sont principalement dévolus à une riche aristocratie, qui quelquefois ne les prend que comme une possession de famille, comme un titre qui flatte la vanité et qui sert à orner ses cartes de visite, soit chez soi, soit en voyageant à l'étranger. Ces membres restent sans scrupule habituellement absens, et ne se montrent souvent que dans ces débats importans qui forcent les partis à convoquer leur arrière-ban. Il seroit donc déplacé de toute manière que ces membres touchassent un salaire. On connoît, au contraire, les dépenses folles qu'ils font souvent pour leurs élections. Il n'en étoit cependant pas ainsi autrefois. Les membres étoient défrayés par leurs commettans ; et ce n'est qu'à mesure que ces commettans, qui souvent vendent leur droit d'élection, ont en grand nombre disparu pour faire place à des patrons ; ce n'est que lorsque l'importance croissante de ces places les a fait rechercher avec avidité par les gens riches, que cette coutume a cessé. Nous avons déjà dit combien il en étoit différemment en France, et les inconvéniens qu'il y a à ce que ces mêmes fonctions y soient remplies gratuitement.

C'est principalement sous le point de vue de l'indépendance de la représentation qu'il me paroît à désirer de voir lever cette condition d'âge si généralement condamnée. Il est inutile de répéter toutes les bonnes raisons qui en ont été données. Je crois pouvoir affirmer que c'est un procès jugé. Mais on n'a peut-être pas assez fait valoir que l'âge auquel nous sont ouvertes les portes de la Chambre des députés, est ordinairement celui où l'homme commence à être absorbé par la sollicitude qu'exige l'avenir de ses enfans, et la nécessité chez nous si généralement invoquée de leur donner un état; où lui-même, se débarrassant des passions de la jeunesse, les remplace ordinairement par l'ambition; où pouvant moins remplir le vide de sa vie par les plaisirs, il s'empresse d'y suppléer par l'espèce de jouissance que donne la considération attachée aux honneurs, aux places,

à une supériorité quelconque au-dessus du cer=
cle quelconque qui nous environne, et où
par conséquent, commence pour lui l'époque
où il lui devient le plus difficile d'avoir de
l'indépendance. Si l'on craignoit trop l'empor-
tement des passions de la jeunesse, ou l'exagération de ces idées généreuses qui ont alors
d'autant plus de force qu'on est moins rompu
au joug de la société, et que l'habitude invé-
térée de l'hypocrisie du monde n'a pas tout-
à-fait détourné de la vue de la vérité, je crois
qu'il est permis de se rassurer. Il n'est pas
probable que les choix se portent jamais en
grand nombre sur des jeunes gens.

Après avoir assuré par tous ces moyens l'idée
que la nation doit avoir de son indépendance
et de la droiture de ses intentions, la Chambre
doit penser à élargir la sphère dans laquelle elle
exerce ses priviléges, cette sphère jusqu'ici si
étroite. Après l'initiative des lois, le pas le plus
important qu'elle ait à faire est de mettre hors
de contestation son droit de surveillance sur
toutes les branches de l'administration des affaires publiques, et, par conséquent, celui de
faire sur tout ce qui paroîtra en appeler la nécessité toutes les enquêtes requises pour dé-

15

couvrir la vérité, l'existence des abus et les remèdes à y appliquer. Quelques rares et foibles
tentatives qu'elle a déjà faites pour le revendiquer ont été, ainsi que cela devoit être, hautement repoussées par les avocats du pouvoir arbitraire, comme des prétentions exagérées et
subversives du système monarchique ; et malheureusement jusqu'à présent avec autant de
succès que de hauteur. C'est même un sujet sur
lequel ils s'étendent avec une certaine complaisance comme un point sur lequel ils se croient
inexpugnables. Ils l'ont érigé en axiome pour
ces esprits qui ont la prétention de raisonner.
Ils l'ont rédigé en formule pour ceux qui n'ont
que la prétention de répéter. On leur dit : La
Chambre ne doit pas administrer. A l'abri de
ce profond apophthegme, dès qu'il est question
de dénoncer quelque mesure absurde et nuisible, quelque acte arbitraire et injuste, quelque violation des lois existantes, on rejette
toute recherche, souvent tout débat. Qu'allez-
vous faire ? s'écrie-t-on. Sans vous en douter,
vous étiez sur le point d'administrer, de toucher à l'arche sacrée interdite à vos mains pro-
fanes ! et l'idée que la chambre s'est formée de
ses devoirs l'emporte tellement sur celle qu'elle

s'est formée de ses droits, que jusqu'à présent il n'en faut pas davantage pour qu'elle
recule comme saisie d'un respect religieux. Le
succès de la découverte de cette première force
occulte en a amené une seconde. Nous venons
de voir dans la dernière session que toutes les
fois qu'il étoit question de traiter les finances
de l'Etat ; de proposer des économies ou des
augmentations de dépenses, qui peuvent quelquefois être aussi nécessaires ; surtout quand on
s'avisoit d'exiger l'allocation obligée des fonds
affectés à certains services également approuvés
et votés, sans laquelle il ne peut y avoir rien
qui ressemble à un véritable système de finances, sans laquelle toute discussion à cet égard
devient une vaine formalité, nous venons, dis-
je, de voir le ministère, avec une risible bienveillance, avertir charitablement la chambre
qu'à son insu elle étoit sur le point de se rendre coupable du crime nouveau et inouï de spé-
cialité. Le soin avec lequel elle s'en est abste-
nue, après que les yeux lui ont été ouverts, a
prouvé autant sa reconnoissance que l'excellent
esprit qui l'anime, et fait espérer que cette notable invention aura d'aussi bons effets que
l'autre. Tous les mois elle nomme une com-

mission dite des pétitions, mais dont la véritable fonction me paroît être de rappeler périodiquement à sa mémoire, dans les rapports qu'elle lui soumet, qu'elle est incompétente à s'occuper d'à peu près tout ce qui se passe en France.

Cependant les Chambres auroient une idée aussi étroite que fausse de leurs attributions, si elles se regardoient comme bornées à être consultées sur les lois, et encore seulement lorsqu'il plairoit aux ministres de leur en présenter, ainsi que cela a eu lieu jusqu'ici ; ou bien même à exercer cette pleine part de la puissance législative qu'elles doivent aspirer à obtenir le plus tôt possible. A quoi bon faire laborieusement des lois, si on ne peut pas en assurer l'exécution; si dans la pratique on peut les enfreindre ou les éluder sans qu'il y ait un pouvoir qui veuille accueillir les réclamations que feroit élever leur violation, et qui puisse en assurer la punition ? Et ici, il ne doit pas être question des seuls principaux fonctionnaires ou des ministres, mais de tous ceux qui sont armés d'une portion quelconque d'autorité dans le pays. A quoi serviroit un code pénal, s'il n'y avoit en même temps des tribunaux et des juges prêts à punir sévèrement ceux qui en transgressent les dispositions ? Sans rien exagérer, qui ne croit qu'en se renfermant dans des attributions si strictement déterminées avec un scrupule judaïque, on pourroit peut-être finir par réduire le système représentatif, objet de tant d'éloges, à avoir moins de liberté effective, que celui dans lequel les grands corps de magistrature avoient au moins le droit de faire des remontrances sur tous les griefs dont on avoit à se plaindre dans l'Etat. Il seroit superflu de rapporter l'exemple de l'Angleterre. Tout le monde sait avec quelle latitude, avec quelle fréquence le parlement y exerce ce pouvoir qu'il appelle son pouvoir censorial. Il n'entre dans la tête de personne de le lui chicaner, et la phrase : *Le parlement est incompétent,* lui est heureusement inconnue. Il se regarderoit comme aboli s'il lui étoit retiré. Pour peu que l'on réfléchisse sur la nature et sur les conditions d'un gouvernement libre, on ne pourra pas ne pas concevoir qu'il faut qu'il y ait quelque part un pouvoir chargé de réprimer les abus d'autorité, d'assurer la garantie de tous les droits, l'exécution stricte de toutes les lois. Or, ce pouvoir ne peut pas plus être au choix que dans les mains de cette même autorité qui est celle qui nomme, qui dirige ces agens qui sont ceux qui peuvent se rendre

coupables de ces abus, et celle qui quelquefois même les leur commande. D'un autre côté,
il faut que ceux qui l'exercent soient assez forts,
assez redoutables, pour qu'il ne soit pas privé
de toute efficacité par la puissante résistance
qui lui sera opposée. Dans notre constitution,
ces conditions ne peuvent se rencontrer que
dans ces corps qui ont leur part de la souveraineté, et qui, dans ces occasions plus que
dans toutes autres, auroient pour énergique
auxiliaire la voix du peuple. Les injures privées,
les vexations obscures mises au grand jour excitent ordinairement bien plus fortement les
passions populaires que la discussion des plus
importantes questions générales. Les premières
éveillent toutes les sympathies. Les autres, plus
ou moins, contiennent toujours quelque chose
d'abstrait qui n'est pas à la portée de tous les
esprits. Ce droit de surveillance n'est naturellement susceptible, ni de limite, ni même de
définition rigoureuse. Resserré dans des règles
positives, on trouveroit bientôt des subterfuges
pour lui échapper. Il ne peut avoir d'autres bornes que celles que lui assignera la sagesse et la
prudence de l'assemblée. Il faudroit que les
fonctionnaires de toutes les classes fussent imbus

de la salutaire persuasion, qu'une fois découverts dans quelque prévarication, il n'y a pas de protection qui puisse les sauver de son examen, et les soustraire à son ressort. Bien plus qu'ailleurs cette garantie doit être nécessaire dans un pays couvert, administré, espionné par une multitude d'agens de toute espèce, de toute couleur, multipliés au-delà de tous les besoins imaginables, hormis ceux du despotisme, et tous revêtus de l'égide de l'inviolabilité légale ; dans un pays qui, jusqu'à la plus chétive place, jusqu'à celle de bedeau ou de garde-champêtre, ne jouit pas du moindre droit d'élection. Ce seroit un moyen d'apporter quelque adoucissement à cet intolérable abus, en attendant qu'il puisse être détruit.

On se tromperoit fort si l'on croyoit que les heureux effets que l'on a droit d'attendre d'un régime libre se bornent à ces résultats patens, à ces conséquences immédiates de ses actes qui frappent tous les yeux. Il est peut-être encore plus recommandable par le mal qu'il prévient, que par le bien qu'il fait ; de même que l'arbitraire, surtout lorsqu'il se présente, comme dans les temps modernes, déguisé sous des formes douces et humaines, est incomparablement plus

nuisible par le bien qu'il empêche de naître,
que par le mal positif qu'il fait. Dans un état
avancé de civilisation, et là où les communications sont fréquentes et faciles, la crainte de la
publicité est un des freins les plus efficaces que
l'on puisse opposer aux mauvaises intentions,
ou à cette demangeaison d'exercer, d'étendre
le pouvoir qui tourmente sans cesse la plupart
des gens en place. S'ils sont en général imbus
de cette disposition, que pensera-t-on des nôtres
qui la plupart ont été élevés et formés à l'école
du despotisme le plus rigoureux et le plus complet que nous offre l'histoire? A mesure que
s'établit, que se fortifie avec la marche progres-
sive du genre humain la noble doctrine de
l'immense supériorité des distinctions intellectuelles, on s'attache de plus en plus à n'être
présenté à l'œil public, quand on a le droit de
paroître devant lui, que sous un jour favorable.
Celui qui auroit pu douter de cette vérité, spéculativement considérée, peut aisément s'en
convaincre en voyant comment, par le simple fait
du passage de la clandestinité à la publicité, on
avoit fait cesser une foule d'abus et de vexations
locales, sans avoir cependant rien ôté du pouvoir réel de les commettre qui étoit resté intact.

Je rappellerai que j'ai déjà remarqué que c'est cette absence de publicité qui est cause que le privilége de la proposition des lois est jusqu'à ce jour demeuré une lettre morte dans les mains des chambres.

Tout ce qui vient d'être dit sur la surveillance générale et la faculté d'enquête, s'applique aux choses de l'extérieur avec la même force qu'à celles de l'intérieur. Il est évident que souvent on ne peut pas connoître le véritable état de ce qui se passe au-dedans, sans savoir en même temps ce qui se passe au-dehors, dans ces rapports si multipliés et quelquefois si importans que les Etats ont maintenant entre eux. Ce seroit discuter dans les ténèbres. Il n'y a qu'une seule bonne raison pour ne pas permettre à un peuple la connoissance de ses intérêts. C'est le désir de lui ôter la faculté de s'en occuper. D'ailleurs où est-il plus urgent que pénètre la lumière publique, que dans ces relations diplomatiques qui depuis trop long-temps sont bien plus destinées à servir des intérêts particuliers que des intérêts généraux, qui n'ont que trop dégénéré en petites ruses et en méprisable fausseté? Où est-il plus nécessaire que se sente fortement l'impulsion nationale, que dans cette partie si

tortueuse où nous ne voyons que vacillation et
foiblesse, qu'assurances et dénégations simul-
tanées, qu'une conduite que réprouvent également le sens commun et le sentiment des intérêts
et de la dignité publique? C'est ainsi que le
terrible droit de paix et de guerre peut être soumis indirectement au contrôle des chambres, en
attendant, ce qui à mon avis vaudroit infiniment
mieux, qu'il dépendît d'elles entièrement. Mais
si par la discussion des traités et engagemens
avec les puissances étrangères, si par le libre
examen de toute la conduite, de toute la politique du gouvernement, on peut parvenir au
même but, qu'importe après tout qu'il leur soit
ou non remis en forme par une stipulation ex-
presse?

Le règlement auquel la chambre a jusqu'à
présent été assujettie apporte aussi des entraves
à son action, et devra être un des premiers
objets de sa révision le jour où elle voudra enfin
s'élever au rang que la France est si impatiente
de lui voir prendre. Son mode de conduire les
discussions, de traiter les pétitions de manière que
ce droit est réduit à n'être presque qu'une vaine
forme, jusqu'à sa salle disposée en amphithéâtre
de chirurgie, jusqu'à l'appareil de cette tribune

d'où on lit alternativement des espèces d'essais académiques pour et contre la question, qui, si l'on persiste à la croire du tout nécessaire, devroit être réservée à certaines occasions particulières, et ôtée de la discussion approfondie et de détail des affaires à laquelle elle sera toujours un obstacle, tout paroît susceptible de grandes améliorations. Elle en a donné un heureux exemple en abrogeant l'article de la Charte sur les amendemens, qui, exigeant leur renvoi au consentement royal et aux bureaux avant qu'ils pussent être débattus, rendoit la discussion d'une loi un peu compliquée, de tel budget que nous avons eu, par exemple, une opération vraiment interminable ; ou pour mieux dire, qui, ainsi que cela étoit l'intention, auroit aboli la faculté de l'amendement en paroissant l'accorder. Elle doit surtout s'attacher, dans ces nouveaux réglemens dont elle ne peut manquer tôt ou tard de s'occuper, à donner à ses membres la plus grande latitude, la plus grande facilité pour mettre sous ses yeux tous les sujets de délibération qui leur paroîtront convenables. Elle doit le faire, non-seulement dans l'idée que presque rien ne peut être étranger au cercle de ses attributions, mais encore pour maintenir de la régularité, et, pour ainsi dire, de l'unité dans ses discussions. Tant que les députés seront gênés et circonscrits dans des règles trop rigides, il faut s'attendre que toutes les fois qu'ils pourront ouvrir la bouche, ils ne manqueront pas de profiter de cette occasion pour traiter de ces objets sur lesquels ils veulent appeler l'attention, mais qui ailleurs auroient mieux trouvé leur place. Le sujet le plus insignifiant et le plus éloigné deviendra un canevas auquel on coudra tant bien que mal, souvent d'une manière fort maladroite, tous les torts dont on aura à se plaindre, tous les griefs que l'on aura à dénoncer. Les délibérations en prendront un air d'irrégularité, un ton d'aigreur, qui nuiront autant à leur dignité qu'à leur impartialité. Il sera, jusqu'à un certain point, impossible d'imposer silence ; et n'osant le faire souvent d'autorité, ce sera ou par une fin prématurée mise à la discussion, ou, ce qui est bien pis, par d'indécentes clameurs, et par un tumulte révoltant. Rebutée par ces imperfections dont tous ne démêlent pas la véritable cause, et prenant le simulacre qu'elle a devant les yeux pour le type véritable, la nation pourra hésiter d'adopter de ses affections une institution qui

trop souvent ne lui présentera que l'image du
désordre, et qui ne saura, ou ne pourra pas
s'occuper de ces choses qui lui paroissent les
plus importantes. Les ennemis de la liberté s'en
réjouiront et feront tout ce qu'ils pourront pour
resserrer encore davantage les liens qui occa-
sionnent et forcent cette fausse allure. Ils s'em-
presseront de saisir un si beau prétexte de renouveler leurs éternelles calomnies contre les
François, en les déclarant un peuple léger, in-
conséquent, aussi peu propre à apprécier les
institutions libres qu'incapable de les faire
marcher. Ils satisferont au double plaisir d'in-
sulter à la majorité de leurs compatriotes qu'ils
savent être décidément portés pour le régime
constitutionnel, et de présenter contre son établissement une objection qui, pouvant avoir
quelque chose de spécieux, serve à cacher leurs
véritables motifs. Ils espèrent ainsi dérober aux
yeux ce penchant vers l'arbitraire, l'une de nos
plus honteuses passions, et que ceux qui s'y
laissent aller avec le moins de réserve ont la
pudeur de ne pas avouer.

D'autres plus habiles, ou doués d'une certaine
portion de meilleurs sentimens, ont recours à
un raisonnement plus plausible et plus adroit,

et qui, quoiqu'il ne vise pas à d'aussi fâcheux
résultats, n'en mérite pas moins d'être exposé
et combattu. Ils nous citent l'exemple, il faut
en convenir, imposant des communes angloises.
Cette assemblée, dit-on, ne s'est acquis son
immense pouvoir en vertu d'aucune stipulation
ou charte positive. Il est l'effet lent et graduel
du temps. De ses usages, de ses décisions, de ce
qu'elle appelle ses précédens, elle s'est peu à
peu, comme les tribunaux, bâti une jurisprudence qui a été d'autant meilleure que, n'étant
le produit d'aucune théorie qui prétende gouverner les événemens, elle s'est d'elle-même et
sans efforts adaptée à ceux-ci, et aux besoins
du pays à mesure qu'ils naissoient et se faisoient
connoître. Si le degré de puissance auquel elle
est parvenue est bien fait pour satisfaire le partisan le plus outré des priviléges de notre Chambre,
il faut aussi qu'il se contente de lui laisser
prendre les mêmes voies pour y arriver. Il doit
même les regarder comme d'autant plus sûres
qu'elles ont en leur faveur la sanction de l'expérience.

Faute de meilleures raisons, je dirois d'abord,
sans hésiter, que je ne vois pas pourquoi nous
renverrions à nos arrière-neveux la jouissance

d'un bien que nous pourrions nous-mêmes obtenir pour le présent ; et que si les Anglois
ont pu se passer de certains droits dans des
temps peu éclairés, et où ils n'étoient ni préparés à les demander, ni capables d'en user, il
n'en est pas de même des François à cette époque. Nous ne sommes pas les Anglois du siècle
de Henri VIII. Mais quelque apparence spécieuse que puisse avoir cet argument quand il
n'est pas examiné de près, il n'en a pas plus de
force. Il n'est fondé que sur une fausse représentation de l'état des choses, et sur le désir
de pouvoir s'appuyer de l'autorité d'un pays
dont il n'est permis de parler que lorsque l'on
veut y découvrir quelque prétexte à un abus.
Les communes britanniques n'ont jamais eu
leurs attributions définies ou circonscrites par
une loi positive. De là il s'en est suivi qu'à mesure que leur importance réelle s'est accrue
dans l'état, le nombre et la qualité des matières
soumises à leurs discussions, et les actes d'autorité qu'elles ont exercés, se sont proportion-
nellement accrus. Elles ne trouvoient rien autour d'elles dont il leur fût interdit de se
mêler, aucune affaire dans laquelle une législation formelle leur défendît de s'immiscer.

Elles en ont tiré la conséquence qu'elles avoient le droit de tout amener à leur ressort. Elles ont fait plus : ce droit n'est pas resté une simple et vaine théorie ; elles l'ont établi en fait. A mesure que leurs forces croissantes le leur permettoient, elles ont pu s'étendre à volonté dans un espace où aucune borne posée d'avance n'étoit destinée à mettre un terme à leur développement. Sommes-nous dans la même position ? Nous avons au contraire une constitution écrite, et point d'autres droits reconnus que ceux qu'elle confère. Nous sommes entourés, pour ne pas dire oppressés, de réglemens positifs, minutieux, calculés avec habileté et prévoyance pour empêcher les chambres d'acquérir aucun pouvoir, de limites tracées qui nous arrêtent dès nos premiers pas. On nous lie les pieds, et l'on vient nous dire sérieusement que ce n'est qu'en nous en servant que nous pourrons apprendre à marcher. La doctrine des uns a été que tout ce qui ne leur étoit pas défendu leur étoit permis. Or rien ne leur étoit défendu. Celle que l'on propage assidument chez les autres est que tout ce qui ne leur est pas positivement permis leur est défendu. Or l'on sait avec quelle sévère parci-

monie ce qui leur est permis leur a été mesuré.
De ces deux points de départ, l'un a dû mener
à la toute-puissance parlementaire, maintenant
établie en Angleterre; l'autre auroit pour conséquence de retenir nos Chambres dans ce
cercle étroit, où, comme dans un berceau, on les
a placées à leur naissance. Par quelque côté
qu'elles tentassent de s'en échapper, elles trouveroient toujours pour s'y opposer un mur
élevé par la législation. La tradition, les précédens ne serviroient qu'à apprendre à ceux qui
viendront après nous, l'humilité des prétentions
qu'ils auroient droit d'élever sur ces fondemens, et la nullité passée ne pourroit jamais
servir qu'à confirmer la nullité future. Il est
aisé de voir dans quel but ce raisonnement est
institué. Le pouvoir suprême voudroit se conserver, toujours intacte, cette magnifique part
qu'il s'est faite à lui-même. Il n'auroit certes
rien à perdre à en appeler aux précédens. Mais
ici se présente de plus une considération qui
doit faire naître de sérieuses réflexions. Re-
tournons à l'histoire de nos voisins, et deman-
dons-lui quels ont été les résultats de cette in-
détermination des priviléges et du mode d'action des grands pouvoirs de l'État. Elle nous

apprendra que son résultat inévitable a été une
lutte longue et acharnée entre ces pouvoirs,
chacun cherchant à gagner sur l'autre tous les
avantages auxquels sa force lui permettoit d'aspirer. Elle nous dira qu'avant que ce grand procès,
entre les prétentions opposées du Roi et du
peuple, ne fût jugé, il a fallu près d'un siècle
de guerres civiles, d'anarchie et de despotisme;
qu'il a fallu qu'un de ses souverains portât sa
tête sur l'échafaud, et que son fils fût chassé
du trône et sa postérité proscrite. Tandis que
depuis que ces prétentions ont été décidées et
soumises à des règles, ce pays n'a cessé de jouir
d'autant de tranquillité que de liberté; et que
l'on n'y a plus vu entre la royauté et la représentation nationale cette attitude hostile qui
leur étoit auparavant habituelle. Ne vaut-il
donc pas mieux s'entendre le plus tôt que l'on
peut sur ces points en litige, que de s'exposer
aux chances que peuvent amener les passions
excitées par l'ardeur de l'attaque et de la défense, que d'en appeler au cours du temps et
des événemens, et les constituer seuls arbitres
du différend?

Nous venons sommairement d'indiquer quelques-uns des principaux moyens qui doivent

contribuer à faire monter, lorsqu'ils seront employés, nos Chambres législatives au rang qui
leur appartient. Il est temps qu'elles paroissent
au moins désirer prendre cette énergie, cette action, qui seules peuvent leur donner des racines
dans nos opinions, dans nos affections, et leur
assurer la stabilité d'institutions nationales ;
qui seules peuvent cesser de les faire considérer
comme une meilleure machine à taxer, comme
un artifice de gouvernement encore plus ingénieux qu'il n'est utile ; qui seules peuvent les
faire adopter de nous comme des priviléges
naturels et inaliénables ; que chaque citoyen reçoit en dépôt à sa naissance pour les transmettre
sans diminution ou perte à ses enfans. Quand
on jette un coup d'œil rapide sur ce qu'a été
la Chambre des députés depuis que la Charte
nous a été donnée, comment, même en faisant
la part la plus large à l'esprit de parti et aux
difficultés du temps, s'étonner de ce qu'elle
soit encore si loin d'inspirer ce sentiment ? Le
moyen de ne pas soupçonner que, soit dans sa
composition, soit dans son organisation, il y a
quelque vice latent qui arrête son développement et donne des inquiétudes fondées sur sa
possibilité !

La Chambre de 1814 ne nous montra qu'hésitation et incertitude. Il ne faut ni en être surpris, ni lui en faire un crime. Que pouvoit-on
attendre de plus d'elle? Flétrie par le long despotisme dont elle avoit été la parure, l'instrument et la victime, ne devoit-elle pas fléchir
sous le seul titre de représentation nationale qui
lui étoit tout à coup imposé? Pouvoit-elle se
trouver la parole libre dès le premier moment
qu'on lui ouvroit la bouche, elle qui avoit été si
long-temps tenue muette? Sa tardive résistance,
et le nom de quelques honorables citoyens qu'elle
possédoit, ne pouvoient pas suffire à la relever
aux yeux de ceux qui, de leur côté, étoient fort
étonnés de s'entendre dire qu'ils avoient des
représentans. On tenoit plus de compte de la
règle que des exceptions. Ici se présentoit au
souverain qui nous étoit rendu, une de ces
rares et grandes occasions, dans lesquelles il est
donné de fonder ou de rétablir les empires sur
les lois. On devoit lui conseiller d'ordonner de
nouvelles élections, et entouré de ces nouveaux
représentans, un peu plus dignes de ce nom,
faire disparoître la funeste idée de l'intervention
de l'étranger, et asseoir inébranlablement l'heureuse restauration de son auguste dynastie sur

la base légitime de la sanction nationale. Mais
le pouvoir, ou ses conseillers et ses flatteurs,
ont la vue courte. Leurs âmes étroites ne sentent
ordinairement pas plus sa propre dignité que
celle de ceux qui sont condamnés à avoir avec
lui des relations d'infériorité. Cette noble démarche, cette haute confiance, cette magnanime
franchise nous eût épargné bien des malheurs,
bien de la honte; et le débarquement de Cannes,
et la fuite de Gand, et la France envahie, soumise pendant trois douloureuses années, comme
une vile criminelle, à la surveillance armée de
la haute police européenne.

1815 présente un spectacle différent. Il est
juste d'avoir égard aux événemens extraordinaires qui remuèrent tant de passions. Une
grande défection venoit d'éclater, et, quelque
explication que l'on puisse en donner, avoit laissé
et devoit laisser de profondes impressions. Un
funeste attentat et ses funestes conséquences
avoient frappé d'effroi. La rapidité de son accomplissement, l'affectation de ceux qui se van-
toient de l'avoir favorisé, et l'empressement avec
lequel ils se hâtoient d'en profiter, pouvoient
justifier ou excuser les soupçons les plus étendus de complots et de trahisons. Il n'est pas

étonnant que les têtes se soient égarées : elles le
furent. L'esprit de parti et de vengeance do-
mina. Il devoit être question de toute autre
chose que des principes de la liberté dans un
moment où les uns ne cherchoient qu'à punir
et à triompher, les autres qu'à se défendre et
à échapper. La conduite de la Chambre fut cependant en un point digne de remarque. La majorité étoit composée du parti connu par son éloignement pour les institutions constitutionnelles,
et malgré cela il soutint hautement, et autant
que son inexpérience le lui permit, les prérogatives de la Chambre : il sentoit que dans ce moment elle étoit dans ses mains un moyen de
pouvoir, et il auroit voulu lui donner une action
énergique. Par des motifs contraires, la minorité, quoiqu'elle fût alors prônée comme le soutien du système représentatif, s'opposoit de
toutes ses forces à la reconnoissance et à l'exercice
de ces prérogatives. Je dois l'avouer, je ne me
souviens pas d'avoir entendu sortir alors de la
bouche de l'un de ses membres une seule doctrine constitutionnelle ; et pour vérifier si ma
mémoire me trompe ou non, je n'ai ni le temps
ni la volonté de relire leurs foibles discours ;
mais elles en sortirent en abondance ces tristes

et pauvres doctrines que l'on a depuis répétées avec tant de constance, inculquées avec tant d'assiduité, qui voudroient nous imposer l'arbitraire ministériel, et nous persuader de demeurer satisfaits s'il est accompagné de quelque simulacre de formes insignifiantes. Aussi les vrais principes firent-ils peu de progrès : ils n'étoient ostensiblement professés que par le parti qui disposoit à son gré de la Chambre, que par le parti auquel on soupçonnoit des intentions, des arrière-vues contraires à ses paroles. Ne pensant, avec l'imprévoyance ordinaire de la peur, qu'au danger dont elle se croyoit menacée, courant à ce qu'elle regardoit comme le plus pressé, la grande majorité de la nation ne songeoit qu'à se parer de ses coups, et auroit volontiers consenti à l'abolition des Chambres pourvu que ses adversaires restassent enterrés sous leurs débris. C'est ainsi que se confirme cette grande vérité, qu'une assemblée représentative n'est rien, ne peut rien, quand elle est abandonnée du puissant appui de l'opinion publique. La minorité qui se rattachoit à celle-ci ne savoit soutenir que de pitoyables principes, qu'à peine paroit-elle tant bien que mal de quelques lambeaux de phrases constitutionnelles. Cependant il faut dire

qu'au milieu de tout cela s'établit une certaine
latitude de discussion publique. Le nom du Roi,
sans cesse jeté en avant pour dicter les décisions, fut sans cesse repoussé, et une majorité
de royalistes soutint, et fit prévaloir, des volontés
que jusqu'au dernier moment on s'obstina à leur
déclarer être opposées à la volonté royale : ils
surent momentanément être sourds à leurs préjugés les plus invétérés, et, dédaignant de
n'être que la clientelle d'un homme, à quelque
hauteur qu'il fût placé à leurs yeux, ils surent
s'élever à la dignité de parti politique. Il faut
sans doute déplorer l'exagération à laquelle ils
se livrèrent. Il faut surtout à jamais réprouver
le funeste système de délation et de destitution
qu'ils provoquèrent ou permirent. Mais la vigueur qu'il montra à revendiquer l'indépendance législative, la liberté qu'il réclama pour la
tribune, doivent être comptées à ce parti comme
la conduite la plus glorieuse, peut-être la seule
dont il puisse avec justice se vanter depuis le
commencement de nos dissensions civiles.

Mais cette vigueur ne fut pas de longue durée.
Dès son ouverture la session suivante en donna
un exemple remarquable. L'acte qui venoit de
foudroyer les royalistes ne fut de leur part l'objet

d'aucune protestation, d'aucune réclamation. Cependant je ne dirai pas que de prétextes, mais que de solides raisons n'avoient-ils pas à faire valoir contre l'ordonnance du 5 septembre ! En rentrant pour la seconde fois dans son royaume, le monarque, usant d'un pouvoir extraordinaire dont on pouvoit se prêter à supposer que l'exigence du moment l'avoit investi pour le bien de tous, déclara que les articles reconnus pour les plus défectueux de la Charte seroient améliorés et soumis à la révision de la législature. Les Chambres non seulement furent saisies au nom de la nation de cette concession, mais, qui plus est, quand les ministres vinrent demander à celle des députés de consentir à ce qu'elle fût retirée, elle s'y refusa hautement, ainsi que cela étoit de son devoir, et maintint le droit dont elle étoit nantie de perfectionner la loi fondamentale. Il étoit donc devenu un contrat synallagmatique qui ne pouvoit plus être annulé que du consentement des deux partis qui y avoient concouru. Nul compte n'en fut tenu. Ces concessions furent comme un titre caduc révoquées sans cérémonie. Ce coup d'état, cette révocation, qui, dans de meilleurs temps et avec un meilleur esprit, eût été ca-

pable d'appeler aux armes un peuple jaloux de
ses droits, fut au contraire accueilli avec des
cris de joie et des larmes de reconnoissance,
et pendant long-temps célébré comme une espèce d'époque nationale. La masse n'y voyoit
que la chute d'un parti qu'elle détestoit, et la
plupart ne s'embarrassoient encore que fort peu
de priviléges dont ils n'avoient pas joui, ou
d'idées avec lesquelles ils ne s'étoient pas encore
identifiés ou familiarisés par l'habitude. Tandis
que ceux mêmes qui en étoient les victimes, se
bornant à quelques murmures secrets et impuissans, n'osoient pas publiquement élever la
voix contre un acte dont l'illégalité n'étoit pas
douteuse, et qui leur donnoit une si belle occasion d'associer leur cause particulière à la
cause générale des libertés nationales : tant il y
avoit de part et d'autre ignorance ou oubli des
principes constitutionnels, ou plutôt, tant ils
étoient effacés par les besoins instans de l'esprit
de parti. L'autorité seule en retira un profit
clair : elle abattit des hommes qui menaçoient
les agens qu'elle avoit à cœur de conserver, et
se vit dispensée de nous donner ces libertés que,
dans un moment de détresse, elle s'étoit crue
obligée de nous promettre.

Les trois sessions qui suivirent ne firent que fournir des preuves de son influence. Ces pitoyables principes, que ses partisans avoient avancés sans pouvoir les faire prévaloir pendant celle de 1815, devinrent des articles de foi politique. Le système représentatif fut méconnu dans ses bases, rétréci dans toutes ses formes, mutilé indignement dans toutes ses conséquences. Alors apparut ce que l'on a assez bien qualifié de constitutionalisme bâtard. Ce que l'on qualifia de théories de l'initiative, de l'amendement et autres de cette portée furent les seules qui prévalurent. La pauvreté fut à l'ordre du jour. Nous ne vîmes plus éclore que les fruits avortés de l'impuissance entée sur la servilité. La loi du recrutement a été prônée outre mesure. Ce n'est qu'une ébauche qui laisse encore plus à désirer qu'elle ne donne à louer. Mais elle fut regardée comme un coup porté à la noblesse, et cela suffit pour faire sa fortune. Il seroit bien temps de mettre un terme à des craintes chimériques, et qui donnent tant de prise sur les esprits dans les affaires où il serait le plus essentiel de voir juste. La loi des élections étoit d'une toute autre importance. C'est d'elle que dépend notre existence comme corps social. Elle ne fut cependant le fruit d'aucune grande conception, d'aucun principe. dominant en politique. Elle ne fut que celui de la haine du parti vaincu. Elle n'eut d'autre but que de l'empêcher de se relever. Aussi quand l'expérience vint apprendre ce qui avoit échappé à l'impéritie aveuglée par le désir de la vengeance, ceux qui l'avoient proposée furent les premiers à reculer devant leur propre ouvrage. Ceux qui avoient élargi le cercle électoral, afin seulement d'en exclure leurs ennemis, furent surpris, quoique l'événement fût facile à prévoir, de trouver qu'ils en étoient eux-mêmes honteusement chassés par une nation, à laquelle il suffisoit de donner la faculté de manifester ses sentimens pour qu'elle témoignât son indignation contre eux. Nous n'avons pas dissimulé les graves défauts dont cette loi est entachée quand on l'envisage sous un point de vue un peu général. Mais, relativement aux circonstances où elle parut, elle avoit l'inestimable avantage de remettre ce que nous avons de représentation nationale à la nomination de la grande majorité; de la rendre par conséquent un organe plus sincère de cette opinion, qui en récompense lui auroit prêté sa force. On pouvoit se permettre d'espérer que comme le changement d'esprit qui suivroit les nouveaux choix ne s'opéreroit que peu à peu, la transition n'auroit rien eu de brusque et de dangereux ; et que sans secousse nous étions sur le point de nous approcher graduellement de la situation la plus heureuse pour une société, de celle où les vœux du peuple sont la règle de la conduite de l'autorité suprême; et où, réciproquement, toutes les mesures qui émanent d'elle sont ratifiées par les suffrages populaires. Chaque nouvelle élection paroissoit destinée à nous faire faire un pas vers ce résultat. D'année en année nos oreilles, long-temps affligées par les doctrines inconstitutionnelles, par les pauvretés d'une clientelle décriée, par le silence de ceux qui voyant s'élever de redoutables antagonistes méditoient un changement de langage et un retour naturel vers le pouvoir, entendoient davantage les accens de la liberté dans l'assemblée qui doit plus particulièrement en être la noble école. Mais une nouvelle révolution a eu lieu. Au moment où ces résultats, aussi craints par les uns qu'espérés par les autres, alloient peut-être se réaliser, de nouvelles combinaisons ont fait repencher la balance en faveur de ceux aux mains desquels on avoit fait de si grands efforts pour arracher la prépondérance. Les intérêts de la liberté ont été ajournés, et la tranquillité publique compromise. J'ai déjà dit qu'elles me paroissoient devoir être, indépendamment même de la volonté des hommes, les suites de l'alliance d'un parti qui se sent beaucoup trop foible pour se soutenir par lui-même, avec un ministère qui, bien qu'il ait de son côté tout le poids que donne la possession de l'administration de l'État, n'a pas lui-même beaucoup plus de force réelle; d'un parti, qui pourroit bien n'avoir que les inconvéniens et le nom d'une aristocratie sans en avoir ni l'énergie ni la dignité, avec une autorité qui, avec aussi peu de plan que de vigueur, se débat pour conserver le plus qu'elle peut des débris du régime le plus fortement despotique qui ait jamais été constitué, espérant apparemment qu'elle parviendra à en retrouver l'âme en en conservant les formes intactes. C'est là un sujet que je n'ai pu traiter sans quelque peine, et sur lequel il doit m'être permis de ne pas revenir.

J'ai indiqué quelques-uns des moyens qui me paroissent les plus propres à assurer à nos Chambres législatives le rôle et l'importance qu'elles doivent avoir dans l'État; d'abord, parce que ce n'est qu'alors que nous pourrons nous flatter d'avoir un système de liberté fort et solidement établi ; ensuite, dans la ferme persuasion qu'il n'y a qu'un pareil système qui puisse nous mettre pour toujours à l'abri de tous ces dangers qui, en dépit de bien des considérations rassurantes, nous menacent encore ; et qui puisse, suivant une expression souvent répétée, vraiment fermer à jamais l'abîme des révolutions. Ce système est tout entier dans es Chambres, ou du moins c'est d'elles qu'il épend. C'est d'elles que nous devons l'attendre. 'est sur elles que nous devons avoir les yeux uverts. Le monde est trop vieux pour ne pas entir ce que valent, et savoir ce que signifient outes ces insipides flatteries de tout temps proiguées au pouvoir. Sa nature a toujours été t sera toujours d'envahir, non d'accroître, les roits de ses sujets. Il ne leur en accordera de on gré que lorsqu'il ne croira plus pouvoir leur n refuser avec sûreté pour lui-même. Ils oivent se convaincre qu'ils n'en auront qu'à roportion qu'ils seront courageux et vigilans, nis et éclairés, qu'ils sauront les réclamer ou les éfendre avec force et persévérance. Voilà pouruoi rien ne me paroîtroit plus désirable que de voir d'habiles publicistes et des patriotes sincères tourner leur vue sur les meilleurs moyens de procurer à nos Chambres ce pouvoir, cette consistance qui leur manque, sans trop s'écarter de l'ordre de choses tel qu'il a déjà pris naissance parmi nous : mais en même temps sans égards pusillanimes pour ces opinions du moment qui, en agitant les esprits, presque toujours faussent et compliquent les questions. Il ne faut jamais perdre de vue les intérêts généraux de la liberté; et c'est le risque que l'on court en n'ayant d'yeux que pour un seul parti, fût-il même le meilleur. On se laisse alors aller à des mesures et à des paroles sur lesquelles on a le désagrément d'être obligé de revenir. On n'hésite pas à laisser s'échapper et s'accréditer des doctrines peut-être accommodées à l'urgence des circonstances du moment, mais que plus tard on devra avoir la peine d'éluder, ou la honte de désavouer.

Il faut aussi se donner bien de garde de permettre que l'on ne nous en impose par je ne sais quelle apparence de boursoufflure patriotique, par je ne sais quelle satisfaction obligée et méritoire de soi-même, qui prétend faire un devoir d'approuver et de louer tout ce que l'on est accoutumé à voir chez soi. Le véritable pa-

triotisme ne consiste pas dans l'admiration niaise
et irréfléchie de tout ce qui est dans les coutumes,
les mœurs, les institutions et la littérature de son
pays. Il consiste bien plus dans la judicieuse
résolution de ne fermer les yeux sur aucun des
défauts qui peuvent le déparer, comme le premier pas dans la voie de l'amélioration; non
pas à se contenter de croire, comme article de
foi sans faculté d'examen, que sa nation est
la première de l'univers, les peuples les plus
ignorans et les plus barbares ont souvent été
imbus de cette heureuse persuasion; mais à s'efforcer de découvrir et d'acquérir tout ce qui
lui manque pour monter à ce haut rang, pour
placer les choses domestiques au-dessus des
choses étrangères. Quand j'entends sans cesse
parler de représentans de la nation, d'élus du
peuple et autres semblables expressions, je ne
puis, je l'avoue, quelquefois m'empêcher de
sourire, en pensant au court catalogue des prérogatives dont jouissent les personnages que dé-
signent ces orgueilleuses attributions, auxquels
on ne veut pas accorder l'initiative des propositions de loi; qui n'ont pas encore acquis la
moindre faculté légale de faire redresser, ni
même écouter, la moindre réclamation de leurs

commettans ; auxquels les ministres daignent à
peine reconnoître le droit de leur demander
quelque renseignement, de leur faire la moindre
question sur l'état de nos affaires, soit au dedans,
soit au dehors, et point du tout celui d'y obtenir
une réponse; en pensant à ce qu'il nous en revient
de leurs longues convocations annoncées avec
une si singulière emphase, et d'où ne sortent que
tant d'interminables discours et si peu d'effets.
Lorsque, dans un de ces accès d'exagération
patriotique dont nous voyons des exemples, j'entends crier *ore rotundo* (ce qui pourroit se traduire *en ouvrant un large bec*), que *des torrens
de lumières ont découlé du haut de la tribune
nationale, que notre capitale est celle de la civilisation européenne, que le sort de celle-ci
dépend de la session qui va s'ouvrir, que les
yeux du monde entier sont fixés sur nous*, etc.,
je ne puis m'empêcher de craindre que, si
nous sommes en effet l'objet de l'attention universelle, ce ne soit pas tout-à-fait pour chercher
chez nous des modèles à ces nouvelles formes que
tous les peuples cherchent à se donner. Si nous devions en fournir, ce seroit tout au plus au pouvoir
lorsqu'il seroit trop foible pour ne pas s'abaisser
à un compromis. Au milieu du tintamarre de

ces grands mots, il me semble quelquefois m'entendre rappeler tout bas à l'oreille que le contraste, entre la hauteur des prétentions et la mesquinerie des résultats, a été de tout temps reconnu
comme une des sources les plus fécondes du
ridicule. Serions-nous par hasard condamnés à
voir arriver le temps où, comme deux anciens
augures, deux représentans du peuple françois
ne pourroient se regarder sans rire ? Pour éviter
d'en être réduits là, il ne s'agit que de commencer par dire franchement et courageusement
la vérité sur notre situation, et puis d'en rechercher avec bonne foi le remède.

CHAPITRE VII.

De l'administration de la justice.

———————

L'ADMINISTRATION de la justice a deux objets à remplir. Elle règle les discussions que les simples particuliers peuvent avoir entre eux, et elle punit les infractions aux lois dont ils peuvent s'être rendus coupables les uns envers les autres. Elle punit les délits ou les tentatives de délits qu'ils peuvent avoir commis contre l'Etat, ou contre ceux qui sont les dépositaires de l'autorité publique. Sous ce dernier prétexte, elle peut, dans des temps de malheur et dans des états mal réglés, être forcée et pervertie par un parti qui se seroit emparé de la direction des affaires, soit à assurer l'impunité de ses amis, soit à persécuter ses ennemis. C'est alors qu'un peuple tombe dans cette situation désastreuse, l'une des plus déplorables que nous présentent les annales humaines, lorsqu'une apparence de régularité légale autorise, déguise ou aggrave une proscription réelle. Dans l'organisation de l'ordre judiciaire, on doit donc avoir en vue de lui donner toute la force, toute l'intégrité, de l'entourer de toutes les garanties qui puissent l'empêcher de tomber dans une pareille dépendance; qui puissent assurer ceux qui sont soumis à son action qu'il sera, autant que peut l'être une institution humaine, destiné à protéger leur innocence attaquée, et jamais à être dans les mains des factions, ou des hommes puissans, un instrument d'attaque ou d'oppression. On sait quelles discussions a causées, dans les derniers temps de la république romaine, la question de savoir à quel ordre seroient remis les jugemens. C'est qu'en d'autres termes il s'agissoit de savoir auquel des partis qui la déchiroient seroit remise cette arme, pour être tournée contre ses adversaires. Dans cette longue suspension des lois qui est l'histoire de cette époque remarquable, on commença du moins par vouloir respecter ou simuler les dehors de la justice, avant d'en venir ouvertement aux listes de proscription ou aux exécutions de l'épée.

Il faut examiner impartialement si le système d'après lequel est formé chez nous l'ordre judiciaire est fait pour nous laisser sans inquiétude.

Il se divise en deux parties distinctes : l'ordre des juges et l'institution des jurés.

Après la décadence et l'oubli des anciennes libertés germaniques, en vertu desquelles un homme libre ne pouvoit être jugé que par ses pairs, il s'est peu à peu établi en France, ainsi que dans la plupart des états européens de semblable origine, de grands corps de magistrature qui ont fini par faire un véritable ordre dans l'Etat. Ils ont même eu la prétention d'être reconnus pour tels par les Etats-généraux. Une multitude de tribunaux inférieurs et de juridictions particulières étoient successivement venus en grossir les rangs et en étendre le pouvoir. Parmi les singularités de la France, la création et la vente de toute espèce d'offices avoient pendant long-temps été mises au rang des plus précieuses ressources financières. L'ordre du barreau et tous les suppôts inférieurs de la justice, jusqu'au dernier huissier, ainsi qu'on l'a vu dans les démêlés des parlemens avec la cour, se croyoient parties ou auxiliaires de la magistrature ; et dans toutes les occasions où elle étoit attaquée ou menacée, ils se faisoient généralement un point d'honneur de regarder sa cause comme la leur propre. Le dernier siècle en a offert de fréquens exemples. Ce système judiciaire, si bien lié, si étendu, l'ouvrage lent du temps, et fortifié de l'affection d'une nation qui dans la perte de tous ses priviléges ne trouvoit plus de protection que dans les parlemens et dans la courageuse résistance qu'ils ont souvent montrée à des actes oppressifs, étoit animé de l'esprit de corps le plus puissant. Cet esprit consiste principalement à s'attacher aux intérêts et aux opinions de la corporation à laquelle on appartient, de préférence à ceux du reste des citoyens, ou, ce qui est plus louable ainsi que plus difficile, aux siens propres. Avant notre révolution, cet esprit n'a, pendant long-temps, guère rencontré que des éloges. Ils étoient mérités ; car son action étoit tournée au profit de tous, puisqu'elle étoit dirigée contre l'arbitraire auquel la France étoit alors livrée. Ici la fin sanctifioit les moyens. L'antiquité de ces tribunaux, la gravité et l'austérité des mœurs de la plupart de leurs membres, leur richesse, l'incorruptible probité et le désintéressement avec lesquelles ils remplissoient leurs pénibles fonctions leur attiroient d'ailleurs une juste considération. Mais cet esprit de corps auroit-il, pourroit-il avoir dans le nouvel ordre de choses

les mêmes bons effets ? pourroit-il être rendu
utile par les mêmes correctifs qu'autrefois ? Je
suis loin de le penser, et je présenterai plus
loin quelques réflexions à l'appui de cette opinion.

Il m'a toujours paru que la crainte ou l'animosité que causa à l'Assemblée constituante l'opposition que mirent les parlemens à ses plans
de réforme, lui inspira contre l'ordre judiciaire
en général une prévention injuste et soupçonneuse, qui n'eut que trop d'influence sur l'organisation qu'elle lui donna. Parce que ces anciens corps, qu'elle vouoit à la destruction dans
sa refonte complète de la France, avoient usé
contre elle les restes d'un pouvoir qui leur échap-
poit, elle assigna à la magistrature, dans ses
nouvelles institutions, une part trop modique,
une place trop peu élevée pour qu'elle pût dis-
penser la justice, décider sur la vie et la fortune des citoyens avec cette indépendance à
l'abri non-seulement de tout reproche, mais
même de tout soupçon. En reconstruisant cette
partie de la grande fabrique sociale, on eût dit
qu'elle avoit sans cesse devant les yeux le fantôme des cours souveraines lui refusant l'en-
registrement à ses décrets. D'ailleurs, ayant

voulu mettre un grand pouvoir dans les mains
des administrations locales, toutes élues par le
peuple, elle empiéta au profit de celui-ci sur
les attributions des tribunaux. En cela, elle étoit
conséquente avec les idées populaires qu'elle
avoit adoptées. Le principe même étoit bon
et pouvoit donner lieu aux plus utiles applications. Il n'étoit autre que celui sur lequel repose le jugement par jurés.

Bonaparte voulut se rebâtir une magistrature
modelée sur les formes de celles de l'ancien régime. Mais comme dans tous ses établissemens,
car rien de ce qu'il a fait ne mérite le nom
d'institution, il ne voulut qu'une décoration
pour cacher son despotisme, ou plutôt pour le
rendre plus imposant; car il a toujours eu beaucoup trop de mépris pour ceux qui y étoient
soumis pour chercher de le dérober à leurs
yeux. On augmenta le nombre des magistrats.
On institua des cours qui furent appelées souveraines. On donna plus d'apparence et de volume aux tribunaux. Mais on se garda bien
d'employer le moyen le plus sûr pour les relever, celui d'augmenter leur pouvoir et d'assurer leur indépendance. Notre code, ou celui
qui l'a dicté, se souvenant apparemment des an-

ciens arrêts d'union du temps de la Fronde, a
été jusqu'à les proscrire, et à en prononcer la
punition, ce qui paroît pousser un peu loin la
précaution. Celui qui n'étoit parvenu que par
l'épée ne pouvoit avoir un grand respect pour
la robe. Celui qui regardoit la police comme son
principal instrument de gouvernement ne pouvoit pas être le restaurateur de la justice. Il
vouloit une grande machine, un appareil fastueux de domination; mais dans les immuables
principes du despotisme, rien qui eût de l'indépendance, rien qui eût une force de vie
qui lui fût propre, ou qu'il ne tînt pas de lui.

Nous avons donc un ordre judiciaire composé d'une vaste hiérarchie de tribunaux, occupé par une nombreuse milice de magistrats
grands et petits, plus de six mille en y compre-
nant les juges de paix. Cette hiérarchie peut
bien rappeler certains dehors, certaines formules de celle qu'elle représente et qu'elle remplace; mais elle est loin de jouir de la même
autorité, ou d'inspirer la même considération,
même quand il ne s'agit que de ses fonctions
purement judiciaires, fonctions auxquelles elle
est assez sévèrement limitée. Cet esprit de corps,
qui étoit pardonné ou même justifié chez ses

prédécesseurs, parce qu'il se manifestoit souvent par son opposition au pouvoir, lui seroit au contraire reproché maintenant, parce qu'il tendroit presque sûrement à être son auxiliaire. Comment se flatter qu'il en puisse être autrement. Tous ces emplois sont à la nomination de l'autorité, et elle peut par conséquent choisir pour les remplir ceux qu'elle voit les plus portés à lui être dévoués. Les avancemens et même les déplacemens que permet et que nécessite un système de tribunaux trop multipliés lui donne de grands moyens d'influence. Nous avons heureusement acquis la garantie de l'inamovibilité. Je suis loin de la croire, telle qu'elle est, sans efficacité. Que l'on réfléchisse où nous en aurions été réduits dans ces derniers temps, si nous en avions été privés. Mais il ne faut pas non plus lui attribuer plus de réalité qu'elle n'en a. Ces avancemens, ces mutations, dont nous venons de parler, sont des leurres toujours préparés pour l'ambition ou pour la convenance, et qui peuvent souvent réduire l'inamovibilité à n'être que nominale. Le peu d'indépendance de fortune ou de consistance personnelle des membres de cette hiérarchie, dans un pays où la modicité générale des propriétés oblige tout le monde à tra-

vailler pour augmenter ou pour arranger la
sienne, et qui ne fournit pas assez de sujets à
ses besoins, ne rassure pas sur les abus de cette
influence : elle penche d'ailleurs à ne voir dans
les jurés qu'un ordre de magistrature qui s'élève
à côté d'elle, et qui l'a dépouillée d'une importante partie des attributions qu'elle a long-temps
possédées ; elle n'est que trop portée à y voir
autel dressé contre autel, à les surveiller et à
les redouter comme des rivaux, plutôt qu'à les
accueillir comme des alliés. Le peuple, au contraire, ne manquera pas de se ranger du côté
de ceux qu'il regardera toujours comme ses défenseurs les plus essentiels ; et les jurés, qui ne
sont qu'une fraction de ce même peuple, qui,
après ne s'en être séparés que pendant les courts
instans qu'ils sont juges, rentrent dans ses rangs,
ne peuvent cesser de faire avec lui cause commune. La magistrature, qui en reste toujours
séparée, et qui se voit par son nombre en état
de remplir les fonctions des jurés, ne pourra,
de long-temps, ne pas y aspirer, et ne pas avoir
une fâcheuse tendance à se figurer de ces intérêts distincts dont l'existence est la base de l'esprit de corps. Voir entrer le corps de la nation,
représenté par quelques simples citoyens, en par-

tage des jugemens , lui paroîtra une méfiance
ou une usurpation injuste et outrageante ; et, ne
fût-ce même que par cette opposition qu'entraînent toujours les rivalités, il semble bien difficile qu'elle ne se range pas du côté du pouvoir.
Je ne veux pas citer d'exemples : il y en auroit
cependant à donner à l'appui de ces raisonnemens. Les choses reviennent ce qu'elles ont été
dans les anciens temps. Après avoir été pendant
long-temps l'auxiliaire le plus énergique de la
royauté, pour abattre l'indépendance du clergé
et de la noblesse, les parlemens, changeant de
rôle, s'étoient emparés de quelques fonctions tri-
bunitiennes. Nos cours royales , au contraire,
retournent à leur principe, retour auquel on
sait que plusieurs publicistes ont donné une si
grande importance : elles pourroient bien re-
devenir un instrument du pouvoir. Il y auroit
pourtant cette notable différence à remarquer
que, dans ces temps , les parlemens étoient li-
gués avec la royauté, et en quelque sorte avec
les communes, contre l'aristocratie, au lieu que
présentement les cours royales le seroient avec
la royauté , et peut-être avec ce qui se rêve une
aristocratie, contre les communes.

Mais pour ramener ce corps respectable à ce

qui est vraiment son principe, à être le dispensateur impartial de la justice, le défenseur de
la liberté individuelle et de la fortune des citoyens ; pour qu'il ait en horreur de se prêter
à être l'instrument de la politique, ou de s'avilir
à être l'écho de la police ; pour qu'il devienne
un des boulevarts de l'édifice constitutionnel,
je crois que la première condition est de le
traiter lui-même avec justice et avec confiance,
de ne se laisser aller ni à l'ombrageuse jalousie
des anciens parlemens qui posséda l'assemblée
nationale, ni à la crainte de créer un obstacle
à ses volontés, comme le despotisme impérial.
Mais avant de leur rendre les attributions que
leur ont fait enlever d'étroites vues, il seroit
indispensable dans l'intérêt de l'ordre entier de
diminuer le nombre des tribunaux, tant supérieurs qu'inférieurs. La difficulté de trouver
des sujets propres à les composer, tant que nous
en garderons une telle superfluité, ne peut que
singulièrement nuire à leur considération. Il y a
peu de réforme dont la convenance soit plus
généralement sentie et qui fût plus approuvée.
Les inconvéniens qui en résulteroient ne seroient
que locaux et passagers ; les avantages, importans
et permanens. Avec un peu d'habileté, avec

quelques ménagemens, on pourroit même les
rendre assez légers. On pourroit replacer, in-
demniser de manière ou d'autre ceux que ces
réformes atteindroient; et, après tout, quelques
considérations particulières ne doivent pas être
un obstacle insurmontable à de grandes vues
d'intérêt général. Pour l'administration de la police locale, pour la décision des causes d'une
modique importance, on pourroit avoir, comme
en Angleterre, de petites assises tenues par les
juges de paix, institution dont il seroit facile
de retirer plus de services que l'on n'en retire
sur le pied actuel.

Si d'un côté il est nécessaire de fortifier la magistrature en la resserrant, et en lui retranchant
ces excroissances qui l'affoiblissent, il ne l'est
pas moins de lui rendre une grande partie de
ce qui lui a été soustrait. Dans l'intérêt du peuple
qui les choisissoit, on avoit transféré aux autorités
locales plusieurs parties démembrées du pouvoir
judiciaire. Le despotisme, qui est survenu, s'en
est emparé, et les a confisquées, ainsi que ces
élections, à son profit. En leur qualité d'élus du
peuple, ces administrateurs avoient abusivement
reçu un certain commencement d'indépendance
de la juridiction ordinaire. Par un abus bien

autrement criant et sans aucun palliatif, le despotisme a rendu le moindre de ses agens, honoré
de l'exécution de la moindre parcelle de sa volonté toute-puissante, complétement inviolable.
Car il est à remarquer qu'une des causes qui
font que le despotisme impérial a été le plus
entier, le plus fortement organisé qui ait jamais
existé, c'est qu'il avoit hérité de tous les pouvoirs
que l'esprit démocratique avoit créés pour être
exercés ou délégués par le corps social. Il n'a
même eu garde de s'en contenter. Il a fait mieux,
il y a ajouté. Il est douloureux de voir combien
de causes sont ravies à l'action légitime des tribunaux pour être remises à l'arbitraire adminis-
tratif, depuis tout ce qui regarde les domaines
nationaux jusqu'à la moindre question de voirie.
Il est douloureux de voir que tous les jours, en
dépit des réclamations de tous ceux qui ont
quelque notion de la liberté publique, le conseil
d'état, les conseils de guerre, continuent d'exercer leur juridiction, et d'augmenter leur jurisprudence inconstitutionnelle. Il est douloureux
qu'un agent du pouvoir puisse à volonté inso-
lemment arrêter la marche de la justice en élevant le conflit de juridiction, et que cette contestation ne puisse être jugée que par le conseil

d'état, ou, en d'autres termes, par l'autorité ministérielle qui peut avoir elle-même donné à son agent l'ordre attaqué, et qui, dans tous les cas, est portée à le favoriser et à le faire triompher sur les tribunaux. Comme si ce n'étoit pas assez qu'elle pût leur soustraire les choses, elle y ajoute le droit bien plus important pour elle, bien plus alarmant pour nous, de leur enlever les personnes. Il n'est si mince de ses agens qui ne soit sacré. Une fois plongés dans l'atmosphère ministérielle, ils en sortent, comme Achille des eaux du Styx, invulnérables. On tient tant, et non sans cause, à ce droit inappréciable, qu'il a été poussé jusqu'au ridicule. Il a été fort sérieusement décidé qu'un percepteur qui avoit roué de coups un pauvre contribuable, avec qui il avoit eu quelque discussion sur l'émargement de sa cote, étoit inattaquable en justice, comme l'ayant fait dans l'exercice de ses fonctions, et apparemment dans l'intérêt du fisc. On me dira que dans les cas un peu graves la crainte de l'opinion publique, la clameur qu'elle élevera, suffira pour empêcher que l'impunité ne soit assurée à un agent qui auroit outrepassé les bornes des prévarications ordinaires. On sait, quand on présume pouvoir en tirer quelque

18

parti, appeler à son aide cette opinion, dont on n'hésite pas à nier jusqu'à l'existence, quand on l'invoque dans la seule cause qui soit la sienne, celle des libertés publiques. Mais en accordant à ce grand moyen de redressement toute l'efficacité que l'on voudra, pourquoi alors laisseroit-on impunies, comme étant à l'abri de ses recherches, ces injustices obscures, ces petites vexations locales, qui n'en sont pas moins pesantes, pas moins intolérables pour ceux qui y sont condamnés, quoiqu'elles ne soient pas de nature à exciter de ces explosions d'indignation ou de sympathie universelle devant laquelle tout cède? Il y auroit là, dans un pays où l'on n'en veut d'aucune espèce, privilége pour les opprimés dont la situation commande la publicité, ou pour les illégalités éclatantes, soit par leur nature, soit par l'esprit de parti qui s'en saisit. Celui qui souffriroit inaperçu dans son village, celui qu'aucun gazettier n'iroit déterrer, celui sur lequel ne jetteroit pas les yeux la philanthropie des oisifs des grandes villes, et c'est bien le plus grand nombre, devroit se résigner à l'injustice comme à une conséquence de son obscurité. La protection seroit précisément ôtée à celui qui en a le plus besoin, pour être réservée à celui qui pourroit le plus aisément s'en passer. Si l'on me disoit que sous la Charte, que sous le Roi légitime, qu'avec les moyens de réclamations que nous avons à notre portée, quelque imparfaits que puissent les prétendre certains partisans exagérés des idées libérales, il est dans le fait impossible qu'il se commette de trop crians abus dans l'exercice de l'autorité locale; je répondrai, qu'avec tous ces moyens j'ai cependant vu des cantons entiers foulés, sans oser demander, ou sans pouvoir obtenir satisfaction. J'ai vu un sous-préfet parcourant son arrondissement à la tête d'un détachement militaire, et forçant, en les écrasant de garnisaires, les pauvres habitans, soit à lui livrer les armes qu'ils avoient, soit même à en acheter pour représenter celles qu'on leur imputoit. J'ai vu dans une année de disette la même douceur, la même légalité d'expédiens employée pour obliger les cultivateurs à approvisionner le marché, et ceux qui n'avoient plus de grain devoir en acheter pour se délivrer des contraintes. On s'est plaint. On en a été, comme cela devoit être, pour ses plaintes. A qui devoit-on en effet s'adresser? Précisément à cette même autorité qui probablement, dans un de ces momens où elle est plus pressée que de coutume

par ces terreurs qui l'obsèdent habituellement,
avoit ordonné ou le désarmement, ou l'appro-
visionnement, sûre qu'elle étoit de l'impunité.
On ne peut trop le répéter, on ne peut trop
l'exposer, on ne peut trop le prouver, il n'existe
point pour nous en France de liberté légale. La
toute-puissance administrative suffiroit seule,
sans la surabondance des preuves additionnelles
qu'il est facile d'y ajouter, pour mettre hors de
doute cette triste vérité. Ce que nous avons, de
liberté n'est que de fait et sous bon plaisir. Or
il ne suffit pas du fait. J'irai plus loin, il ne
suffit pas même du droit. Il faut de plus que
ceux qui vivent sous sa loi aient l'entière sécurité que ce droit ne puisse être ni abrogé ni
attaqué. Nous sommes bien loin d'en être là.
Un des meilleurs moyens d'y parvenir est de
renoncer à vouloir se faire illusion à soi-même,
de chercher à bien reconnoître, et de ne pas
hésiter à avouer hautement la distance qui nous
en sépare. J'ai entendu dire qu'une loi sur la
responsabilité des fonctionnaires étoit fort difficile à porter; qu'elle exigeoit de profondes
méditations, de savantes combinaisons. Quiconque aura la faculté de ne pas prendre une
faconde verbeuse pour des raisonnemens, ou

des paroles pour des réalités, la trouvera au
contraire la plus simple de toutes. Il ne s'agit
qu'en deux mots de les déclarer responsables à
la loi commune. Aussi n'est-ce pas là que gît la
difficulté. Elle consiste tout entière, et elle n'a
pas encore pu être levée, à trouver une Chambre
qui ait la conscience de nos droits et de ses
devoirs.

Dans tout ce qui précède je n'ai pas parlé
de la gêne et de l'affoiblissement que font éprouver à l'opinion publique les dures restrictions
auxquelles la presse est en ce moment soumise.
Je veux bien ne les considérer que comme tem-
poraires : mes argumens en acquerroient bien
plus de force, si nous devions gémir de les voir
faire partie permanente de notre législation.

Les empiétemens de la police sur ce qui devroit être du domaine des tribunaux, quoique
d'une nature plus odieuse et plus faite pour
exciter l'indignation comme outrageant la morale publique, ne sont peut-être ni plus importans, ni plus nuisibles au bien général. Ils sont
dans le fait beaucoup plus rares : ils ne s'attachent qu'à des faits individuels, et ne sont pas
élevés à des opérations fréquentes et générales
qui atteignent également tout. Ce n'est certai-

nement pas que je veuille dire qu'ils ne doivent
pas être sévèrement réprimés, et que je ne me
joigne à ce cri universel qui dénonce l'existence
de notre police comme un sanglant reproche à
notre système constitutionnel. Son action doit
être non-seulement beaucoup mieux réglée
qu'elle ne l'est, mais elle doit être entièrement
subordonnée aux tribunaux. Il ne faut pas qu'elle
puisse être regardée comme une puissance égale,
ou rivale, s'élevant à côté d'eux, et leur retenant
une partie des pouvoirs qu'ils devroient exercer;
mais surtout il ne faut pas que ceux-ci paroissent
disposés à lui prêter une oreille trop attentive
dans ces causes qui, plus que toutes autres,
agissent sur la sympathie du public et éveillent
son intérêt, dans celles où le simple citoyen a
à se défendre contre l'autorité qui l'accuse. Or,
tant que la police ne sera pas totalement soumise à la justice, c'est ce qui ne manquera pas
d'arriver. Tant qu'elle sera sa compagne au lieu
d'être sa servante, on n'y verra qu'une impure
alliance, au lieu d'un service utile et jusqu'à un
certain point indispensable. S'il y a quelque vérité dans les soupçons assez fortement élevés sur
la tendance que doit avoir la magistrature actuelle à se ranger du côté du pouvoir, l'accueil

qu'elle fera aux découvertes de la police, l'indulgence qu'elle montrera pour son zèle seront
attribués à ce penchant. Les citoyens perdront
cette confiance qu'ils ne devroient cesser d'avoir
en ceux que leurs fonctions semblent désigner
comme leurs défenseurs naturels, quand ils ont
le malheur de devenir le but de sévères persécutions ou d'injustes méfiances. Les pompeuses
expressions de sanctuaires des lois, d'oracles de la
justice ne leur paroîtront que, ce qu'elles ont souvent été, des mots vides de sens ; au lieu que si la
police étoit remise entre les mains des magistrats
elle ne seroit plus regardée que comme ce qu'elle
doit être, un moyen indispensable dans une société d'atteindre les malfaiteurs, et de réprimer
les malintentionnés. Si même alors l'usage en
étoit poussé plus loin que ne sembleroit le permettre l'intérêt de la sûreté ou de la vindicte
publique, du moins la justice ne risqueroit plus
d'être considérée comme un instrument d'oppression dans les mains de l'autorité suprême.
Ses écarts pourroient mériter d'être blâmés avec
plus ou moins de sévérité ; mais on pourroit les
attribuer à une idée mal dirigée ou exagérée
qu'elle auroit conçue de ses devoirs; et en tout
cas, quelque reproche que l'on pût être porté à

lui faire, il lui resteroit du moins le mérite (qui en est toujours un, quelque triste qu'il fût dans l'hypothèse actuelle) d'avoir agi indépendamment. On peut réprouver l'abus que l'on fait de l'indépendance, mais jamais ne pas en respecter le principe. Je ne connois aucune institution qui, plus que les tribunaux, ait besoin d'être entourée de tout l'éclat, d'être accompagnée de toute la vénération possible; aucune à laquelle il soit aussi urgent d'inculquer d'une manière inébranlable l'opinion qu'aucun autre pouvoir n'a sur elle la moindre action. Rien ne doit moins surprendre, puisque c'est d'elle que dépendent la vie et la fortune des citoyens.

Puisqu'un certain mode de poursuites et de recherches, que l'on désignera par le nom de police ou autrement, est requis pour la prévention ou la punition des crimes ou des criminels, où pourroit-il, même abstraction faite des intérêts de la magistrature, être mieux placé qu'à sa disposition et sous sa surveillance? Rendue aux tribunaux, dont la nature, ainsi que celle de tous les corps, est d'adopter des règles fixes et d'y tenir, la police acquerroit un cours régulier, une espèce de jurisprudence à elle,

qui en diminueroit ou en modéréroit l'arbitraire. Ce qu'il y a de pire au monde est de
se trouver livré à celui-ci. Une règle quelconque, bonne ou mauvaise, a au moins cet
avantage qu'on peut la connoître, et, si l'on veut,
s'y conformer ; tandis qu'on ne peut jamais espérer d'atteindre à rien qui approche de cette
fixité, tant que la police sera exercée je ne dis
pas par un magistrat (Dieu me préserve de faire
d'un titre aussi respectable un pareil usage),
mais par un agent dont la première qualité, le
mérite le plus éminent, sera toujours de savoir
docilement se prêter à toutes les vues, se plier
à toutes les volontés de ceux qui l'auront placé ;
en qui la servilité est un attribut aussi rigoureusement requis que le sont dans ses inférieurs
la fraude et la délation. Je ne répéterai pas tout
ce que l'on a accumulé de mépris et d'invectives
sur la tête de cette espèce d'agens. Cette exagération, s'il y en a eu, marque la réprobation
qui de tout temps a pesé sur eux, marque combien leur emploi, leur existence même révolte
la décence publique. Mis en action par la justice, on ne peut douter qu'ils ne fussent débarrassés au moins de la partie de leurs services
qui leur est la plus reprochée : ils n'auroient

plus la mission d'épier la vie privée pour plaire
à la malignité, ou pour satisfaire simplement
une coupable curiosité : ils ne sèroient plus, ou
ils seroient beaucoup moins, exposés à devenir
les outils des partis politiques , et les citoyens
seroient délivrés du désagrément, ou du danger, selon les temps , de savoir leurs opinions
espionnées comme leurs paroles. Celles de leurs
fonctions d'une nécessité reconnue ne pourroient
manquer d'être exercées avec de tout autres
égards que nous ne l'avons vu envers le public d'une nation libre, quand ils seront placés
sous la direction de corps dont la première condition est de se respecter eux-mêmes, et qui seront assez indépendans pour le faire. La magistrature est tenue à se respecter, parce qu'elle
agit au grand jour et aux yeux de la nation qui
l'observe. La police en est dispensée, parce
qu'elle agit dans les ténèbres et dans la boue,
vue seulement ou par ceux qui lui commandent ses sales œuvres, ou par cette lie de l'humanité qui les exécute. Est-il permis de croire
que si la police eût été sous ce contrôle , nous
eussions vu tout ce qui, dans ces derniers temps,
a affligé les hommes impartiaux ? que nous eussions vu figurer dans tous les procès pour délits

politiques des hommes qui, rencontrant des
malheureux malintentionnés, ou simplement
égarés, les poussoient par une complicité simu-
lée, par de perfides suggestions, assez avant
vers le crime pour qu'ils pussent devenir l'objet
d'une dénonciation et d'une saisie ? que nous
eussions vu ces malheureux ne pouvoir pas
même obtenir aux débats, quand une sentence
capitale étoit suspendue sur leur tête, que ces
infâmes dénonciateurs leur fussent confrontés ?
et, ce qu'il y a de plus déplorable, la justice, par
sa mollesse à faire droit à leurs vives réclamations, pouvoir donner lieu à un public indigné
de la soupçonner d'avoir connivé à ces téné-
breuses menées ? Il est à craindre que tant que
la police restera un département à part, organisé dans l'intérêt de l'autorité ministérielle, et
entièrement dépendant d'elle, il ne faille nous
attendre à voir se renouveler ces scènes de
scandale. Cette espèce de pouvoir, tant qu'il
restera tel qu'il est, tel qu'il nous a été légué
par le despotisme impérial, sera non-seulement radicalement incompatible avec la dignité
et l'indépendance des tribunaux, mais encore
avec tous les droits d'un peuple qui a la prétention de s'appeler libre. C'est une difformité, un

ulcère sur le corps politique, qui en détruit la beauté, qui en mine la santé, et que l'on ne peut trop se hâter d'extirper.

En traitant de ce qui concerne l'armée, nous comptons signaler l'abus des tribunaux militaires, et réclamer la nécessité de l'abrogation de cette juridiction exceptionnelle. Tout doit rentrer sous l'empire des seuls tribunaux que nous puissions regarder comme réguliers et légaux, non-seulement dans tous les cas où quelques-uns des prévenus ne sont pas militaires, mais même dans celui où il n'y a que des militaires en cause, à moins qu'il ne s'agisse de ces délits purement contre la discipline, ou contre les usages des armes, qui ne peuvent pas figurer parmi les articles d'un code civil. Il faut tout amener sous le ressort de la justice ordinaire, si l'on veut qu'elle inspire cette crainte et ce respect qui doivent partout suivre son action. C'est sur elle que les citoyens de toutes les classes, de toutes les professions, doivent avoir les yeux ouverts comme la règle commune de leur conduite, comme la dispensatrice en dernière instance de cette protection dans toutes les transactions de la vie, qui est le but de la réunion des hommes en société, et la substitution de la force publique, égale soit pour, soit contre tous, aux violences partiales et intéressées de la force individuelle.

Nous venons de faire remarquer les démenbremens, à nos yeux injustes et impolitiques, qui ont été faits aux attributions de la magistrature françoise. N'est-il pas assez singulier qu'en dépit de la tendance naturelle à l'esprit de corps à recouvrer le terrain qu'il a perdu, et à en gagner de nouveau, elle montre si peu d'empressement à rentrer dans ce qu'elle devroit considérer comme son héritage patrimonial, si peu de jalousie des empiétemens de l'administration et de l'armée; mais que toutes ses injustes méfiances soient bien plutôt tournées contre l'inappréciable institution du jury, qu'elle paroît se croire appelée à contrarier et à surveiller plutôt qu'à appuyer et à guider; contre cette institution qu'elle devroit au contraire regarder comme faisant corps avec elle, comme lui étant une alliée aussi fidèle que respectable, qu'elle doit conduire par la confiance plutôt qu'épier soupçonneusement d'un œil jaloux? Nouvelle preuve, si besoin en étoit, de la vérité de ce que nous avons dit, quand nous avons avancé que le biais actuel de la magistrature la

portoit à se rapprocher du pouvoir et à s'y soumettre.

Il faut en convenir, c'est à cette partie de
l'ordre judiciaire, sur laquelle nous allons faire
quelques réflexions, que nous devons la mesure
quelconque de sécurité dont nous jouissons en
France dans les causes d'une nature politique.
Quelque défectueusement qu'elle soit organisée,
quelques bons effets, quelque indépendance s'en
sont déjà fait sentir. Il seroit superflu de répéter tout ce qui a été dit sur les imperfections
qui la déparent, et qui ne lui permettent pas
encore de nous donner toutes les garanties qu'elle
porte en elle. C'est un sujet à peu près épuisé
et un point convenu : il y a même accord entre
ceux qui réclament et ceux qui repoussent les
améliorations nécessaires. Les uns et les autres
reconnoissent les défauts attaqués ; seulement
les uns en veulent les fruits, les autres les repoussent. Si la question étoit encore entière, il
ne faudroit pas beaucoup de paroles pour démontrer ce que doit être un jury choisi par les
préfets, et une liste de jurés si limitée, qu'en
cas de partialité dans les choix, l'accusé ne peut
pas la purger par ses récusations. Ce mode pourroit finir par rendre le jury tout aussi dange-

reux, et bien autrement honteux, que ces jugemens par commission si décriés, si détestés,
dans toute notre ancienne histoire. En effet,
au lieu de ne flétrir que quelques misérables
vendus à toutes les passions du pouvoir, et dont
il n'a manqué dans aucun temps et dans aucun
pays, l'infamie de ces iniquités retomberoit
sur la nation entière qui seroit censée en être
complice, puisque en apparence ce seroit entre
ses mains que les jugemens auroient été remis.
Jefferies et Laubardemont ne déshonorent que
ceux qui les ont employés, encouragés et ré-
compensés. Les nations n'avoient qu'à gémir,
point à rougir, de leurs injustices et de leurs
cruautés ; mais l'iniquité, ou les vengeances
politiques consacrées par des tribunaux, supposés être choisis parmi l'élite des citoyens, dés-
honoreroient le corps entier de ces derniers,
dont ils sembleroient attester la profonde corruption. Quelques jugemens ont déjà été de nature à exciter nos regrets et à éveiller nos soupçons. Des menées faites pour exciter nos craintes
ont déjà été dénoncées. Je me souviens parfaitement d'avoir entendu dire : « Ces cours pré-
» vôtales ne sont qu'un obstacle. Nous saurions

» bien leur donner des jurés qui ne les mar-
» chanderoient pas. »

J'ai toujours été étonné que parmi les adversaires du jugement par jury se trouvent en
général ceux qui se donnent pour tenir plus
particulièrement à tout ce qui peut honorer
l'ancienne France. Certes, ce sentiment est
aussi noble qu'il est naturel. Les honneurs de
nos pères sont un dépôt qu'il est de notre devoir de conserver religieusement intact et de
transmettre à notre postérité. L'esprit de
parti a commis, j'en conviens, de grandes injustices. Il a porté à abjurer indistinctement tout
le passé. Mais il seroit tout aussi absurde de
prétendre nous faire tout accepter, tout exalter sans plus de discernement. L'admiration ne
peut être durable que lorsqu'elle n'a pas à
craindre les regards de la raison. Alors il faudroit distinguer les époques et les choses. Une
part d'estime bien différente doit être faite entre
ces temps où la nation, quelqu'une au moins
des classes qui la composoient, jouissoit de
quelques droits, et entre ceux où elle en avoit
été entièrement dépouillée. Les partisans de
l'aristocratie, s'ils veulent toutefois mériter ce
nom et ne pas être ceux du pouvoir arbitraire

déguisés sous un habit d'emprunt qui ne va pas
à leur taille, ne devroient pas oublier ou igno-
rer que le jury est l'ancien jugement féodal, et
qu'il fut conservé dans les cours des seigneurs
long-temps après avoir été aboli dans celles
des parlemens ; ces corps, qu'après l'admission
des gens de robe, la royauté avoit peu à peu
convertis en instrumens pour abattre la noblesse. Quand celle-là voulut lui enlever un
des principaux boulevarts qui la protégeoient
contre son arbitraire, elle la priva de ce mode
de jugement. Cette abolition n'eut lieu que peu
à peu, et sous Louis XIV on voyoit encore
en Artois et dans la Lorraine quelques restes
de cet antique usage. La royauté ne pouvoit pas
trouver de meilleur moyen pour parvenir à
son but, qui étoit alors d'abaisser et d'opprimer l'aristocratie. Il n'est besoin d'aucun raisonnement pour montrer toute la différence
qu'il y avoit pour ses membres d'être jugés, dans
ces conjonctures, par leurs pairs, ou bien par
des légistes à la nomination et à la disposition
de la couronne. Mathieu Paris nous apprend
qu'ils réclamoient comme un droit des François
de ne pouvoir être condamnés que par ce jugement des pairs. Pourquoi leurs descendans ne

seroient-ils pas portés à suivre un si bel exemple? Ceux qui de nos jours combattent, non pas pour les priviléges d'un seul ordre, mais pour la cause générale des libertés nationales, ne sont-ils pas exposés aux mêmes risques que nos anciens barons, et ne méritent-ils pas la même protection? Ceux qui, avec une bien pardonnable affectation, se plaisent à rappeler les actions et les coutumes de leurs aïeux, devroient avoir soin d'aller les chercher dans ces temps où ils étoient grossiers mais indépendans, ignorans mais libres, par préférence à ceux où cette indépendance fut remplacée par une servitude que, je ne sais pour quelle raison, on a qualifiée de brillante, et cette ignorance, par quelques arts futiles et quelques qualités superficielles. Puissent-ils une fois se persuader que cette ancienne noblesse n'a joui de tant de lustre que parce qu'elle étoit animée de l'esprit d'indépendance; que l'une a chez elle disparu avec l'autre, quand un despote, qui n'en vouloit sous aucune forme, en eut effacé jusqu'aux derniers vestiges!

Mais l'institution du jury n'a pas besoin d'une antiquité toujours respectable pour mériter nos affections et nos suffrages. Elle sait assez se re-

commander par ses propres mérites. Il peut être
permis de soutenir que, dans les affaires ordinaires qui ne touchent qu'aux intérêts privés,
on peut trouver autant de garanties dans des
juges de profession que dans des jurés. Quoique je ne sois pas moi-même de cet avis, je
conçois que l'on puisse en donner des raisons
ou bonnes ou spécieuses. Mais dans les causes
qui ont un caractère politique, là où l'autorité
se croit, ou veut se faire croire, attaquée, ces
raisonnemens n'ont plus d'application et tombent sans force. Je ne conçois pas que pour
celles-là, il soit possible d'imaginer une institution plus propre à assurer des décisions impartiales, et surtout indépendantes, qu'un jury
organisé ainsi qu'il doit l'être, désigné par le
sort, et présentant une liste assez forte pour y
exercer le nombre désirable des récusations.
Comment ne pas avoir confiance dans un tribunal choisi par le sort, pris dans la partie la
plus éclairée de la nation, composé de juges
sortis du sein d'une société qui doit regarder sa
propre conservation comme son premier devoir,
et qui doivent y rentrer immédiatement après
avoir donné leur déclaration ; sujets à être eux-
mêmes poursuivis dans ces mêmes causes dont

la décision leur est aujourd'hui remise, et dans tous les cas soumis au sévère contrôle, au blâme ou à la louange d'un public qui a eu l'œil ouvert sur leur conduite, et qui se ressaisit d'eux au milieu de ses rangs? Peut-il y avoir de moyen plus efficace et plus doux de parvenir à cet accord si désirable entre les prononcés de la justice et ceux de l'opinion publique? On a objecté, on objectera qu'il sera lui-même sous le joug de redoutables influences, qu'il sera gouverné par l'esprit de parti, et qu'en effet, dans les temps de dissensions civiles, ce sera celui-ci qui lui dictera ses arrêts. Mais si, comme on le demande de tous côtés, la liste en est formée par le sort impartial, si elle est assez ample pour que les deux partis puissent successivement en écarter tous ceux qui pourroient donner des soupçons motivés de partialité, cette espèce de danger n'est-elle pas singulièrement réduite? Et ne sommes-nous pas obligés d'avouer qu'elle y est même beaucoup moins à redouter que dans ces tribunaux permanens, que dans ces grands corps de judicature qui ne sont peut-être pas plus inaccessibles aux passions, qui sont un peu plus accessibles aux instigations du pouvoir, et où le précieux droit de récusation ne peut être

exercé que dans des limites assez resserrées
pour le rendre à peu près nul. Quand on veut
de bonne foi discuter une institution, il ne s'agit
pas de s'appesantir sur quelques défauts qui peuvent lui être propres. Il faut franchement et
sans restriction en exposer l'ensemble, et
chercher, après avoir mis d'une part le bien,
et de l'autre le mal, de quel côté penche la balance. Il y a des gens timides qui tremblent au
moindre exercice des droits populaires. Ils
pourroient craindre que de simples citoyens ne
soient toujours portés en faveur des accusés poursuivis par le gouvernement, et par conséquent
à les acquitter sans des motifs plus justes que
cet esprit d'opposition. Pour les tranquilliser,
on leur répondra que l'expérience, ainsi que
le raisonnement, apprennent que le maintien
de l'ordre est le premier besoin des citoyens,
et surtout de ceux des classes les plus respectables dans les États bien réglés, et il n'est
question que de ceux-là; que l'on peut être sûr
qu'ils seront en général disposés à sévir contre
ceux qui le mettent en danger; que dans l'ordre
constitutionnel, l'autorité devant tôt au tard
être amenée à agir principalement dans l'intérêt de tous, elle s'attirera immanquablement

l'appui universel ; car si l'on est quelquefois
tenté de s'élever contre une force oppressive,
on l'est toujours de se rallier à une force pro-
tectrice. J'irai même plus loin, et je ne craindrai pas de dire qu'il est telle occasion où cette
disposition que l'on reproche au jury seroit
un des plus précieux fruits de cette belle institution. On peut se figurer le cas où l'autorité
ne trouve pas de jurés pour condamner ceux
qu'elle traduit devant eux. Ce sera alors un avertissement, ou une preuve, qu'il s'établit une
lutte entre elle et la nation, qui a le droit de
n'être gouvernée que dans le sens qu'elle ap-
prouve. Ce signe non méconnoissable l'avertira
qu'elle entre dans des voies ou injustes, ou
dangereuses, et qu'il est temps d'en sortir. Ce
peut être un contrôle aussi salutaire qu'efficace
sur son pouvoir de rechercher et de poursuivre
les crimes commis envers la société, poursuites
dont les longueurs et les rigueurs seules équi-
valent souvent à de sévères punitions. Ce sera
un frein au désir des vengeances et à l'entraînement inséparable de l'exercice d'une autorité étendue. Ils l'entendoient bien ainsi ces
fiers barons qui, dans un temps où la couronne
travailloit assidument à les dépouiller de leur

indépendance, vouloient, dans la lutte qu'ils sou-
tenoient, n'être justiciables que de leurs pairs,
et non de juges à sa nomination et à ses gages.

Il est impossible que le jury tombe jamais
sous la domination de l'esprit de corps. Il est
impossible qu'il se figure jamais avoir des intérêts distincts, une cause différente à défendre
de celle de la masse du peuple dont il fait partie.
Son apparition éphémère et périodique sur les
siéges judiciaires ne peut jamais lui faire contracter ni les mêmes habitudes, ni les mêmes
préventions, qu'à ceux qui y sont constitués en
corporation permanente. N'ayant pas la sensibi-
lité émoussée par l'habitude de condamner des
criminels, ni par ce mépris pour la nature humaine que ne peut manquer d'inspirer la vue
journalière de sa partie la plus hideuse et la plus
dégoûtante, il apportera à ses fonctions toute
l'attention, tout le scrupule, tout le respect
religieux qui ne peut manquer de saisir celui
qui à de longs intervalles est appelé aux redoutables fonctions de prononcer sur la vie de ses
semblables. Quiconque les a une fois remplies
peut porter témoignage à la vérité de ce que
j'avance. Mais quel témoignage plus éclatant
peut-on en désirer que celui qu'en a porté le

législateur lui-même. La législation destinée
pour les tribunaux de juges fixe toujours rigoureusement certains genres de preuves, certain
nombre de témoins qu'elle exige pour valider
une condamnation. On dirait que l'on a redouté
leur penchant à trouver des coupables. On sent
le besoin de s'entourer de précautions contre
eux. On leur lie les mains. On assujettit leurs
jugemens à certaines règles positives, quelquefois inutiles pour protéger l'innocence, souvent
utiles pour l'impunité du crime. Mais quand il
s'agit des jurés, tout cet échafaudage élevé par
une soupçonneuse prévoyance disparoît. On ne
lui prescrit, on n'attend de lui que la conviction
de sa conscience. A cette seule garantie on est
prêt à confier la vie, l'honneur, la fortune,
tout ce que les hommes ont de plus cher. On
érige un tribunal investi dans sa manière de
procéder de la même latitude qui, pour la per-
pétration illimitée du crime, a été accordée à
celui créé par notre trop célèbre comité de salut
public; et, chose singulière! personne ne le remarque, personne ne s'en plaint, personne n'en
frémit. Bien au contraire, tous ceux dont l'esprit
de parti ou l'amour du pouvoir n'a pas per-
verti le droit sens, l'invoquent à grands cris, le

regardent comme leur protection la plus sûre.
Dans les plaintes élevées contre lui, c'est de son
indulgence, et non de sa sévérité, que l'on affecte
d'être alarmé. Rien ne peut faire un éloge plus
complet, plus éloquent de cette noble institution.
Rien aussi ne doit plus hautement nous avertir
de ne négliger aucune précaution pour en conserver la pureté, et pour empêcher que par de
fausses combinaisons les effets ainsi que la nature n'en soient corrompus.

Cette jurisprudence du jury a une autre conséquence aussi importante que remarquable. De
même que l'on peut lui remettre sans hésitation
la décision du sort des citoyens, de même on
peut lui remettre avec moins de danger qu'à tout
autre l'application pratique d'un code barbare.
Je suis même loin d'en dire assez. Non-seulement
on peut être assuré qu'il n'en abusera pas, mais
encore qu'il ne cessera d'en adoucir et d'en
modifier la rigueur, à mesure qu'elle sera reconnue et réprouvée par la raison publique. Celui
qui ne juge que d'après les inspirations de sa
conscience aura toujours devant les yeux les
conséquences de sa décision, et il se réglera
toujours plus ou moins sur les peines qu'elle
entraîne. Rien ne pourra jamais le déterminer

docilement à se réduire à n'être qu'un instrument impassible pour déclarer sèchement si tel fait est avéré ou non, sans le moins du monde s'enquérir, s'inquiéter ou se soucier des suites. Toutes les exhortations des présidens, tous les tableaux mis sous ses yeux pour lui prêcher des doctrines contraires, s'adresseront à des oreilles sourdes. Il absoudra quand il le faudra le criminel pour condamner la loi. Il le fera, et il fera bien. Son premier devoir est de garder en vue le but essentiel de la justice, et de s'attacher à le conserver intact, plutôt qu'à se borner à en respecter quelques formes extérieures. Ses yeux ne sont pas obscurcis par des préjugés d'état ou d'éducation spéciale. Moins d'obstacles le détournent de les tenir ouverts à la lumière infaillible de cette règle intérieure qui ne trompe jamais ceux qui veulent obéir à sa voix. C'est ainsi que l'on voit chez les Anglois la conscience humaine des jurés mettre l'opinion que l'on a de son code à la place de ce code lui-même, et en corriger la sévérité draconienne.

Mais cette humanité même du jury est peut-être le reproche qui lui est le plus souvent et le plus complaisamment adressé par ses adversaires. Il est assez curieux d'observer la fluctuation des idées régnantes, et de voir comment, pas plus que nos vêtemens, elles ne sont affranchies des variations capricieuses de la mode. Avant cette révolution, qui a produit chez nous tant et de si singuliers changemens, les sentimens, ou pour le moins les mots d'humanité, de philanthropie, etc., étoient dans toutes les bouches, dans toutes les productions du jour. Ils étoient devenus les lieux obligés de toute rhétorique, de celle de la chaire comme de celle du barreau, de celle de l'académie comme de celle des lycées. Ce qui étoit peut-être plus important pour eux, ils avoient été honorablement admis dans le vocabulaire du bon ton, et dans les meilleures compagnies étoient presque aussi rigoureusement de mise que l'étoient à leur tour l'habit d'hiver et l'habit d'été. Maintenant ces mêmes classes à peu près, qui autrefois formoient ce cercle favorisé, traitent de pauvretés, de niaiseries, ces mêmes opinions, ces mêmes expressions. Nous en sommes bien revenus, dit-on. Il faut tout avouer, elles y sont passées de mode. Celle-ci a pris un autre cours. On préconise la dureté, la sévérité, la violence, non-seulement à cause de leurs suites utiles et positives, mais comme des idées en elles-mêmes fortes et grandes. Je ne désespère pas de les voir déclarées poétiques. L'affectation en tout genre est ridicule. Mais celle des choses louables doit au moins paroître la plus excusable. Faudra-t-il donc toujours, pour former notre jugement sur celles qui doivent l'être, rechercher non pas leur valeur intrinsèque d'après les lumières de notre raison, mais quelles sont les personnes, quelle est la coterie, quel est le parti, quel est le temps qui les a professées ou qui les professe? Faudra-t-il donc se résoudre à regarder comme des puérilités ces sentimens qui dans tous les âges ont excité l'admiration et la reconnoissance des hommes là même où leurs préceptes n'ont pas été suivis; soit parce qu'ils auront été simulés dans les vues les plus perverses, et déshonorés par les bouches les plus coupables; soit parce que, plus par ton que par conviction, avec une emphase absurde et entortillée dans un fade étalage de phrases prétentieuses, ils auroient été répétés jusqu'à satiété, et, s'il étoit possible, rendus risibles, au milieu de cette singulière bigarrure de femmes galantes et de femmes à vapeurs, de gens de cour et de gens de lettres, d'abbés philosophes, et d'*athées de bonne compagnie* (*), qui peuploient jadis nos salons, et étoient la seule partie de la nation en évidence ? Nous nous tiendrons également éloignés de toutes ces affectations, et nous nous attacherons d'autant plus au jury, que nous serons en effet convaincus que, dans le cours ordinaire des choses, ses jugemens porteront l'empreinte de ces nobles sentimens de compassion et d'indulgence; et que nous sentirons bien en même temps que si jamais la situation de la société venoit à réclamer plus de rigueur dans la répression des attentats qui se forment contre elle, il ne pourroit manquer de se régler sur cette opinion, puisque sorti de son sein il ne peut que partager celles qui y règnent. On auroit même plutôt à craindre dans ces occasions un excès de sévérité de sa part qu'une pitié irréfléchie et dangereuse dans l'exercice habituel de ses fonctions.

Ce seroit cependant ne prendre qu'une vue bien bornée des choses, si nous ne voyions dans l'institution du jury que ces avantages dont nous avons parlé jusqu'ici. Il en est d'une autre nature qui ne me frappent pas moins, quoiqu'ils ne

(*) Heureuse expression de l'abbé Morellet, dans ses Mémoires.

soient pas l'objet d'une attention aussi générale.
Le véritable indice du degré de liberté publique
dont jouit un pays est le degré de participation
qu'il a obtenu dans l'administration de ses
affaires. Je ne veux pas parler ici des résultats
politiques de cette participation relatifs au corps
entier de l'Etat, mais seulement en ce qui concerne les personnes et le caractère individuel de
ses membres. L'importance et la dignité de
chaque citoyen en est accrue à ses yeux comme
à ceux des autres. Son goût et son aptitude pour
les affaires s'augmentent nécessairement avec
l'habitude qu'il a de les manier. Son amour pour
son pays et pour les lois qui le régissent s'aug-
mente de même, à mesure qu'il y possède des
priviléges plus étendus, et qu'il en fait une
partie plus intime. Là où l'habitant du sol n'a
aucun droit, n'exerce aucune fonction, le citoyen n'existe pas plus que la patrie. En inves-
tissant celui-ci d'une partie du pouvoir judiciaire, vous lui donnez un intérêt dans la chose
publique. Vous lui confiez l'administration d'une
de ses principales branches, celle de la justice
criminelle. Vous l'habituez à penser non-seulement qu'il est quelque chose dans l'Etat, mais
encore qu'il doit y avoir quelque chose à faire;

qu'il n'est pas seulement un rouage dans une machine vaste et compliquée, mais qu'il doit avoir un mouvement d'activité qui lui soit propre; qu'il ne doit pas se résigner avec un lâche et mol abandon dans les bras d'une autorité tutrice et directrice, chargée de régir tous ses intérêts, de subvenir à tous ses besoins; mais qu'il doit apprendre à mettre la plus grande et la meilleure part de sa confiance dans ses propres efforts, qu'il doit sortir de la petite enceinte de la gestion des affaires privées, et aspirer à une place quelconque dans celle d'affaires plus générales : ce n'est que lorsque cet esprit a pris naissance, ce n'est que lorsqu'il a pris fortement racine, qu'un pays est digne de la liberté, mûr pour l'acquérir, ou capable de la conserver. C'est dans cette vue que l'institution du jury doit trouver de nouveaux titres à notre recommandation. C'est à cette cause qu'est dû l'attachement prodigieux que lui portent les peuples modernes qui ont le bonheur de le voir fermement établi chez eux. Ils sentent d'abord que c'est une de leurs plus fortes sauvegardes. Ils sentent de plus, avec un juste orgueil, avec une fierté bien permise, l'honneur qui rejaillit sur la nation entière du droit d'être elle – même son propre juge, du droit d'être jugé *par pays,* selon l'heureuse expression des jurisconsultes normands, religieusement conservée en Angleterre.

Si ces observations ne sont pas dénuées de justesse et de vérité, il y auroit deux points principaux sur lesquels devroit se diriger l'attention du législateur : augmenter la sphère d'action du jury, et lui rendre ses honorables fonctions les moins pénibles à remplir qu'il sera possible. Je l'ai déjà dit, rien de plus vicieux, de plus dangereux, que de prétendre imposer aux citoyens des devoirs qui exigent un zèle qui excède ce que l'on a droit d'attendre du commun des hommes ; ou qui sont en opposition avec leur intérêt, en les éloignant trop de cette surveillance de leurs affaires qui, en France peut-être encore plus qu'ailleurs, demande et absorbe le temps et les peines de la plupart des hommes. Notre système actuel a ce défaut. Il exige d'assez longs voyages, des déplacemens incommodes, et retient des cultivateurs, des fabricans et autres dont la présence est nécessaire chez eux, long-temps hors de leur domicile. D'un autre côté, nous devons vouloir rendre l'exercice de ces fonctions encore plus fréquent, en cherchant à ramener sous l'empire du jury toutes

ces causes qu'une tentative peu heureuse de classification systématique a rangé sous le nom de
délits de police correctionnelle. Tout ce que
cette anomalie a de choquant a souvent été
relevé. L'attribution de toute cette police correctionnelle, ou du moins de sa plus grande
partie, au jury, est, j'ose le dire, un de ces
points sur lesquels on est assez généralement
d'accord, et qu'il s'agit encore plus de réclamer
que de discuter. Cela une fois obtenu, il me
semble qu'il n'y auroit pas de difficulté à concilier deux choses en apparence contradictoires,
et qu'il seroit au contraire assez aisé en même
temps d'étendre sa juridiction, et de rendre ses
fonctions moins gênantes à ceux sur lesquels
elles pèsent le plus. On tiendroit dans les chefs-
lieux d'arrondissement de petites assises où seroient traduits tous les prévenus des fautes les
moins graves. Les jurys y seroient composés des
moins imposés dans l'échelle du cens requis
pour y être appelé parmi les habitans des campagnes, cens qui ne devroit pas être porté à un
taux trop élevé. Dans les villes cette obligation,
indépendamment de la condition de fortune,
devroit être imposée à certaines classes, telles

20

que les propriétaires de maison, ceux qui exercent certaines professions, telles que celle de la
loi, de la médecine, etc. On auroit ainsi un
nombre plus que suffisant, et des distances très-
courtes à parcourir. On seroit rarement même
obligé de coucher hors de chez soi. Les plus
haut imposés, auxquels de longues absences sont
moins à charge, et la dépense qu'elles exigent
plus aisée à supporter, continueroient à former
le jury du département, devant lequel seroient
portées toutes les affaires d'une nature plus
grave. Si leur tâche devenoit ainsi un peu plus
lourde que celle des autres, ils pourroient y
trouver quelque compensation dans la petite distinction ainsi créée. Car de quoi ne sait pas se
contenter la vanité humaine. En tout cas ce doit
être à ceux qui sont les mieux partagés dans la
distribution des avantages que procure l'état de
société à en supporter les principales charges.
Il faudroit d'un autre côté pousser bien loin la
jalousie régnante pour y voir un privilége aristocratique, ou pour craindre le biais qui dans
certains cas pourroit dicter les jugemens, si l'on
considère que nous présupposons toujours, préalablement à toute autre condition, le tirage au

sort. Quand même, à toute rigueur, il pourroit y avoir quelques appréhensions permises, elles ne pourroient venir que de la position actuelle des partis, et ne seroient évidemment que d'une nature passagère. Je ne crois pas qu'il existe un moyen plus simple, mieux adapté à la situation de notre pays, apportant moins de changemens à ce qui existe déjà pour rendre les devoirs des jurés plus faciles, et leur donner plus d'importance et plus de fréquence.

Si l'on peut dire avec confiance que toutes les matières criminelles doivent être du ressort du jury, je ne crois pas que l'on puisse aussi hardiment prononcer sur le genre et le degré d'intervention à lui donner dans les affaires civiles. C'est une question délicate et embrouillée, que j'avoue que je ne serois pas en état de traiter même de la manière la plus succincte. En France elle n'a jamais même été mise sur le tapis : elle fut repoussée, aussitôt que proposée, par cette foule de gens de robe qui remplissoit l'Assemblée constituante. Cette application du jury a lieu en Angleterre ; mais jusqu'à quel point ? comment agit-elle ? comment s'est-elle peu à peu mêlée et incorporée à cette bizarre jurisprudence qui présente un labyrinthe, on pourroit dire un chaos, tellement impénétrable de coutumes, de traditions, de précédens, de fictions légales, qu'il faut la vie d'un homme pour en approfondir et en posséder seulement quelques parties détachées? Comment accorder cette orgueilleuse prétention d'une justice toute administrée par des jurés, avec l'existence à côté d'eux d'un tribunal devant lequel se portent autant, peut-être plus de procès que devant tout autre, et dont les arrêts sont rendus non-seulement sans leur assistance, mais sur la décision d'un seul juge, le chancelier? d'un tribunal dont, par une singularité encore plus étrange, on appelle à la Chambre des lords, c'est-à-dire, en effet, au chancelier lui-même, ou de Philippe à Philippe mieux informé? Car ceux qui connoissent ce pays savent que c'est lui tout seul qui représente cette Chambre quand elle se constitue en cour d'appel. Tout cela ne seroit aisé ni à découvrir ni à expliquer. Le commentateur des lois anglaises nous dit bien que le jury prononce sur le point de fait, et le juge sur celui de droit. Cet axiome est aussi court qu'aisé à entendre ; mais on ne conçoit pas aussi facilement comment dans une infinité de cas il reçoit son application.

Il y a cependant quelques points, tels que la fixation des amendes pénales, le taux des dommages et intérêts, etc., où l'intervention du jury seroit aussi utile qu'elle seroit simple.

CHAPITRE VIII.

Des administrations locales.

DEPUIS que nous avons obtenu un commencement de liberté, et qu'il nous a été permis de jeter les yeux autour de nous, et du moins de parler de nos affaires, un des premiers objets qui ont dû se présenter à tous les esprits, a été l'état aussi affligeant que singulier auquel se trouvent réduites toutes les administrations locales. Nous pouvons y admirer, de toutes les parties du vaste échafaudage de déceptions élevé par le despotisme impérial, celle qui est la plus complète. C'est dans son genre un chef-d'œuvre de savantes combinaisons, pour faire croire qu'il y a quelque réalité là où il n'y a que de bien légères et bien trompeuses apparences. Dans tout le fastueux appareil d'établissemens dont il s'étoit entouré pour s'agrandir, se décorer et se fortifier, quelque inquiète prévoyance qu'il eût apportée à ne pas leur permettre de rien être par eux-mêmes, quelque chose cependant étoit resté en dépit de toutes ses précautions. Son sénat, son corps législatif, ses cours de justice, celle des comptes , etc. , quelque peu d'autorité réelle qu'il leur eût laissée indépendante de la sienne , avoient du moins encore, selon la lettre des lois, une certaine action, toute modique qu'elle étoit. Le pouvoir municipal seul a joui du privilége d'être entièrement et radicalement aboli. Toute gestion des intérêts communs à plusieurs, toute élection de ceux qui doivent en être chargés , a été jalousement retirée aux citoyens : ils ont été déclarés incapables de diriger tout ce qui sortoit du cercle étroit de leurs affaires privées. Le prince s'est paternellement chargé de ce soin pour eux : partout son activité est venue se mettre à la place de la paresse et de l'incapacité de ses sujets , et son amour pour eux est venu suppléer à leur négligence et à leur insouciance de ce qui les regardoit. Le système d'administration le plus compliqué qui jamais ait été conçu a de toutes parts enveloppé et garrotté la France d'un vaste réseau qui lui ôte l'exercice de ses facultés. Je crois pouvoir avancer, sans crainte de me tromper, qu'il n'y a pas de pays dans lequel on ne rencontre ou quelque rudiment, ou quelque vestige de priviléges locaux. J'ai ouï dire qu'en Russie la pitié des maîtres n'envioit pas aux pauvres serfs le droit d'élire dans chaque village une espèce de chef, pour veiller à la défense de leurs intérêts, quels qu'ils soient, et pour être leur organe auprès du seigneur. En Turquie, les ulémas jouissent de droits très-étendus. Les colléges ou fondations pieuses se gouvernent par elles-mêmes. Dans ces contrées, où ne règnent d'ailleurs que l'anarchie et la force brutale, le pacha peut bien faire couper la tête aux admistrateurs et piller leur caisse ; mais il n'est jamais entré dans la tête d'aucun de ces barbares de leur défendre de faire réparer les vitres de leur mosquée sans qu'il en eût approuvé le devis. Il n'y a pas même jusqu'aux pauvres rajahs, après les nègres de nos colonies peut-être la race la plus maltraitée de l'univers, auxquels la barbarie musulmane n'ait conservé ou accordé quelques franchises. Par une exception aussi extraordinaire que peu honorable, la France, où l'on entend pourtant si souvent et si longuement disserter sur le gouvernement représentatif, nous offre une absence totale et absolue de tout droit de cette nature. Elle a subi la dégradation civique la plus entière. Le choix je ne dirai pas de tout magistrat, mais du dernier huissier, garde-champêtre ou bedeau, lui a été scrupuleusement retiré : elle ne peut recevoir la vie que d'en haut comme de la seule source d'où elle puisse prendre son origine. C'est de là que découle cette autorité unique qui, voulant tout animer, tout mouvoir par elle-même et à son seul gré, fait pénétrer l'arbitraire jusque dans les dernières ramifications capillaires du corps social.

Mais on ne s'est pas contenté de l'abaissement dans lequel sont tombées les communes. La rigueur contre elles a été poussée encore plus loin. Après les avoir privées de tout choix de leurs officiers, de toute influence sur leur conduite, par la plus bizarre des iniquités on les déclare responsables de leurs faits. Lorsque dans les temps anciens les hommes libres, les Francs, exerçoient dans leurs cantons tous les pouvoirs politiques et administratifs ; pendant notre révolution, lorsque des municipalités élues par le peuple étoient autant, ou même plus puissantes, cette loi de la responsabilité solidaire pouvoit être, et étoit en effet, juste ; mais c'est en vérité le comble de l'injustice et de l'absurdité que de rendre nos communes actuelles responsables

d'événemens qui peuvent être, qui sont en effet souvent dus aux fautes d'administrateurs
ou d'officiers de gardes nationales qui leur sont
imposés par l'autorité, et qui, au lieu d'avoir sur
elles assez d'empire pour les engager à se joindre
à eux en cas de besoin, ne servent quelquefois au
contraire qu'à les en éloigner et les en dégoûter.
Le mineur est actionable pour les fautes commises par le tuteur qu'il est forcé de prendre.
Ce dernier trait manquoit à l'histoire de l'oppression des communes. Plusieurs jugemens
coup sur coup prononcés, et répandus avec un
certain étalage de publicité, viennent d'apprendre cette vérité à ceux qui l'ignoroient.
Dans les derniers temps du Bas-Empire, la condition des curiales ou municipaux étoit devenue
si misérable, que l'on y étoit condamné par
sentence judiciaire, comme de nos jours on
est condamné aux travaux forcés ou à la dépor-
tation aux colonies. Cet excès de malheur venoit principalement de la solidarité à laquelle
ils étoient tenus pour l'acquittement des impositions publiques. Le fisc, ne voulant rien perdre,
exigeoit que la somme totale imposée à la curie
rentrât toujours dans ses coffres ; mais au moins
on n'exigeoit pas d'elle, qu'après avoir souffert

elle-même des émeutes occasionnées par l'administration des officiers impériaux, elle fût encore assujettie à rembourser les pertes qui en avoient été les suites.

Il n'étoit pas possible qu'un pareil état de choses ne fît élever les plus vives réclamations dès qu'il leur seroit permis de se faire entendre. Divisés en effet sur presque tous les autres points qui touchent à la politique, les partis se sont jusqu'ici à peu près réunis sur celui-ci. Quel fruit a-t-on retiré de ces plaintes unanimes? A-t-on apporté quelque adoucissement à cette monstrueuse législation? A-t-on fait quelque concession à une demande aussi juste que générale? Loin de se laisser aller à aucune indigne foiblesse de cette nature, loin de laisser reculer l'autorité, les ministres au contraire ont encore accru cette centralisation contre laquelle s'est opéré un soulèvement universel. C'est ainsi que les conseils généraux de département pouvoient disposer pour leurs dépenses locales de quinze centimes. Dix, qui faisoient partie des taxes publiques, étoient mis à leur disposition. Ils avoient, en cas d'insuffisance, la faculté d'en imposer cinq de plus, appelés par cette raison facultatifs; les dix centimes

ont bien été portés à douze : mais d'abord six
leur ont été entièrement retirés ; et puis par un
arrangement mal entendu, qui laisse à la disposition du ministère un énorme fonds commun à
distribuer, les six autres ne sont guère plus
soumis qu'à un vote de forme, les conseils crai-
gnant que les économies qu'ils pourroient faire
là-dessus ne diminuassent d'autant leur lot
dans la somme à partager entre tous. Les allocations qu'ils en font sont d'ailleurs sujettes
à être détournées à la volonté du ministre, ou
de ses commis, qui, pour se créer de la
besogne et pour ne pas laisser éteindre ce droit
par la prescription, ne manquent pas de faire
quelque rognure ou quelque changement. Il ne
reste donc plus vraiment que les cinq derniers
centimes, dit facultatifs, à la libre disposition
des conseils généraux. On avoit même profité
de la confusion qui ne pouvoit manquer d'accompagner les premiers momens de la restauration, pour leur tout enlever pendant quelque
temps. On désireroit, je crois bien, en revenir
là. Après avoir ainsi diminué l'importance du
sujet principal de leurs convocations, de peur
apparemment qu'ils ne s'exprimassent avec une
licence tribunitienne dans leurs discussions

des frais de réparations de leurs chemins vicinaux , ou de ceux des nourrices des enfans
trouvés , il a été , par une ordonnance illégale ,
enjoint aux préfets d'y assister. Par une autre
ordonnance du même genre , on leur a strictement défendu , dans un gouvernement qui ,
nous dit-on, se fonde principalement sur l'opinion publique , de manifester la leur sur quoi
que ce soit par toute espèce d'adresse. Il leur
a été de même interdit de reconnoître par la
moindre récompense , par la moindre marque
honorifique , les services ou la conduite de
leurs concitoyens. Les morts sont rangés dans
la même catégorie que les vivans , quoiqu'il
soit impossible de voir par quelle raison ils
inspireroient la même jalousie. Nous ne pouvons pas ériger un monument à Fénélon ou à
Bayard sans la permission de l'autorité. Il faut
qu'elle soit là pour ratifier notre admiration , et
pour légitimer notre reconnoissance. Elle voudroit paroître inspirer tous nos sentimens comme
diriger toutes nos actions. Ce magnifique héritage d'arbitraire , que leur avoit légué en nous
quittant le plus insolent des despotes, n'a pas
suffi dans son intégrité à nos ministres. Il a
encore fallu qu'il s'accrût pour eux. L'idée

dont ils sont imbus, soit de leur propre importance, soit de la nécessité que tout émane
d'eux, ne pouvoit manquer dans de pareilles
têtes de mener parfois à des résultats assez
ridicules. C'est ainsi, pour n'en donner qu'un
exemple, qu'en établissant, je ne sais sous
quel prétexte, ni à quelle fin, un conseil d'a-
griculture, il a été positivement interdit à ses
correspondans de lui adresser leurs rapports.
Ils doivent être directement envoyés au ministre, qui tremble apparemment que l'on puisse
un instant soupçonner dans les provinces que
ce malheureux conseil existe autrement que
par son souffle.

Il ne faut pas s'étonner si cette jalousie du
pouvoir, ainsi poussée jusqu'à la plus singulière petitesse, a tant d'effet sur de foibles
têtes, puisque les fortes, ou du moins celles
qui passent pour telles dans l'acception vulgaire
du mot, sont loin d'en être exemptes. Comme
tout ce qui ne sait porter ses regards qu'en
bas, il s'en faut que cette jalousie soit clair-
voyante. Il ne seroit pas facile de découvrir un
expédient par lequel l'autorité pût, dans le
moment actuel, acquérir de la popularité à
aussi bon marché, je veux dire en sacrifiant

une aussi petite parcelle de pouvoir réel, que par le rétablissement des priviléges municipaux. Que lui importe après tout de quelle manière une ville se pave, s'éclaire et nettoie ses égoûts? Qui peut le porter à s'en mêler, sinon cette manie maladive inhérente au despotisme de chercher à mettre la main partout? On ne connoît pas de moyen plus assuré, plus légitime, de concilier l'amour général du peuple à la dynastie des Bourbons, qu'en lui montrant que c'est à elle qu'il doit la restitution de ces droits, de ces franchises locales, qui sont en même temps les seuls honneurs auxquels puisse prétendre la carrière nécessairement si bornée du plus grand nombre; que c'est elle qui met enfin un terme aux spoliations et aux vexations sans nombre auxquelles les communes n'ont cessé d'être en butte, depuis qu'elles ont été privées de leurs gardiens naturels; et que si elle ne peut pas réparer le mal passé, elle prévient au moins son renouvellement à l'avenir. On auroit au moins un motif réel, fondé en raison et en justice, de réclamer ou d'exciter la reconnoissance et l'attachement. On ne s'escrimeroit pas dans le vide. On pourroit espérer un tout autre succès que lorsque l'on en est réduit à faire de l'enthousiasme à froid, ou lorsque l'on prétend souffler aux autres des idées dont on est soi-même affranchi. Mais il n'y auroit pas de temps à perdre. Un bienfait ne l'est déjà plus lorsqu'il s'est fait trop long-temps attendre ; lorsqu'il n'a été arraché que par l'importunité d'instances trop long-temps répétées. Que seroit-ce donc si l'on venoit à soupçonner qu'il n'a été accordé avec répugnance, que lorsqu'il ne pouvoit plus être refusé avec sûreté ? On n'auroit plus alors que le ressentiment d'un droit long-temps et injustement retenu. L'affranchissement des communes peut encore être considéré comme une concession gracieuse et volontaire de la royauté, qui pourra rappeler les premiers actes de cette nature qui ont illustré les commencemens de la race régnante. Plus tard, il ne sera plus qu'une conquête de l'esprit de liberté. Le mérite en sera aux patriotes qui l'auront emporté par leur zèle et la persévérance de leurs efforts. Elle n'auroit que la honte d'une résistance inutilement prolongée.

La France avoit conservé jusqu'à sa révolution quelques restes d'administrations locales. Plusieurs provinces, telles que le Languedoc, la Provence, la Bretagne, etc., avoient encore ou leurs états, ou quelque institution qui les remplaçoit. Le pouvoir municipal s'étoit de même conservé en plusieurs lieux. Il étoit en général resté assez intact jusqu'à Louis XIV. Après avoir dû sa naissance en partie à l'assistance que lui donnèrent nos rois, après les avoir servis contre l'aristocratie, bien moins à la suite d'aucune intelligence formelle qui se soit jamais établie entre eux à cet effet, que par sa nature même qui le portoit, à mesure qu'il s'élevoit et qu'il s'enrichissoit, à diminuer la force et à s'opposer à la prépondérance d'un ordre supérieur, il fut à son tour abattu par la royauté, quand celle-ci fut, sous le roi que nous venons de nommer, parvenue à son point culminant. Par ses édits de 1690, 1692 et autres il abolit tous les priviléges des villes, en leur enlevant le droit qu'elles avoient d'élire leurs officiers. Il en créa des charges héréditaires qu'il mit en vente au profit du trésor. Ce ne fut de sa part qu'une mesure purement fiscale. Elle ne paroît avoir eu aucun but politique. Il ne lui entroit pas dans la tête, lui qui voyoit à ses pieds tout ce qu'il y avoit de plus grand dans ses états, de s'abaisser jusqu'à être jaloux des droits de gens aussi obscurs que des échevins ou des marguilliers; il les avoit vu exercer sans inquiétude, comme il les fouloit aux pieds sans scrupule. Quelques années plus tard, ayant les mêmes égards pour les droits vénaux des nouveaux magistrats de sa création, il rendit leurs offices, de perpétuels, alternatifs et triennaux, pour mettre à contribution la vanité de quelques nouvelles dupes. Depuis une série d'édits contradictoires n'a cessé de se succéder sur cette matière. Entre autres les offices vénaux furent supprimés en 1717 et rétablis en 1722. De nouveau abolis en 1724, ils furent de nouveau rétablis en 1733. Enfin par les édits de 1764 et 1765 un nouveau système municipal fut ordonné pour toute la France. Il étoit rempli de sages dispositions et accordoit une grande latitude d'élection. Mais, comme tout ce qui alors étoit bon, il ne put avoir de durée. A peine put-il prendre quelque consistance, ou même être pleinement fondé, que tout cet édifice fut renversé en 1771. Triste sort des nations qui sont condamnées à être le jouet de l'arbitraire! Funeste instabilité qui mène aux bouleversemens et aux révolutions!

Celle qui éclata en effet mit entièrement entre les mains du peuple les élections municipales et départementales. On s'élève beaucoup contre cette partie des travaux de l'assemblée constituante. On ne parle que du danger de transformer nos départemens en autant de petites républiques. On oublie que la plupart des reproches que l'on adresse à ces administrations doivent l'être, bien moins à la nature de ces institutions elles-mêmes, qu'à la confusion, qu'à l'esprit de parti et de vertige qui régnoit alors, et qui leur firent souvent usurper une puissance politique qui ne leur étoit pas accordée par la loi. L'autorité avoit été détruite dans les mains du gouvernement; chacun l'usurpoit et l'exerçoit chez soi. La loi en effet ne chargeoit le pouvoir municipal que de la régie des biens de la commune, que de la décision et de la surveillance des travaux à entreprendre, de celle de ses établissemens publics, de la propreté, de la salubrité, etc. Elle y avoit ajouté la répartition et la perception des contributions directes. Les administrations départementales étoient spécialement chargées au-dessus des communes de toutes les opérations que nécessitoient ces impositions, de l'inspection des hôpitaux et prisons, de l'entretien et construction des édifices publics, routes, canaux, etc. Enfin on leur avoit confié la surveillance de l'éducation et la suppression du vagabondage.

Il est impossible de rien voir dans cette énumération qui excède les justes limites de ce qui peut, non-seulement sans inconvénient, mais même avec de grands avantages, être abandonné aux administrations locales. On n'aperçoit aucune raison pour empêcher les habitans d'une ville ou d'un canton de choisir entre eux des délégués auxquels soit remis le soin de veiller à ses intérêts, à la gestion de ses biens s'il en a, à la conservation des choses communes à tous, telles que les bâtimens et toutes sortes d'ouvrages publics; tandis qu'on peut en donner cent pour en prouver la nécessité et les bons résultats; tandis qu'il est impossible de démontrer pourquoi il faut absolument que l'administration de tout cela soit remise à des agens nommés par le gouvernement, pas plus que l'on ne pourroit démontrer que celle de nos affaires privées doive être transférée à des prud-hommes que, dans sa sagesse, un ministre regarderoit comme les plus dignes et les plus capables d'une pareille commission : à moins qu'on ne veuille donner le même motif que donna naïvement Bonaparte, en prohibant la publication d'un livre dans lequel un auteur estimable donnoit des plans d'utilité et d'embellissemens pour

Paris, qu'il falloit que toute idée de cette espèce
parût ne venir que de lui seul; à moins qu'on
ne veuille nous persuader que dans tous les
actes de la vie nous devons être prêts à remercier
cette omniprésence qui nous procure tout ce que
nous éprouvons de bien, et qu'avec un singulier
orateur nous ne devions partager les extases du
pauvre voyageur qui use ses souliers sur *le pavé
du Roi.* Combien peu sont applicables ces singulières prétentions ! Combien au contraire n'é-
cartent-elles pas du but où l'on voudroit parvenir ! On sait en effet tous les bienfaits que
valent aux communes les agens auxquels elles
sont livrées. Ce ne peut être qu'au gouvernement qu'elles rapportent la plupart des injustices
que leur fait souffrir la législation sous laquelle
elles gémissent, et qu'il défend avec tant d'opiniâtreté. C'est bien plus le mal qu'elles endurent
que le bien qu'elles sont si loin de trouver dans
l'état actuel, qu'elles sont disposées à mettre à
sa charge. On pourroit blâmer l'assemblée
constituante d'avoir remis aux administrations
tout le recouvrement des impôts : je suis loin de
penser qu'elles doivent nécessairement en être
chargées; mais plutôt dans leur propre intérêt
que dans celui du pouvoir, qui pourroit trouver

en elles le moyen le plus sûr comme le moins
dispendieux de recouvrement. Elles avoient en
outre le droit de requérir la force armée; ce
qui paroît aussi juste que nécessaire pour les
soutenir dans les cas d'opposition ou d'émeute,
et leur permettre alors l'exercice de fonctions
qui peuvent devenir aussi dangereuses que pénibles. D'ailleurs y a-t-il un autre pouvoir auquel
puisse être confié avec moins d'inconvénient,
avec moins de péril pour la sûreté publique, le
droit terrible de mettre cette force en mouvement?

Ces droits, loin d'être exorbitans, n'égalent
pas ceux que possédoient les premières communes que l'on cite si souvent, droits que
nous sommes loin de déclarer. Ils sont ceux
dont jouissent plus ou moins les pays où le système municipal s'est conservé à l'abri protecteur d'une constitution libre. Nous n'en sommes pas même réduits à aller emprunter nos
exemples à des peuples étrangers, que l'on ac-
cuseroit d'avoir introduit chez eux un régime
peu monarchique. L'ancienne France, telle que
nous l'avoit léguée Louis XIV, après y avoir
poussé ce régime à un degré approchant bien
près de la perfection, nous suffiroit. Entre tous

les exemples que l'on peut y trouver, qu'il me
soit permis de citer la Provence. Ses états lui
avoient racheté et sauvé ses priviléges communaux quand ils furent honteusement mis à l'en-
can dans tout le royaume. Les communes re-
présentées par leurs conseils de ville avoient
l'élection directe et définitive de leurs officiers.
C'est avec la même indépendance qu'elles administroient leurs revenus et leurs établissemens publics, et qu'elles avoient la faculté de
s'imposer les sommes nécessaires à cet effet.
L'attache de l'intendant n'étoit, je crois, requise que pour des emprunts extraordinaires.
Toutes les contestations relatives à l'assiette ou
à l'emploi des impositions, entre elles et quel-
quelques-uns de leurs membres, étoient portées à la Chambre des comptes qui en décidoit. Avec l'autorisation du parlement, elles
pouvoient convoquer leur assemblée générale
ou celle de tous les chefs de famille. On voit
qu'elles n'étoient pas subordonnées à la direction
arbitraire et variable de l'administration. Elles
étoient à peu près affranchies des volontés de
l'intendant. Dans leurs différends, elles avoient
pour juge un tribunal légal et indépendant, se
réglant sur une jurisprudence connue et fondée

sur ses arrêts précédens. Il y a loin de là aux sollicitations auprès d'un commis ou dans les bureaux d'une préfecture, seul recours qui soit maintenant ouvert à celles que l'on pourroit, à si juste titre, appeler nos pauvres communes. Cela ne ressemble pas même à leur tribunal en dernière instance, à ce conseil d'état dont je ne me flatte pas que nous soyons prêts à voir abolir, rétrécir ou du moins régler la juridiction inconstitutionnelle. Il y a plus. Ce qui pourra paroître inouï et monstrueux à bien des personnes, accoutumés que nous sommes à l'uniformité et à la centralisation, chaque commune acquittoit, comme elle l'entendoit, sa part des taxes publiques que la province lui assignoit. Elles se servoient pour cela, selon qu'il leur paroissoit plus avantageux, ou en conformité à d'anciens usages, les unes de la taille, les autres d'un droit d'entrée, quelques-unes même de la dîme, etc., ou bien des ressources particulières que chacune pouvoit posséder. L'essentiel étoit la faculté ainsi laissée à chacune d'acquitter sa quote-part de l'impôt, selon la manière qui lui étoit la moins onéreuse. La variété des moyens n'étoit qu'une facilité additionnelle. Un trésorier nommé par la commune

correspondoit avec le trésorier-général de la
province, et lui versoit ses recouvremens. C'est
là peut-être, on pourroit hardiment dire sûre-
rement, le meilleur système de lever l'impôt
qui ait encore été essayé. Il est le plus simple,
celui qui le fait rentrer avec les conditions les
plus supportables, et à moins de frais pour le
contribuable. Cet excellent régime étoit le reste
d'un temps où il étoit permis au gros bon sens
des hommes de s'occuper de leurs affaires, et
de les régler par eux-mêmes. Il n'étoit, certes,
pas le fruit de ces têtes qui, mûries dans un
bureau ou dans une antichambre, ont, en com-
misération de notre foiblesse, rédigé, pour nous
diriger jusque dans les détails de la vie privée,
tant d'édits, d'ordonnances ou de décrets absurdes. Veut-on avoir quelque idée de ses effets? Je dirai que le village où je suis né, et
qui comptoit à peine trois mille habitans, avoit,
dans le courant de peu d'années avant la révolution, bâti avec ses seules ressources une
belle église, un grand moulin à eau, des fon-
taines, etc., fait, en un mot, pour plus de
200,000 livres de dépenses, tant pour s'embellir que pour se procurer des choses nécessaires. Que l'on compare cela avec ce que font

nos villes interdites et placées sous la tutelle
des préfets et des sous-préfets. Prétendra-t-on
que la Provence, parce qu'elle jouissoit de priviléges municipaux aussi étendus, se fût trans-
formée en confédération de républiques?
qu'elle fût moins qu'une autre soumise au gouvernement? que les idées monarchiques y fussent moins en honneur qu'ailleurs, parce que
l'on pouvoit y élire un consul de village, ou
creuser un puits communal, sans que le roi eût
conféré un nouveau prix à ces opérations, en
daignant les approuver, et sans qu'il acquît
de nouveaux titres au dévouement de ses sujets
en en accordant gracieusement la permission?
Ne seroit-il pas, au contraire, bien plus vrai-
semblable, bien plus raisonnable de soutenir
que si cette province se distingue par un attachement plus prononcé que plusieurs autres
pour les Bourbons, ce sentiment est dû au
souvenir des prérogatives qui jadis étoient son
patrimoine sous les auspices de leur auguste
famille, prérogatives d'autant plus appréciables
qu'elles flattent ou contentent la vanité ou l'activité d'un bien plus grand nombre, et qu'elles
touchent à des intérêts de tous les lieux et de
tous les jours?

Le premier et principal avantage des administrations locales est sans doute la plus grande
somme de prospérité publique qui en résulte.
Chacun, dans son propre intérêt et comme
devant lui-même y participer, cherche à procurer aux lieux qu'il est destiné à habiter tout
ce qui peut leur être utile, tout ce qui peut en
rendre le séjour ou plus commode ou plus
agréable. Il contracte même souvent pour eux
un attachement capable de contrebalancer et
de faire taire en quelques occasions l'intérêt purement personnel. Faisant de ce qui les regarde
un objet assez habituel de ses pensées, et y
résidant, il sait mieux que tout autre, et ce
qui leur convient, et les moyens de l'obtenir.
Il peut trouver des ressources et des secours que
ne connoît pas, et ne peut pas connoître, celui
qui est toujours resté éloigné. En les supposant
animés d'intentions également bonnes, peut-on
espérer autant d'un étranger, dont l'attention est
divisée et répartie entre une multitude de points
et d'objets, que de ceux qui n'ont à s'embarrasser que d'un petit nombre d'affaires, n'ayant de
relation qu'au même lieu, et dont le succès doit
leur profiter à eux-mêmes ? On sait toute la
force de l'aiguillon de l'intérêt particulier. L'in-

térêt du lieu que nous habitons et celui des hommes avec lesquels nous vivons, avec lesquels nous sommes liés par des rapports d'habitude, de familiarité ou d'amitié, le suit au second rang. Mais pour que cette disposition parvienne à recevoir tout son développement, il faut pouvoir faire librement tout ce que l'on désire faire. Si un homme étoit astreint à demander la permission d'une autorité supérieure pour mettre son champ en blé ou en trèfle, et chaque fois qu'il voudroit disposer de son revenu de telle ou de telle manière, il cesseroit bientôt de cultiver ou de s'occuper de ses affaires avec la même suite. La nécessité l'y contraindroit bien; mais le découragement étoufferoit son ardeur et lui feroit tomber les bras. Il en sera de même pour ce qui regarde les affaires communes. Il y a au fond du cœur humain un germe généreux, un amour inné d'indépendance que rien ne peut abolir ou totalement effacer, qui souvent, à notre insu, agit et s'irrite contre tout ce qui veut s'y opposer. L'on ne sait se complaire que dans ce que l'on ordonne et dirige de son plein gré, et il suffit qu'il nous faille subir l'humiliation d'obtenir la permission de faire notre bien pour souvent nous en détourner. Que sera-ce donc lorsque, comme dans notre régime actuel, au désagrément toujours plus ou moins sensible de solliciter cette permission, il faudra joindre le dégoût d'attendre des années avant qu'elle soit sortie de cette interminable filière d'agens et de bureaux à travers laquelle doit passer la plus chétive demande ? Un vaisseau (et je parle à la lettre) feroit le tour du monde en moins de temps qu'il ne nous en faut souvent pour obtenir de pouvoir réparer avec notre argent le presbytère ou la maison commune. Sans cette indépendance dans la gestion de nos intérêts, il est inutile de se flatter de l'espoir de voir jamais naître, ou au moins jamais s'étendre et devenir général, ce patriotisme local, qui n'en est que plus méritoire, parce qu'il fait moins de bruit, et qui contribue plus essentiellement au solide bonheur des Etats, que tant de mesures éclatantes, que tant de vices splendides, qui excitent bien une admiration passagère, mais que l'on est toujours trop heureux de ne voir se résoudre qu'en fumée. Ce n'est que lorsqu'on pourra s'en mêler sans avoir recours à qui que ce soit, que vous aurez des gens qui, sérieusement, s'occuperont de faire

le bien de leur village. N'attendez pas cette allure de ceux qui, à chaque pas qu'ils tentent,
sont obligés de porter un préfet ou un sous-préfet sur les épaules. Cette nécessité de sans cesse
s'adresser à l'autorité pour le moindre de nos
besoins, fait à la longue contracter cette mollesse, cette paresse qui empêche de s'aider
soi-même. L'habitude et l'inaptitude qui vient
à sa suite, finissent par faire penser qu'il est
assez doux de laisser à un autre le soin d'agir
pour nous; semblable à celui qui seroit constamment tenu à la lisière, et qui ne concevroit
pas même l'envie de marcher tout seul. Sur-
vient-il quelque cas imprévu? Doit-on appeler
du secours? On commence toujours par tourner les yeux vers l'autorité; et alors celle-ci, si
jalouse dans le train ordinaire du moindre mouvement qu'elle n'a pas ordonné elle-même, se
trouvant dans l'embarras, n'a d'autre ressource
que d'exhorter froidement à se tirer soi-même
d'affaire, ou, faute de mieux, à savoir se résigner. Quand on sentira que son bien-être est
en raison de ses propres efforts, que la réussite
des entreprises utiles ne dépend que de soi ou
d'une libre association de forces, c'est alors que
l'on mettra la main à l'ouvrage.

Il s'en faut de beaucoup que tout ceci ne soit
que de la théorie : ce n'est autre chose que le
résultat de l'expérience, confirmé par ce qui a
lieu dans tous les pays qui ont le droit de pouvoir s'occuper par eux-mêmes de leurs intérêts.
C'est une observation qui a été ou qui a pu être
faite par tous ceux qui les ont visités avec la
moindre attention. Je ne parle pas seulement
des petits états. On pourroit prétendre que leur
bonne tenue est due à leur peu d'étendue, à
la surveillance plus active que peuvent y exercer
les magistrats, de même qu'une petite propriété
est généralement mieux soignée qu'une grande.
Seule parmi les grands états européens, l'Angleterre jouit de l'heureuse prérogative de ne
point avoir d'administration. Son parlement y
a toujours maintenu cette précieuse indépendance locale, ou particulière, que l'esprit dominant du moyen âge avoit rendue générale en Europe. Aussi est-ce sans comparaison celui qui
est le mieux administré, celui qui fournit des
modèles aux autres dans tous les genres d'établissemens qui contribuent à la prospérité publique. Ceux d'éducation et de charité, ceux
pour la propagation des doctrines religieuses
ou de l'enseignement populaire, etc., etc., y

surpassent à un degré presque incroyable ce que l'on voit ailleurs, tant par leur nombre et par leurs richesses, que par l'indépendance de leurs statuts, et l'efficacité de leur action. Le pays où un corps de ponts-et-chaussées est inconnu, est précisément celui qui de tous est le mieux percé de routes et de canaux, celui où les uns et les autres sont le mieux entretenus. Le pays qui ne s'est jamais occupé d'élever des ingénieurs civils ou hydrauliques, est celui où se sont exécutés les plus magnifiques, les plus surprenans travaux de ce genre ; où la mécanique appliquée a été poussée à un point qu'ont peine à imaginer ceux qui n'en ont pas été les témoins. Le pays où jusqu'à ces dernières années on ne s'étoit pas encore avisé de former des ingénieurs-constructeurs, est celui qui couvre la mer de ses vaisseaux, qui en a conquis la souveraineté, qui y maintient partout garnison, et qui au moyen de sa marine a fondé dans un hémisphère, et soumis dans un autre, deux empires, chacun plus grand que lui-même. Que ceux qui ont visité Paris et Londres veuillent bien considérer la différence qui règne entre ces deux villes. Dans l'une de simples bourgeois, des aldermen ou des officiers de paroisse, élus par leurs concitoyens, n'ont cru avoir rien de mieux à faire que de s'occuper de l'utilité et de la commodité de ceux-ci. Ces bonnes gens, allant la plupart eux-mêmes à pied, ont mis un très-grand prix à la beauté et à la propreté des rues, à la distribution des eaux et des égouts, à l'éclairage, etc., etc. Si ces objets entrent dans l'idée que l'on doit se faire de la police d'une ville, nul doute qu'il n'y en ait pas qui puisse être mise à côté de celle de Londres. Dans l'autre au contraire subordonnée à des magistrats imposés par la cour, ces agens ne jugeoient digne d'eux que l'exercice d'une police toute de délation et d'espionnage, poussée à un degré de perfection qui lui a valu la plus ignominieuse célébrité; ou bien l'érection de quelque édifice fastueux qui pût satisfaire leur vanité, ou celle de ceux qui les employoient. Mais tout le reste, tout ce qui n'avoit rapport qu'à la commodité ou aux avantages de la masse des habitans, étoit je ne dirai pas entièrement négligé, mais certainement dans un grand état d'infériorité à ce qui se voit chez sa rivale. Sous ce point de vue Paris, depuis la révolution, a fait des progrès. Mais elle est loin d'égaler Londres, et elle ne l'égalera que lorsqu'on voudra bien la juger digne d'administrer aussi par elle-même ses propres affaires.

Je ne nierai pas que, pour combattre ou dénigrer cette indépendance des communes que l'on réclame, il ne soit possible de citer des exemples d'abus ou de malversations. L'Angleterre elle-même est occupée en ce moment à découvrir et à mettre au jour ceux qui existent dans ses fondations charitables. Je ne vais pas jusqu'à dire que parce qu'un officier municipal est électif, il doive nécessairement être intègre, dévoué, et orné de toutes les vertus patriotiques. Les électeurs pourront sans doute être induits en erreur et faire de mauvais choix. Ils pourront être égarés par l'esprit de parti, séduits, quelquefois même corrompus. De la part des élus on pourra avoir à se plaindre de négligences et de dilapidations. Les uns comme les autres seront sujets à toutes les infirmités humaines. Quand il s'agit de décider de la bonté et de l'utilité d'une grande institution politique, il faut en juger non d'après quelques faits isolés, triés et péniblement ramassés çà et là, mais d'après la somme de ses résultats et d'après sa tendance générale. Or on peut en appeler en toute confiance à l'observation de

l'état des choses dans les pays que régissent res-
-pectivement ces deux systèmes, pour savoir
quels sont ceux qui ont le plus à se plaindre des
abus. Nous avons vu, et nous voyons encore
notre gouvernement se charger de la tutelle de
toutes nos communes. Quel fruit leur en est-il
résulté? Une oppression systématique, une spo-
liation régulière et générale. Que sont devenus
tous les dépôts que Bonaparte les forçoit de
verser dans ses caisses? Il avoit affecté une partie de leurs biens aux embellissemens dont il
décoroit sa capitale, ou à toute autre entreprise
qui lui passoit par la tête. Je trouve dans les
derniers cahiers des conseils généraux que les
vacations des agens des eaux et forêts, qui sur-
veillent avec tant de zèle ces bois que les communes seroient si incapables de faire garder
elles-mêmes, égalent et quelquefois même surpassent la valeur du bois délivré. Personne n'i-
gnore ce qu'en coûte, à celles qui ont quelques
travaux à exécuter, la nécessité que tout se fasse
par les mains de l'administration. Qui ne peut
apporter en preuve, de tous les points de la
France, des exemples des plus singulières vexations ou injustices? Je pourrois, s'il entroit
dans mon dessein de descendre dans ces détails,

citer un pauvre village à qui il a fallu plus de
six ans de démarches pour obtenir la rare faveur de se bâtir un pont à ses frais, et qui, s'é-
tant vu enlever pendant cet intervalle plus des
trois quarts des fonds qu'il avoit faits (15500 fr.
sur 20000 fr.), n'a plus eu de quoi le payer une
fois qu'il a été construit. Dans ce système, le
mal est général et inhérent. Il va toujours son
train en dépit des bonnes intentions des administrateurs intègres et éclairés qui en font partie.
Dans l'autre, au contraire, il n'est qu'acciden-
tel, et tient à l'indignité des individus. Dans
l'un il n'y a pas de remède, dans l'autre il est
facile. Singulière tutelle, puisque l'on fait tant
d'efforts pour introduire dans le droit politique
cette forme du droit civil, singulière tutelle, que
celle où le pupille ne doit jamais sortir de sa
minorité, ne doit jamais avoir la faculté de demander à son tuteur compte de sa gestion. Singulière tutelle, en vérité ! et qui ne manquera
jamais de ressembler à celle de Saturne qui
avaloit ses enfans.

Un autre inconvénient essentiel de ce malheureux système est de réduire à avoir recours
à la déception, et d'habituer à la fabrication de
comptes ou de pièces controuvées, afin de se

procurer la facilité de pourvoir sur-le-champ
à des dépenses urgentes, ou telles que l'on
craint ne devoir pas être approuvées par l'autorité ; ou bien simplement afin d'avoir la satisfaction de faire quelque pas sans qu'elle en ait
connoissance, d'exécuter quelque chose qui ne
soit soumis ni à sa ratification, ni à son inspection. On sait avec quel soin on cherche à
dérober à cet effet quelque petite somme, quelque mince source de revenu, à son œil toujours
ouvert. On sait quelles espèces d'états sont
quelquefois présentés, quelle connivence s'é-
tablit entre tous les partis malgré la répugnance
qu'éprouvent naturellement pour ces manéges
les honnêtes gens. Rien n'est plus à déplorer
que de voir les citoyens obligés de s'abaisser
à de pareils subterfuges pour faire un peu de
bien public. Le but auquel tendent ces trom-
peries peut les rendre excusables. Mais elles
n'en portent pas moins de graves atteintes
à la morale publique, et ne donnent pas moins
lieu aux plus dangereux abus. Si elles attestent
l'existence de l'oppression, elles portent en
même temps témoignage de ses tristes conséquences. Une loi que personne ne se fait un
scrupule, que presque tout le monde se fait au

contraire un devoir de violer, ou d'éluder, par
cela seul, demande à grands cris à être abro-
gée; et les fraudes que la nôtre traîne nécessairement à sa suite doivent être un des principaux motifs pour en désirer et en hâter le
renversement.

Aux avantages déjà énoncés en faveur des
administrations locales, nous en ajouterons
un nouveau. Une voie est ainsi ouverte aux
citoyens de se créer des occupations utiles pour
les autres, et honorables pour eux-mêmes.
L'expérience journalière nous démontre qu'il
n'y a que bien peu d'esprits pour lesquels le
fardeau de leurs propres loisirs ne soit pas trop
pesant. L'homme doit s'occuper et donner
pâture à ce besoin plus ou moins prononcé
d'activité que lui inspire l'état de civilisation.
Il n'y en a que bien peu qui puissent trouver
cette ressource en eux-mêmes, dans la méditation, ou dans la poursuite de quelque étude
favorite. Il faut donc la leur chercher au
dehors. De là cette phrase que l'on entend
dans toutes les bouches : il faut qu'un homme
fasse quelque chose; par où l'on entend, il faut
qu'il suive quelque carrière. Mais elles sont
bornées, et toutes les carrières ne conviennent

pas à tous les âges et à toutes les conditions.
On est trop heureux de pouvoir en présenter
une qui emploie un aussi grand nombre de personnes, que celui que nécessite l'administration des intérêts locaux de toute espèce, à cette
classe qui, dans un état bien ordonné, doit être
la plus précieuse de toutes, à cette classe qu'une
fortune aisée met dans l'indépendance des salaires des places ou de l'exercice des profession lucratives, et qui reçoit en général l'éducation que comporte cette fortune. Ceux qui la
composent verront avec plaisir mis à leur portée un moyen de remplir ce temps qu'ils ne sont
que trop souvent réduits à consumer en futiles
délassemens. Ils seront arrachés à l'afféterie de
cette vie de salons et de cotteries qui a été chez
nous la cause de tant de mal. Ils apprendront
qu'il est au moins aussi digne d'un homme de
s'occuper du bien et des affaires de son pays,
que de s'adonner exclusivement à acquérir ou
à conserver le bon ton et les belles manières.
Ils prendront d'autant plus de goût à ces fonctions, que non-seulement elles les meneront à
contribuer au bien général de l'État, mais encore et plus particulièrement à celui de la
ville ou du district où ils résident, des per-

sonnes avec lesquelles ils vivent habituellement.
Par là ils pourront parvenir à la plus légitime
des influences, celle qui se fonde sur le mérite
éprouvé et sur les services rendus. Par là pourroit s'établir quelque patronnage, se jeter quelque fondement de cette dépendance, de cette
hiérarchie sociale que l'on cherche à créer par
d'autres moyens bien peu propres à échafau-
der un pareil édifice. Ceux qui parlent d'aristocratie devroient s'efforcer de bâtir le seul que
puisse porter notre sol, et par-dessus toutes
choses, à jamais abjurer celle de l'œil-de-bœuf.

Mais pour que les citoyens de cette classe se
livrent avec empressement à ces fonctions, pour
qu'ils les suivent avec assiduité, pour qu'ils se
fassent un honneur de les remplir gratuitement,
et pour ne pas être peut-être forcés à en rendre
l'exercice coercitivement obligatoire, il est
indispensable de les investir d'indépendance et
de considération. Il faut que ceux qui y con-
sacrent leur temps et leur peine, que ceux qui
se trouvent placés dans une condition sociale
élevée, ne soient pas, par une choquante contradiction, exposés à être les subordonnés du
dernier membre de notre nombreuse hiérarchie
administrative. On ne réussira pas à les engager

à se résigner pour toujours à jouer passivement le rôle d'instrument dans les mains de l'autorité, et, dépouillés de toute importance réelle, à ne servir qu'à tenir une place dans la plus apparente des déceptions et qu'à l'accréditer. Plutarque se moquoit avec raison de ceux de ses compatriotes qui, dans l'état d'abaissement où étoient tombées de son temps les cités grecques, se mêloient de leurs affaires, dans l'idée soit de faire leur bien, soit plutôt de se donner à eux-mêmes quelque relief. Singulière importance, leur disoit-il, que celle qui dépend du bon plaisir d'un proconsul !... « Il est plus expé-» dient aux hommes sains en cette imbécillité » vivre en paix et en goûter les fruits. La for-» tune n'a laissé aucun grand et digne prix à » leurs efforts... » Je sais bien que ce philosophe adresse ses réflexions à des villes qui avoient perdu la souveraineté politique, et qu'il n'est ici question que du pouvoir local ou communal. Mais, tout en faisant cette différence, une grande partie de ce passage ne nous en est pas moins applicable, et il explique ma pensée. Je doute que si ces fonctions continuent encore long-temps à être réduites à un aussi petit pied, on trouve facilement des gens, tels du moins qu'il faudroit souhaiter en avoir, qui consentent à s'en charger. Ce que je dis de l'administration des départemens et des communes doit s'entendre aussi de celle de tous les établissemens de charité ou d'utilité publique, tels qu'hospices, etc. Chacune doit avoir ses règles pour l'admission ou pour l'élection de ses membres, pour la conduite de la chose qui lui est confiée, et puis ne doit plus dépendre que des tribunaux, qui devront la punir d'avoir enfreint ses réglemens, et la forcer à s'y conformer. Il faut autant que possible tout ramener sous la main de la justice, qui a des moyens d'indépendance, qui procède à la face du public, et par des règles à peu près fixes, qu'il est libre de connoître à quiconque veut s'en donner la peine.

Il y a plusieurs raisons à donner pour que toutes les places de cette nature soient électives; pour que telle soit la règle, et que celles qui ne le seront pas ne soient que l'exception due à des circonstances particulières. D'abord il est juste que chacun ait le droit de concourir à la nomination de ceux qui sont chargés de gérer les intérêts de la communauté dont il fait lui-même partie. Quand il est question du gouvernement suprême de l'Etat, des raisons qu'il est inutile de rapporter ici ne permettent pas d'avoir recours à ce principe. Mais dans celui d'intérêts purement locaux, rien n'empêche qu'il ne reçoive toute son application. Ceux qui choisiront sauront beaucoup mieux que qui que ce soit qui il leur convient de placer à la tête de leurs affaires. Celui qui sera choisi les administrera de son côté probablement dans le sens qui leur convient, parce qu'il n'a été porté à son poste que dans cet espoir, et parce qu'il en manifestoit l'intention. S'il venoit à ne pas tenir les promesses qu'il avoit faites, ou à ne pas réaliser les espérances qu'il avoit excitées, son exclusion à la première élection serviroit d'avertissement à ceux qui lui succéderoient. La masse seroit ainsi sûre à la longue d'obtenir ce qu'elle désireroit, et dans les plus petites localités finiroit par avoir lieu, ce que, parlant de la chose générale, nous avons dit devoir être le résultat du système représentatif bien entendu; l'administration marcheroit dans le sens que lui indiqueroit l'opinion prévalante ou la majorité. Celui qui aura réuni les suffrages de ses concitoyens, ayant nécessairement une certaine influence, agira sur eux à son tour. Il en sera plus facilement obéi ou suivi, et pourra avec moins de

peine les faire revenir de quelque fausse prévention ou de quelque entraînement passager,
que cette classe de fonctionnaires dont on ne
croit jamais les conseils désintéressés, et dont les
exhortations ne sont jamais écoutées qu'avec
défiance. Il sera une espèce de chef naturel qui
devra son pouvoir autant, souvent plus, à la
considération personnelle dont il jouit qu'aux
insignes ou à l'autorité dont il est revêtu par la
lettre de la loi. De l'administré à l'administrateur
s'établira, du moins plus fréquemment que dans
tout autre ordre de combinaisons politiques, ce
lien de subordination volontaire qui est le moyen
le plus sûr de maintenir la paix et le bonheur
parmi les hommes là où il peut s'établir.

Une autre considération, qui ne peut, je crois,
manquer de singulièrement frapper quiconque
voudra y prêter attention, quiconque saura s'é-
lever au-dessus des suggestions intéressées de
l'égoïsme ou de l'esprit de parti, vient encore
à l'appui des magistratures électives. L'état de
la France, si l'on pouvoit craindre qu'il restât
long-temps sans recevoir quelque amélioration,
est sous un certain rapport pénible à voir, j'ajou-
terai même, inquiétant. Au-delà du mérite ou
du caractère personnel rien n'y existe par soi-

même. Nul, s'il est réduit à ses propres forces, ne peut tirer d'aucune autre source sa dignité ou sa considération. Aux yeux du philosophe, me dira-t-on, il n'y en a pas d'autre. C'est la plus noble et la plus élevée. Soit ; je suis loin de nier cette vérité. Mais ici j'envisage les choses sous un point de vue différent. Je suis singulièrement frappé et douloureusement affecté de voir que l'autorité suprême ait tout envahi, et que, pour me servir d'une expression qu'elle aime elle-même à employer, elle ait centralisé la concession et la répartition de tous les honneurs, de tous les emplois, à un degré d'exclusion despotique et de jalousie puérile dont nous nous sommes déjà plaints, et dont aucun pays n'offre l'exemple. Dans l'ancienne France, dans toutes les monarchies de l'Europe, il existoit des ordres qui jouissoient de quelques débris d'indépendance. Nous avions une noblesse qui étoit une espèce de magistrature héréditaire. Si ce qui lui restoit de droits étoit peu de chose, elle avoit du moins l'avantage de les tirer d'elle-même. Nous avions de grands corps de magistrature qui avoient en quelque sorte rendu leurs charges héréditaires. Le naufrage de toutes les libertés, provinciales ou municipales, n'avoit pas été si complet qu'il n'en fût échappé quelques places encore restées électives. Il en résultoit que certaines parties de la nation avoient une certaine mesure d'existence à elles, une dignité quelconque qu'elles n'empruntoient pas d'ailleurs. C'étoient ces forces qui, tout imparfaites qu'elles étoient, mettoient quelque frein au pouvoir absolu, qui le déguisoient, qui le tempéroient et n'avoient pas permis qu'il dégénérât en pur despotisme. L'esprit ombrageux de la liberté a jalousement aboli toute corporation ou prérogative héréditaire. Celui du pouvoir usurpateur qui l'a suivi a dépouillé le peuple de tous les droits qu'il avoit gagnés d'élire ses fonctionnaires, et se les est exclusivement appropriés. A eux deux, dans toute l'énergie d'une expression souvent répétée, ils ont fait de la France une table rase. Ce dernier y étoit resté sans partage le dispensateur de toute puissance, de toute grâce. Il s'étoit constitué le grand électeur du royaume. Il étoit la seule source de tout honneur, de toute dignité. L'indépendance, ou plutôt l'existence de l'homme politique, du citoyen, avoit complétement disparu. Il n'étoit plus resté possible que celle de l'homme privé. Encore quelles rudes atteintes n'a-t-elle pas

éprouvées!' Le pouvoir est devenu la grande âme
de la philosophie. Incapable d'avoir une vie
propre, chaque élément du corps social ne
pouvoit être animé que par quelque étincelle qui
jaillissoit du réservoir unique pour y retourner.
La nation a été réduite à n'être que la matière
brute et inorganique. Si quelques fragmens y
étoient doués de mouvement, ils ne le devoient
qu'à l'influence des rayons que laissoit tomber
sur eux le soleil du pouvoir. L'institution des
deux Chambres législatives est, je le sais et j'en
conviens, une heureuse déviation du système du
buonapartisme pur. Mais si l'exception devoit se
borner à elles, et si elles-mêmes ne devoient
jamais prendre un autre essor que celui qu'elles
ont pris jusqu'à présent, il faudroit avouer aussi
que nous n'en serions guère plus avancés. Le
principe a d'ailleurs été conservé religieusement
intact dans toutes ses autres dérivations. Quel
est ce principe? précisément celui sur lequel
est fondée la plénitude du despotisme oriental.
A quoi aboutiroit-il s'il n'étoit modifié, et s'il
étoit possible que sa funeste action continuât son
cours? ou à la dégradation de la nation, s'il pré-
valoit; ou bien, ce qui seroit plus probable, à
quelques nouveaux changemens que ne pour-

roit manquer d'amener l'opiniâtreté à persévérer
dans un système si diamétralement opposé à
l'esprit qui s'élève de toutes parts, et aux sentimens qu'il fait naître. Où en trouvera-t-on le
remède? Ce ne peut être dans le rétablissement d'ordres et de priviléges. Non que je les
croie incompatibles avec une liberté bien réglée;
mais bien avec l'état et les idées actuelles de la
France, et cette seule considération gouverne et
décide toute la question. On ne pourra donc le
trouver que dans le droit d'élection conféré au
peuple dans la plus grande latitude possible. Là
où il n'existe aucune classe privilégiée, aucune
espèce de fonctions attachées à la naissance, il
est certain qu'elles doivent toutes être à la nomination soit du prince, soit du peuple, ou de
quelque fraction du peuple. Les laisser entièrement toutes dans les mains du premier, ce sera
lui donner une autorité et des moyens d'influence et de séduction que rien ne pourra à la
longue contrebalancer, s'il peut les garder. Il
n'est pas inutile peut-être d'avertir, de peur que
l'on ne m'impute des idées de démocratie exagérée que je suis bien loin d'avoir, qu'ici le mot
peuple ne doit s'entendre que sous certaines
restrictions. Il ne s'agit pas de l'universalité de

ceux qui habitent et vivent sur le sol, mais seulement de cette partie à laquelle seroient confiés, dans leurs divers degrés, les pouvoirs électoraux, qui bien et largement choisie doit en effet représenter le corps de la nation, et peut par une fiction politique très-permise en porter même le nom. C'est en lui remettant ces importans pouvoirs que nous échapperons au danger de tomber dans l'abaissement de ne pouvoir plus rien être par nous-mêmes, de n'avoir rien à attendre que de cette autorité suprême qui a tout absorbé, ni guère d'autre moyen d'y prétendre que la dépendance, la flatterie et la servilité.

Les mêmes motifs doivent aussi nous faire abolir toutes les restrictions inconstitutionnelles qui s'opposent à ce que, pour un but quelconque, l'on puisse se former en associations ou corporations libres, ou qui y apportent de graves obstacles. Je ne puis m'empêcher de penser que dans ce moment le public n'a peut-être pas là-dessus des idées bien justes. Les préventions contre toute espèce de corporation passent les bornes. Leur nom seul fait peur. Ce n'est plus en elle-même que s'examine la question : elle se complique pour la plupart de souvenirs et de craintes au milieu desquels le fond disparoît. On ne s'occupe pas du système de corporation en général, de ses avantages ou de ses défauts. L'attention ou la mémoire se porte tout de suite sur telle corporation spéciale que l'on n'aime pas et que l'on craint de voir reparoître : elles portent toutes la peine de l'impopularité d'un petit nombre. Rien ne peut cependant mieux, et plus aisément, s'allier avec le régime constitutionnel que ces institutions, qui peuvent en être l'image en petit. Il n'y auroit peut-être qu'à entrer dans l'explication de quelques détails pour être d'accord, et pour faire taire des préjugés irréfléchis. Organisée de telle manière, une corporation réunira les suffrages de tous les gens sensés; de telle autre, elle sera généralement rejetée. Il n'y a qu'à régler ces corps, ou à les obliger à se régler, de manière que le reste des citoyens n'ait ni à s'en plaindre ni à s'en effrayer; qu'ils ne soient ni exclusifs, ni préjudiciables aux intérêts de ceux qui n'y sont pas agrégés. Ces points essentiels ne me semblent pas difficiles à assurer.

Je sais bien que ces corps ne sont plus aussi nécessaires de nos jours que dans les siècles anarchiques auxquels ils ont pris naissance. Dans l'absence de la protection des lois, et d'un

pouvoir central qui pût les faire exécuter, les
hommes songèrent à réunir leurs forces pour se
mettre à l'abri des entreprises et des vexations
des puissans. La nécessité fit de bonne heure
recourir à ce remède. Dès la seconde race nous
trouvons que certaines compagnies de marchands désignées sous le nom de *gilds* sont pro-
hibées. Celles qui devoient à leur fin exciter la
jalousie populaire, furent à leur origine en butte
à celle du pouvoir. Mais le besoin toujours crois-
sant et le génie du |temps l'emporta. Le moyen
âge vit l'Europe se constituer en corporations
de toute espèce, qui peu à peu arrachèrent
leurs priviléges à la foiblesse, ou les achetèrent
à l'avarice : elles paroissent toutes s'être formées
sur le modèle de la première et de la plus parfaite, comme la plus étendue de toutes, sur celui
de la grande corporation ecclésiastique. Les savans, les jurisconsultes, les négocians, les artisans, jusqu'aux nobles et aux soldats dans l'établissement de la chevalerie et de ses coutumes,
eurent leurs épreuves, leurs initiations, leurs degrés. C'est dans le sein de ces corps, et à une époque où une fière indépendance et quelques vertus
héroïques ne rachetoient qu'imparfaitement les
maux d'un désordre et d'une oppression uni-

verselle, que germa d'abord le noble principe
de la liberté civile; que, croissant ensuite
lentement sous leur ombre tutélaire, il a fini
par être aussi généralement répandu que nous
le voyons. Gardons-nous donc d'être ingrats.
envers des institutions qui ont produit tant de
bien. Les pays les plus libres sont ceux qui en
possèdent encore le plus. Ils les honorent et leur
trouvent de grands avantages, quoique le règne
complet de la loi les rendît là plus qu'ailleurs
inutiles, si elles n'étoient envisagées que comme
des sauvegardes pour assurer les associés. Je le
demande à tout observateur impartial, dans la
supposition où le pouvoir continuât à exercer
en France la part exorbitante qu'il s'est faite,
qu'il fût aussi difficile d'avoir le moindre recours contre l'armée d'agens qu'il a à ses ordres
et auxquels l'impunité est acquise, les citoyens
isolés n'auroient-ils pas besoin de pouvoir se coa-
liser, et mettre leurs forces en commun, pour
résister ou échapper à la multitude d'actes oppressifs auxquels ils sont exposés? Mais ces associations ont d'autres heureux effets, indépendamment de celui dont nous venons de nous
occuper. Elles donnent aux hommes la faculté
d'entreprendre et d'exécuter des choses aux-

quelles ; seuls et dispersés, ils devroient renoncer : elles les mettent en relation les uns avec les autres, augmentent le nombre de leurs rapports et la fréquence de leurs communications mutuelles, et, créant des intérêts communs à plusieurs, commencent à leur enseigner à se regarder comme des citoyens, et non pas seulement comme des individus isolés qui doivent se borner à se renfermer dans l'égoïsme de la chose domestique. Est-il tolérable, après que l'on est une fois échappé au joug du pur arbitraire, que vingt personnes ne puissent se voir habituellement sans en avoir obtenu la permission ? sans être soumises à une surveillance, sous peine d'être traduites devant les tribunaux et condamnées ? Quand on réfléchit à toutes les lois qui nous accablent et qui nous garrottent, on ne peut trop admirer la bonhommie de certaines gens qui sérieusement nous croient, nous appellent une nation libre.

Le grand obstacle à l'établissement d'administrations locales, viendra sans doute principalement de la part du ministère, qui les repoussera toujours comme autant d'usurpations sur une des parties les plus précieuses de son riche patrimoine; et de la faiblesse ou de l'inconséquence de tant de gens qui seront aussi prêts à voter contre qu'à parler pour. Heureuse combinaison qui donne quelque soulagement à sa conscience sans sacrifier son intérêt. Dès qu'on les voudra de bonne foi, dès qu'on ne sera plus par conséquent disposé à s'en laisser imposer par ces longs étalages de mots et de sophismes, à l'aide desquels on s'efforce d'embrouiller les vérités les plus claires de la politique, je ne crois pas que les bases régulatrices du plan à adopter présentent de longues, ou au moins de sérieuses difficultés. Il ne peut d'abord y en avoir aucune à accorder aux bourgs et villes d'une certaine population une organisation municipale complète. Déjà l'édit de 1764 avoit fait cette distinction, qui est trop raisonnable pour ne pas être imitée. On a en vérité poussé jusqu'à un point bien singulier l'amour de l'uniformité, lorsqu'on a été donner à nos plus chétifs hameaux la même forme d'organisation qu'à nos plus grandes villes. Cet édit avoit fixé la limite aux lieux ayant au moins 4500 âmes de population. Je serois d'avis qu'on la fît descendre plus bas. Dans un nombre encore plus réduit, il y a de quoi trouver un corps d'électeurs suffisant, et de quoi former une muni-

cipalité. Ici on n'a qu'à suivre des erremens
déjà tracés et pratiqués depuis long-temps, et
à choisir entre un grand nombre de réglemens
tous éprouvés par l'expérience:

Pour ordonner ce qui regarde les campagnes,
je conviens que la tâche ne me paroît pas aussi
simple. Il y a bien peu de villages en état de
rien fournir qui puisse ressembler à un corps
municipal. Il n'y en a que trop peu qui aient un
maire en état de rien entendre aux longueurs
et aux formalités inextricables de notre administration, et surtout qui ait assez de consistance
pour en quoi que ce soit lui tenir tête et protéger contre elle ses administrés; qui ose lever
la voix en leur faveur et qui puisse la faire entendre. Il faut voir l'humilité de nos bons maires
de campagne devant le moindre de ses agens.
Les bases qu'avoit prescrites la constitution di-
rectoriale devroient, je crois, être adoptées
pour éviter cet inconvénient. On ne donneroit
à chaque village qu'un adjoint ou un syndic,
aidé de quelques assesseurs. Ils seroient élus par
l'assemblée générale de tous les chefs de famille. Ce seroit pour eux une compensation,
ou une consolation, de ce que le plus grand
nombre ne peut jouir d'aucun autre droit poli-

tique. Sera-t-on exposé à passer pour une tête exagérée en demandant pour le cultivateur libre de nos champs une faculté qui n'est pas refusée au serf Russe? Des électeurs, pris d'après un cens déterminé de fortune, choisiroient une municipalité cantonale qui auroit la surveillance et la haute main sur toutes les communes. Ce seroit elle qui décideroit en dernier ressort sur toutes les questions relatives à l'administration de leurs biens, la liquidation de leurs dettes, l'approbation de leurs budgets, l'autorisation de s'imposer de l'argent ou des corvées dans de certaines limites fixées par la loi, etc., etc. Elles seroit encore chargée de ce qui concerne l'éducation primaire, les chemins vicinaux, les délits de petite voirie, et de bien d'autres objets de cette nature qui, autant que cela est possible, doivent être réglés sur-le-champ et sur les lieux, et auxquels l'intervention de l'autorité supérieure n'apporte que lenteurs et obstacles, et ne fait que du mal. Pour rehausser ses fonctions, le juge de paix pourroit d'office en être le président. Cette place me paroît devoir lui être bien plus convenable que d'être une espèce de commissaire du gouvernement auprès de cette municipalité cantonale, fonction dont la nécessité, ou même l'utilité, est loin d'être démontrée, quoique elle ait, je le sais, l'approbation de quelques esprits qui ont fait leur étude de cette matière.

Les conseils généraux seroient de même électifs. Ils seroient nommés par les mêmes électeurs qui choisissent les députés du département. Cette institution, qui pourroit être rendue très-utile, seroit améliorée, et tirée de la nullité à laquelle elle est à peu près réduite. Ses pouvoirs seroient augmentés : ils ne se borneroient plus à voter certaines sommes à mettre à la disposition de l'administration. Ces conseils auroient le droit de faire exécuter par eux-mêmes les travaux publics qu'ils auroient ordonnés dans l'intérêt du département et avec son argent. S'aidant des ressources et du patriotisme local, ils feroient beaucoup plus, beaucoup mieux, et à beaucoup moins de frais que l'administration, qui ne recherche pas les unes et qui étouffe l'autre. Les allocations de fonds qu'ils auroient arrêtées ne seroient plus arbitrairement changées. On ne verroit plus des sommes, assignées par eux à des objets essentiels, distraites pour être employées à des dépenses ordonnées contre leurs vœux par l'autorité, et placées dans leurs budgets sous la singulière rubrique de *sommes allouées par Sa Majesté.*

Toutes ces différentes élections doivent être directes et définitives. A quoi serviroient ces présentations de listes de candidats dont il est question ? Personne ne peut mieux connoître que les intéressés eux-mêmes quels sont ceux qui ont leur confiance, et qui sont le plus en état de gérer leurs affaires. Vouloir que l'autorité intervienne ici, n'est que lui ménager un moyen de contrarier, de créer des petites intrigues et des petites jalousies, et de se faire, sans aucun résultat utile qu'il soit possible de découvrir, mille petites querelles qui lui vaudront des ennemis ou des mécontens de toutes parts. Si elle se borne à confirmer le candidat désiré, elle n'en retire aucune reconnoissance. Si elle le rejette, toutes les têtes se montent contre elle. Quand on craindra son opposition, l'on aura recours à quelque ridicule stratagème pour la prévenir ou la rendre sans effet. Pendant quelque temps on avoit exigé de l'une de nos académies qu'elle présentât deux candidats à chaque place vacante. Elle ne manquoit jamais de mettre pour second, sur sa liste, le suisse de Saint-Germain-l'Auxerrois. Quand il s'a-

gira d'assurer le choix de quelque nom que l'on
saura ne pas être agréable, ou qui auroit même
déjà été rejeté, l'on saura bien appeler à son
secours quelque pareil subterfuge. Il faut, autant qu'on le peut, éviter les lois qui y prêtent.
Ce sera ainsi, en mettant ces plans sur un pied
plus respectable, en les entourant de plus d'importance, et surtout en leur donnant plus de
moyens d'opérer quelque bien, que l'on enga-
gera les personnes d'une fortune aisée, d'une
éducation soignée, et de familles honorables, à
remplir et à rechercher ces utiles fonctions.
Les suffrages qui les y porteront seront bien autrement encourageans, bien autrement flatteurs
que les nominations d'en haut, et bien autrement
propres à éveiller et à stimuler le désir de s'occuper de quelque autre chose que de ses avantages particuliers.

Ici plusieurs de ceux qui du reste partage-
roient ces opinions, ou qui en auroient d'analogues, pourroient faire une objection tirée de
l'état actuel des choses qui seroit loin d'être sans
poids. Une malheureuse rivalité de classes a de
nouveau éclaté parmi nous. Ce qui est détruit
depuis trente ans, ce qui avoit sommeillé ignoré
pendant la dernière moitié de cet intervalle,

de nouveau remue toutes les passions. Une impartiale répartition du blâme mérité prouveroit, que si d'un côté il y a eu des prétentions déplacées, il y a de l'autre d'injustes préventions. Sans vouloir toucher à cette délicate question, il est sûr que ce qui reste parmi nous d'aristocratie voit s'agiter contre elle tous les flots de l'animosité populaire. Il s'ensuivroit immanquablement que si le cercle électoral n'étoit pas singulièrement rétréci, et je serois le premier à avouer que ce seroit un grand malheur qu'il le fût, il s'ensuivroit, dis-je, que, tant que durera l'esprit du moment, on verroit exclues de ces charges locales bien des personnes qui, par leur existence et leurs habitudes, seroient les plus propres à les exercer. Je sais que c'est parmi elles que se trouvent un grand nombre de ceux qui sont naturellement désignés pour être les administrateurs et les magistrats des campagnes, et combien il est à désirer qu'ils le soient en effet. Je verrois avec autant de regret que qui que ce soit que des circonstances particulières les en fissent d'abord éloigner. Quand ce mal ne seroit par sa nature que temporaire, je ne l'en réputerois pas moins un mal. Mais quand il s'agit d'institutions politiques,

il ne faut pas exercer ses yeux à ne voir que
les inconvéniens. Il faut aussi savoir les porter
sur le bien durable et général qu'elles promettent. Or, dans la question dont nous nous
occupons, je vois que les avantages sont très-
grands et de tous les temps ; les désavantages
peut-être pas aussi étendus qu'on l'appréhende,
passagers et personnels. Une utile leçon en ré-
sultera d'ailleurs et pourra peut-être ne pas être
entièrement perdue. On apprendra que, pour
acquérir de la popularité, il faut cultiver les
qualités et tenir la conduite qui gagnent la confiance de ses concitoyens ; que pour acquérir
de l'influence sur eux, il faut éviter de les contrarier dans ces opinions qui leur sont les plus
chères ; que l'on ne peut, pas plus que l'on ne
doit, s'efforcer de les contraindre à marcher
dans un sens quelconque, et que, lorsqu'on aspire à les diriger, il faut avant tout qu'ils soient
persuadés qu'il y a entre eux et ceux qui ont
cette ambition communauté d'intérêts et de sentimens.

Il se pourroit que l'on présentât, je crois que
l'on a déjà présenté en effet, une autre objection. On prétexteroit que le pouvoir royal est
déjà assez limité par l'établissement des deux

Chambres, et par l'ascendant qu'elles ont acquis; qu'au lieu de l'affoiblir davantage, il faut chercher à le fortifier dans d'autres parties pour lui compenser les pertes qu'il a faites, et maintenir cet équilibre si nécessaire dans l'État. Tout ce que nous avons déjà dit au sujet du pouvoir royal peut y servir de réponse. J'observerai seulement que le meilleur moyen de lui donner de la véritable force est de le faire aimer, est de prouver, non par de vaines paroles, mais par des faits, qu'il est réellement un bienfait. Il seroit singulier que ce fût précisément parce que nous possédons déjà quelques-uns des principes de l'ordre constitutionnel, que l'on conclût que leurs conséquences doivent nous rester interdites ; que ce fût parce que nous avons au sommet quelque liberté, qu'il dût lui être défendu de descendre plus bas. Sous la Charte, et ce qui est curieux, tout justement parce que nous avons la Charte, nous devrions être privés de ces libertés locales dont l'ancien régime n'avoit pas fait disparoître tout vestige. Le raisonnement contraire pourroit du moins se vanter d'être conséquent. Sous l'arbitraire, pourroit-t-on dire, il est indispensable que tout lui soit soumis. Rien ne doit pouvoir

entraver ou diminuer son action. Son énergie
et son unité seules en font le mérite, et rem-
placent, ou même surpassent, les avantages
d'un autre genre qu'offrent les gouvernemens
balancés. Nous, au contraire, qui verrions avec
joie la tolérance des droits locaux là où règne
cet arbitraire, persuadés qu'ils contribueront
à en atténuer les maux, à plus forte raison dé-
sirerons-nous en jouir sous un système dont ils
ressortent naturellement, qui les promet comme
un de ses principaux bienfaits, et qui, tant
qu'ils n'en feront pas partie, restera difforme
et mutilé. Que serviroit à un manufacturier d'a-
voir chez lui la plus belle mécanique, si elle ne
lui donnoit aucuns des ouvrages pour la fabrication desquels elle a été inventée? Que nous
serviroient nos deux Chambres, si elles doivent
rester stériles de ces institutions libérales qui
nous manquent, et que leur destination est de
nous procurer? Qui admirera cette figure, dont
la tête seroit bien empreinte de quelques-uns
des traits divins de la liberté, tandis que le reste
continueroit à n'être que le monstrueux assemblage des turpitudes impériales?

Sans entrer dans aucune explication, sans
alléguer aucun de ces motifs qui peuvent donner

lieu à des contestations, peut-être se contentera-t-on de s'écrier qu'il est contraire aux idées monarchiques d'accorder au peuple un si grand nombre et une si grande variété d'élections. Avant tout il convient de s'entendre. Il n'est que trop commun de se payer de paroles auxquelles n'est attaché aucun sens déterminé, et de s'imaginer tenir une idée parce que l'on répète un mot. Expliquons-nous franchement. Que veut-on dire par cette expression d'idées monarchiques, si souvent, si complaisamment répétée? Quel principe politique recèle-t-elle? Seroit-ce par hasard celui qui enseigne que le monarque seul doit être le foyer de toute autorité et de toute distinction, et que, de même que tout doit émaner de lui, tout doit se rapporter à lui seul, comme à un centre unique? qu'ainsi que l'a avancé un des plus célèbres comme des plus zélés propagateurs de ces doctrines, rien ne doit avoir de vie qu'autant qu'il en reçoit en vertu de quelque épanchement de la majesté royale? Quand on aura la sincérité de nous faire ces aveux, il ne nous restera qu'à nous élever contre ces tristes et serviles maximes, et à réclamer notre droit imprescriptible à une part quelconque de vie indépendante. Si, sans

changer de sens, et se servant seulement de
termes différens, on nous parloit de gouvernement paternel, nous mettant en garde contre
toute affectation de sentiment hors de place,
nous n'hésiterions pas à soutenir que, si l'on
entend que le prince ait sur ses sujets la même
autorité qu'un père doit avoir sur ses enfans en
bas âge, que ce soit à lui à les former, à les diriger dans toutes leurs actions, à pourvoir à tous
leurs besoins, à penser pour eux en toute occasion, nous devons nous opposer avec une égale
force à de pareilles prétentions, et opiniâtré-
ment demander et revendiquer les priviléges de
l'âge viril. Prenant une autre tournure il pourra
se faire que l'on se récrie contre ce que je propose, comme un empiétement inouï sur cette
prérogative royale, apanage immémorial de nos
souverains, qui doit être placée au-delà de toute
atteinte, de toute violation sacrilége. Je ne me
livrerai à aucune discussion historique qui cul-
buteroit seule de fond en comble une pareille
assertion. Allant plus droit au but je dirai que,
cette prérogative n'est pas un arcane, n'est pas
une espèce de mystère, une émanation du droit
divin. Dans un système légal elle n'est, et ne
peut être, que la part de pouvoir qui est assignée

24

au prince par la loi constitutionnelle, dans l'intérêt général du peuple encore plus que dans le sien propre. Selon l'exigence des circonstances, ou des changemens survenus avec le temps, elle doit être ou augmentée ou diminuée. Quand il se présente quelque institution à fonder, quelque mesure à adopter, il ne s'agit nullement de savoir si la prérogative royale y perdra quelque attribution dont jusqu'alors elle avoit joui, mais si cette institution ou cette mesure est bonne en elle-même et dans ses effets. Dans ce cas il est évidemment bon et utile que la prérogative soit restreinte. Ce n'est qu'une conséquence inévitable du principe reconnu. Le bien commun est la fin constante. Elle n'est qu'un des moyens variables pour y parvenir. Si la doctrine contre laquelle nous nous élevons pouvoit prévaloir, à quoi en serions-nous donc réduits dans les temps actuels, où la liberté ne peut être établie que sur la limitation du pouvoir royal qui presque partout a tout envahi? Que pourrions-nous donc espérer d'obtenir si le dogme de l'intégrité, de l'inviolabilité de sa prérogative pouvoit, à chaque tentative que nous ferions, fermer nos bouches et paralyser nos efforts?

Je ne me suis point occupé du projet qui a été présenté pendant la dernière session. On nous fait espérer que la réprobation universelle avec laquelle il a été accueilli nous en a délivré, et que la docilité présumée de nos représentans ne sera pas soumise à la rude épreuve de le discuter et de le voter. Je me bornerai donc à dire que, s'il était possible qu'un semblable système fût adopté, s'il étoit possible que l'on voulût se résigner à paroître dupe d'une semblable déception, un nouvel et puissant argument seroit fourni à ceux qui sont d'opinion qu'il y a dans la constitution actuelle de notre Chambre des députés quelque vice radical qui l'empêche, et, tant qu'il ne sera pas corrigé, l'empêchera de répondre à sa vocation.

CHAPITRE IX.

De la force armée.

———

Un grand écrivain de l'antiquité déclare presque incompatibles l'existence de la royauté et celle de la liberté. Les temps modernes offrent une solution satisfaisante de ce grand problème. Mais un autre s'est élevé, qui présente de plus graves difficultés, auxquelles on ne paroît pas jusqu'à présent avoir trouvé de remède sûr. Je veux parler des dangers qu'offre à la liberté l'existence d'une force armée permanente. L'Angleterre, grâce à sa position insulaire, a pu employer la meilleure, la plus efficace de toutes les garanties, en la réduisant au plus petit pied possible, et en remettant principalement sa défense à sa marine, genre de force qui n'est pas fait pour inspirer les mêmes inquiétudes. Les Etats continentaux ne sont pas si heureux. On peut et on doit espérer que les progrès du régime constitutionnel poseront quelques bornes raisonnables à cette manie ruineuse des armées

permanentes, à laquelle s'est livre avec une fu-
reur toujours croissante depuis Louis XIV le
despotisme sans contrôle. Mais toujours est-il
vrai que les inimitiés et les jalousies qui ne ces-
seront de diviser les peuples, que le sentiment
de leur dignité et de l'indépendance nationale,
après tout le premier des besoins, ne donnent
à craindre qu'ils ne soient obligés de tenir constamment sur pied, assujettis à la vie et aux
lois des camps ou des casernes, des corps plus
ou moins nombreux de troupes régulières.
L'expérience a prouvé que, depuis le temps de
Philippe de Macédoine, le courage inexpéri-
menté et toutes les vertus patriotiques ne tiennent pas contre la discipline et contre la pratique non interrompue des exercices militaires. Quelque brave, quelque dévouée qu'elle
soit, une population armée n'est qu'une force
purement défensive. Même, sans vues ambi-
tieuses, le meilleur moyen de se défendre est
souvent d'attaquer. Autant que personne, j'ad-
mire les prodiges que nous avons vu faire aux
nations qui ont pris les armes pour la défense
de tout ce qu'elles avoient de cher contre l'invasion étrangère. Mais il est triste de ne pouvoir
défendre sa maison qu'en y mettant le feu. Les

circonstances actuelles dé l'Europe ne nous permettent pas encore d'effectuer une aussi grande réduction de forces qu'il seroit d'ailleurs désirable. Une puissance colossale s'est formée dans le Nord, régissant despotiquement une population nombreuse et croissante, et qui n'est pas à beaucoup près aussi avancée en civilisation que la plupart de celles qui composent la grande famille européenne; un peuple protégé contre l'attaque par son éloignement, par ses déserts et par son climat, et duquel on devroit tout craindre si la force intellectuelle égaloit chez lui la force brute. Les souverains de ce vaste empire, fussent-ils tous animés des sentimens que de fades panégyriques se sont plus si long-temps à attribuer à l'empereur actuel, ne pourront manquer de vouloir s'opposer à l'extension de l'esprit de liberté, et d'employer pour cela l'énorme puissance dont ils peuvent disposer. Il faut s'attendre à voir se renouveler, avec les modifications notables qu'apporte la différence des temps et de l'état de la société, une lutte de la barbarie contre la civilisation; et quoique je ne prétende pas plus comparer l'Europe actuelle au Bas - Empire, que les Russes de nos jours aux Huns ou

aux Vandales qui ont occupé autrefois leur territoire, leur prépondérance seroit cependant l'événement le plus humiliant, le plus désastreux
qui pût accabler cette belle partie du globe,
à laquelle la nature a accordé une supériorité
marquée sur les autres. Il nous faut donc rester armés pour assurer le succès de cette grande
cause. Les méditations les plus sérieuses de ses
partisans doivent porter sur les moyens qui
permettront de prendre cette attitude sans compromettre sa sûreté; car, ne nous y trompons
pas, malgré ce qui s'est passé en France au
commencement de notre révolution, malgré
les événemens peut-être encore plus extraordinaires dont nous venons d'être les témoins, la
nature d'une force militaire constamment réunie sous les drapeaux, dressée aux habitudes
d'obéissance passive, et ayant une tendance in-
vincible à n'avoir de respect véritable que pour
la force, est telle, qu'elle ne devra cesser d'être
surveillée par l'œil vigilant de la jalousie constitutionnelle. L'histoire des peuples libres
nous en donne la leçon, et nous en impose la
nécessité.

Mais les précautions qu'ils ont prises contre
leurs concitoyens armés ne méritent pas plus

notre imitation que ne le méritent celles qu'ils ont adoptées dans l'intérêt de ceux-ci, que la protection qu'ils ont étendue jusqu'à eux. Il y a un contraste qui frappe singulièrement entre l'histoire des sociétés modernes et l'histoire de celles de l'antiquité, c'est le degré bien différent de considération qui est accordé à leurs membres. Chez ces dernières, le simple citoyen, étant réellement investi d'une portion de la souveraineté, devoit être traité avec des égards proportionnés à l'éclat qui en rejaillissoit sur lui, et à l'importance qui lui appartenoit dans l'Etat. Quatre cents Lacédémoniens bloqués, et sur le point de se rendre dans l'île de Sphactérie, suffisent pour forcer leur fière république à s'humilier devant sa rivale, et à en implorer vainement le paix avec instance. Les Athéniens condamnent à mort leurs généraux victorieux au combat des Arginuses, pour avoir oublié ou négligé l'obligation sacrée de rendre les derniers devoirs aux marins tombés dans le combat. Dans les beaux temps de la république romaine, et avant que le droit de cité y eût été avili, la plus honorable des récompenses étoit celle qui se gagnoit en sauvant la vie d'un ci-

toyen. Quelques reproches qui puissent leur
être faits, je ne concevrai jamais que l'on ne
sache pas être saisi d'admiration pour les principes de gouvernemens qui tenoient ainsi
compte des hommes. Les peuples qui, de nos
jours, vivent sous un régime libre, nous présentent des exemples analogues, quoique pas
aussi frappans, parce que la masse du peuple
n'y a pas, et ne peut pas y avoir les mêmes
prérogatives. Une armée angloise, envoyée à
Walcheren, y est décimée par un climat et
par une saison insalubres. Une enquête parlementaire est ordonnée, le cri national s'y joint,
et le ministère, qui étoit l'auteur de cette malheureuse expédition, faillit être renversé. Les
Etats-Unis, où les priviléges des citoyens sont
et plus étendus, et surtout plus universellement
répandus, paroissent en conséquence veiller
à leur conservation personnelle avec un soin
plus scrupuleux. Un mince détachement ayant
beaucoup souffert pour avoir été campé sur les
bords marécageux du Mississipi, la chose parut
assez importante au congrès pour nommer une
commission spéciale, chargée de lui en faire un
rapport.

Que l'on compare maintenant ces exemples,

auxquels il ne seroit pas difficile d'en ajouter d'autres, avec ce qui se passe dans ces malheureux pays gémissant sous le joug de l'arbitraire, et où les hommes privés de toute espèce de droits sont impitoyablement sacrifiés, sûrs de ne trouver pas plus de protection dans les sentimens patriotiques de leurs concitoyens que de pitié ou de remords dans l'âme du despote, aux yeux duquel ils ne sont que des instrumens de grandeur ou de gloire. Que l'on fasse sortir de ces volumineuses archives, qui encombrent nos établissemens publics, que l'on produise au grand jour les états effrayans des pertes occasionnées par ces désastreuses guerres qui ont coûté le plus pur sang de la France, dans lesquelles deux campagnes (car tout est à présent soumis au calcul) étoit la durée moyenne d'un soldat, et où il falloit une levée annuelle de 150,000 hommes pour remplir les vides de l'armée; et qu'on les compare à ces états, fournis tous les ans au parlement Britannique, qui apprennent que, dans les années de guerre qui ont été les plus meurtrières, la perte moyenne a été de 12,000 hommes. De même que l'histoire ne renferme aucun exemple d'un peuple aussi complétement, aussi radicalement dépouillé de tout privilége

politique, que le peuple françois sous Bonaparte, de même elle n'en offre aucun d'une
aussi effroyable consommation d'hommes, mois-
sonnés bien plus encore par l'absence de toute
prévoyance, de tout soin pour leur nourriture,
leur santé ou leur repos, que par le fer de l'ennemi; aucun d'une aussi brutale, aussi dégoûtante insensibilité au sort et aux souffrances de
ceux qui étoient les compagnons et les artisans
de ses succès et de sa puissance. Il me semble
toujours lui entendre répéter à ses soldats aux
abois avec un autre célèbre despote, guère plus
sensible que lui : « Chiens ! vous voudriez donc
» vivre éternellement ! »

Du chef cet esprit n'a que trop naturellement,
que trop souvent peut-être, dû descendre aux
lieutenans. On nous raconte que de malheureux
blessés sont jetés à l'eau pour frayer un passage
sur un pont qu'ils venoient d'obstruer de leurs
corps, tombés glorieusement en s'efforçant de
l'emporter. On nous raconte qu'un de nos généraux courant après une armée ennemie, qu'il
croyoit vouloir lui échapper par un prompt
embarquement, laisse, sans escorte chargée de
les défendre, trois mille blessés dans une ville,
où, ainsi que cela étoit inévitable, ils ne tar-

dent pas à être égorgés par une population furieuse, et déjà avant leur entrée dans ces murs soulevée de toutes parts contre les envahisseurs. J'ignore si ces traits d'une barbare inhumanité ont produit quelque mince avantage militaire. Mais je sais que si la tête de ceux qui s'en étoient rendus coupables en avoit répondu, ces jugemens auroient à l'avenir servi à un peuple offensé de garantie contre de pareils excès. Les hommes n'ont de valeur aux yeux de ceux qui les emploient que selon l'importance du rôle qu'ils jouent dans la société, que selon la mesure des droits dont ils y jouissent. On ne les respecte qu'autant qu'ils possèdent les moyens de se faire respecter. Or, comme dans un état despotique ces moyens sont nuls dans leurs mains, le respect auquel ils doivent s'attendre se réduit au même taux. « Le jour où un homme est déchu de sa liberté, dit Homère, il n'a plus de valeur. » On prétend qu'après une horrible boucherie un homme célèbre s'écria avec une légèreté singulièrement placée : *Bah! une nuit de Paris réparera tout cela.* De nos jours il ne falloit qu'une matinée de ce corps si plaisamment appelé sénat conservateur. Pourquoi donc y auroit-il regardé de si près ? De

quoi après tout s'agissoit-il? Il n'étoit question
que de consommer un peu plus ou un peu moins
de matière conscriptible : *vile damnum.*

Mais il est remarquable que, depuis que nous
avons un certain commencement de liberté, si
peu de réclamations se soient fait entendre
contre ces abus révoltans de la part même de
ceux qui en ont été les témoins ou les victimes.
Singuler effet de la division en partis ! Leurs
adversaires s'en sont emparés comme d'une riche
mine à exploiter pour les pourvoir en matériaux
de déclamations contre tout ce qui s'est fait dans
le temps présent ; et cela a suffi pour fermer des
bouches qui auroient dû parler hautement,
autant dans leur intérêt particulier que dans
l'intérêt de tous. Car exposer un abus est toujours le premier pas à faire pour en obtenir la
réforme. Sentant en outre combien la France
avoit besoin de toute la splendeur des succès de
ses armes pour cacher ou faire oublier l'igno-
minie de la tyrannie intérieure, on a cru qu'il
falloit avant tout conserver intacte cette gloire
militaire acquise au prix de si rudes sacrifices.
Je rends justice à ces sentimens. Mais on a fait
un mauvais calcul, en n'apercevant pas au contraire que la juste admiration que causoient les

mémorables travaux de nos soldats se seroit
encôre accrue de toute la pitié, de toute l'indignation qu'auroit excitée le tableau fidèle des
misères que la dureté et l'insensibilité du pouvoir, qui les mettoit en œuvre, infligeoient à ceux
qui ont semé toute l'Europe de leurs ossemens
depuis Cadix jusqu'à Moscou.

Il s'agit donc également de garantir l'armée
contre les caprices d'un pouvoir sans limite,
comme de garantir ses concitoyens contre l'abus
qu'elle-même pourroit faire des armes qui ne lui
sont données que pour les défendre. Ses garanties se trouvent dans un système général de
liberté auquel elle doit participer en commun
avec le reste de la nation. Elles se trouvent dans
cette inspection que le corps législatif doit y
exercer sur toutes les mesures de l'administration publique; dans cette participation au ma-
niement des affaires qui, soit directement, soit
indirectement, empêchera non-seulement qu'il
ne soit entrepris de guerres folles ou impolitiques;
mais encore veillera à ce que, lorsque l'armée
est appelée à combattre pour les intérêts nationaux, elle soit sûre que les siens ne seront pas
négligés, qu'elle n'aura pas à craindre une barbare insouciance, et que l'on aussi soigneux

de prévenir ses besoins dans les camps ou dans les
hôpitaux, qu'avare de son sang sur le champ
de bataille. Elles consistent en ce que, loin de
le ranger avec ces troupeaux que traîne à sa
suite un despote de l'Orient; la liberté protége
le simple soldat jusque sous les drapeaux ; qu'elle
tempère par son influence universelle même la
rigueur indispensable des réglemens militaires;
qu'elle leur imprime du moins une forme légale; et en ce qu'il existe un tribunal auquel
sont amenables ceux qui abuseroient des terribles pouvoirs qu'un état de guerre oblige de
confier aux mains de ceux qui commandent les
armées.

Les garanties à invoquer contre la force militaire sont d'une recherche plus difficile, surtout quand elle doit être considérable. Mais
cette difficulté, loin de rebuter, doit d'autant
plus exciter ceux qui s'occupent de ces matières.
Je vais succinctement indiquer celles qui me
paroissent les plus efficaces. A la tête de ces
garanties doit être placée la royauté héréditaire.
Une limite infranchissable est ainsi posée à
l'ambition, et le pays n'est pas continuellement
en danger d'être à la merci du premier général auquel des succès éclatans ou des talens

de popularité auroient donné assez d'ascendant
sur les troupes pour les mettre à sa disposition.
Quoique dans l'état actuel de la société nos
généraux ne puissent plus doter leurs soldats
en terres conquises, comme les consuls romains
leurs légions, ou comme Cromwell son armée
parlementaire, cependant il y a tant de manières
d'agir sur l'esprit des hommes, et d'éveiller
leurs passions, que nous ne pourrions jamais
être dans une sécurité parfaite. On peut les séduire par l'espérance quand on ne peut les
mettre en possession de la réalité. On peut le
faire par l'esprit de corps ou de profession, par
l'égarement produit par des passions subites et
contagieuses, par l'ivresse, suite de grands succès. Le pouvoir suprême a quelque chose de si
attrayant, de si éblouissant, que les hommes
doués des plus fortes facultés ne manqueront
pas de les diriger vers son acquisition quand la
fortune leur en ouvrira le chemin, s'ils le regardent comme vacant, et comme un prix réservé à la main audacieuse du premier occu-
pant. C'est ce qui doit empêcher, je ne dirai
certainement pas pour toujours, mais du moins
pour long-temps, de chercher à établir la liberté
autrement que sous la forme monarchique dans

nos grandes et vieilles sociétés européennes.
Mais s'il faut ôter aux militaires, non-seulement
tout espoir de jamais arriver si haut, mais
même jusqu'à la possibilité d'en jamais concevoir l'idée, il seroit d'une bien imprudente politique de vouloir leur fermer la route aux
autres honneurs. Ce seroit une bien absurde
jalousie que celle qui leur interdiroit l'admission à aucune de ces places, avec lesquelles leur
état n'offre d'ailleurs rien d'incompatible. Ce
seroit mettre hors de l'État, ce seroit non-
seulement désintéresser de la chose publique,
mais positivement intéresser contre elle, ceux
aux mains desquels est remise la direction de
la force publique. Cette injuste exclusion seroit le
moyen le plus sûr de leur faire naître des projets
factieux que sans cela ils n'auroient jamais conçus. Il faut, au contraire, absorber dans le
corps politique, afin qu'elles le nourrissent et
le fortifient, les grandes existences militaires,
s'il y en a. Elles doivent en faire partie, au lieu
de n'être que des excroissances qui menacent sa
durée et qui épuisent sa vigueur. Voilà pourquoi l'entrée des Chambres doit leur être permise, parce que c'est ce qui, de plus en plus,
chez nous, doit conférer l'importance poli-

tique. Mais de ces deux garanties, la première
nous garde bien des effets de l'ambition des généraux, mais ne nous garde aucunement de
l'effet de l'influence du prince sur eux. Quant
à la seconde, nous avons bien plus à craindre
en France que dans les choix la balance ne
penche en faveur des militaires, que de les en
voir injustement exclus.

Le raisonnement que nous venons de faire en
parlant de ses chefs, doit être appliqué à la
masse de l'armée. Il faut tellement l'attacher à
l'ordre de choses existant, il faut qu'elle sente
ellement le bonheur et les avantages supérieurs
qui lui tombent en partage sous un régime
constitutionnel, que, bien loin d'être tentée
de le renverser, elle soit au contraire toute
portée à le soutenir s'il étoit attaqué. Il faut
qu'en outre de ces sentimens généraux de liberté qui à la longue ne peuvent manquer d'a-
voir plus ou moins d'empire sur tous ceux qui
naissent sous sa loi, les militaires aient la conviction que comme membres d'une grande institution nationale, ayant une organisation distincte
qui les sépare des autres citoyens et leur inspire
un esprit différent sur certains points, que
comme soldats sous les drapeaux, ils auroient

à perdre à l'établissement du gouvernement
absolu. On ne peut y parvenir qu'en donnant à
l'armée des droits légaux, des droits qui lui
assurent sa carrière et la mettent à l'abri de
l'arbitraire. Les grâces de l'autorité qui l'emploie ne peuvent atteindre que le petit nombre.
Des droits qui assurent en général ses intérêts,
se font sentir et apprécier dans toute la masse
de ceux qui remplissent les grades subalternes,
et même les rangs des simples soldats. Ils seront bien moins exposés à se laisser éblouir sur
les vues personnelles d'un chef coupable, quand
ils sauront que, quelque avantage que quelques
heureux parmi eux puissent se flatter de trouver dans leur réussite, ils possèdent eux déjà
des priviléges qui pourroient ou être supprimés
ou en danger de l'être. Ils seront bien moins
enclins à prêter à l'autorité l'obéissance aveugle
d'une force brute, quand ils sauront qu'une
fois parvenus à ses fins, ils devront bien plutôt voir diminuer qu'augmenter ce qu'ils tenoient déjà auparavant. Notre loi du recrutement a ébauché ce système; mais elle n'est rien
de plus qu'une ébauche. Elle a assuré légalement, quoique d'une manière peut-être un peu
trop longue, l'avancement dans les grades in-

férieurs sans soumettre les grades supérieurs
à la même règle. Elle a la prétention d'assurer
le sort des officiers; et, chose inconcevable!
elle a négligé, ou plutôt elle n'a pas voulu les
mettre à l'abri des destitutions arbitraires qui
peuvent venir enlever à un vétéran le fruit
des travaux de toute sa vie et la modique récompense de ses blessures. Il doit dépendre de
l'autorité d'employer dans le commandement
ceux qu'elle juge à propos, de reposer sa confiance dans ceux qu'elle en juge dignes, mais
jamais de détruire une existence acquise par des
services plus ou moins longs. Qu'il me soit permis de remarquer, en passant, qu'une disposition additionnelle à la loi dans ce but, a été
successivement proposée en vain, et successivement repoussée avec succès, à mesure que ses
adversaires paroissoient la souhaiter, par chacun des deux partis qui se disputent la suprématie. Les mêmes personnes l'ont tour à tour
demandée et rejetée, selon qu'elles ont cru
avoir un ministre qui épureroit et destitueroit,
qui remplaceroit et qui nommeroit d'après
leurs souhaits. Elles n'ont pas voulu voir que
toutes les fois que l'on fait reculer d'un seul pas
l'arbitraire, on gagne une victoire sur l'ennemi

commun qui profite à tous indistinctement;
parce que cet arbitraire est une arme à deux
tranchans qui sait fort bien frapper des deux
côtés. Elles n'ont pas vu qu'en enlevant à l'armée toute inquiétude sur son existence, en lui
donnant plus de fixité et de dignité qu'elle n'a
eu jusqu'à présent, on faisoit plus pour confirmer son attachement à l'ordre actuel, et sa fidélité personnelle à la dynastie des Bourbons,
sous les auspices desquels elle recevroit ce bienfait, que ne pourra jamais le faire tout le fatras
de phrases monarchiques que ne veulent absolument pas nous épargner certains mission-
naires de la légitimité. C'est pour la même raison qu'il devient indispensable que son organisation soit légalement déterminée. Je crois bien
que l'on ne verra que rarement, peut-être jamais, se reproduire ce fléau des variations annuelles, qui, depuis la restauration, la désolent
et la mécontentent. Comme tous les fléaux, de
pareils désordres sont heureusement rares et
hors de ligne. Mais il n'en est pas moins vrai
qu'il lui faut une sauvegarde légale pour sa
stabilité. Elle y a droit, non-seulement pour lui
éviter à l'avenir tout pareil danger, mais encore
parce que le service étant rendu obligatoire par

nos lois, elles doivent aussi en fixer les conditions, et protéger ceux auxquels elles imposent
ce terrible fardeau, en ne permettant pas qu'il
soit aggravé à volonté. Il faut que ce ne soit
qu'en vertu de lois publiquement discutées que
son organisation puisse être modifiée. Ce ne
sera qu'alors qu'elle pourra se croire complétement sauvée de ces bouleversemens périodiques qui, grâce à une certaine légèreté et
mobilité particulière qui a toujours accompagné
l'arbitraire ministériel en France, y sont bien
plus fréquens qu'ailleurs, et qui y sont, on
peut même dire, respectés et surtout pratiqués
comme des traditions nationales.

La loi du recrutement prescrit pour être admis au grade d'officier la condition d'avoir été
élevé aux écoles militaires; et elle ne prescrit
ni ne définit, ainsi qu'elle le devroit, ce que
c'est que ces écoles; de sorte que le premier
ministre qui voudra l'éluder ne sera embarrassé
que du choix des expédiens. Enfin, pour laisser d'autres observations critiques sur les détails
de côté, une loi qui ordonne la mesure rigoureuse du service forcé, le plus grand des sacrifices qui puisse être fait de la liberté personnelle des citoyens, ne la soumet pas au contrôle

du vote annuel des Chambres. A chaque session
on discute, on examine bien ou mal, mais du
moins longuement, pendant des mois entiers,
les comptes de nos revenus; on n'en tient aucun de nos personnes. Comme une chose vile
on met un certain nombre de corps une fois pour
toutes, tant par an, à la disposition de l'autorité.
Certes si dans le cours de six ans de durée qu'à
déjà eu la Chambre des députés il y a quelqu'un de ses actes qui puisse fournir des armes
à ceux qui nient qu'elle soit une véritable représentation nationale, celui-là en porte bien
le caractère. J'ai toujours été étonné que ceux
qui se sont élevés contre toute prétention à
cette qualité, aparemment comme fort étrange
dans un gouvernement qui s'appelle représentatif, n'aient jamais cité comme un fait con-
cluant, à l'appui de leurs réclamations, l'espèce de
don gratuit et perpétuel qu'elle a fait de ceux
qu'elle est supposée représenter. On est encore
à concevoir comment, surtout après que la proposition en a été faite et qu'une discussion s'est
élevée sur cette question, comment ce droit n'a
pas été exigé comme une condition inséparable
de la conscription.

La paie de l'armée, ses droits à une retraite

après une certaine durée, ou une certaine nature de services, doivent, pour les raisons que
nous avons déjà énoncées, être invariablement
fixés par le pouvoir législatif. Il faut que les
moyens de subsistance soient légalement assurés
à l'officier, et surtout au soldat qui est enlevé à
ses foyers et à l'industrie qui le faisoit vivre. La
discussion publique est le moyen le plus assuré
pour empêcher qu'ils ne le soient avec cette
scandaleuse parcimonie qui les a réglés jusqu'ici,
partout ailleurs que dans les pays libres. C'est
elle qui empêchera que presque toute la partie
des impôts destinée à acquitter la paie des
troupes ne soit absorbée par ce nombre exagéré
d'officiers de toute espèce, de tous grades, de
toutes couleurs, qui encombrent notre armée,
et qu'a créés la ridicule manie des titres militaires
pour contenter la vanité et l'importunité des sol-
liciteurs; par le luxe inutile des places ainsi
que d'administration et d'état-major. Ce qui
reste suffit à peine pour donner la plus chétive
existence à celui qui porte le sac et le mousquet.
Quand toute la jeunesse est tenue à porter les
armes, le pays est tenu de lui rendre cette
obligation la moins pénible possible. Il est convenable que l'autorité ait à sa disposition cer-

taines grâces pour être accordées au mérite, et
pour exciter l'émulation. Tout ne peut pas être
strictement défini ou réduit à l'ordre du tableau.
Mais il faut que cette faculté soit bornée, et que
chacun ait, indépendamment de cet espoir particulier, son sort commun fixé devant lui, et
dont il ne puisse être privé que pour démérite
et par un jugement légal. S'il ne pouvoit jamais
rien obtenir ou espérer que de la volonté suprême, s'il lui falloit toujours avoir les regards
fixés sur elle et les mains tendues vers elle, ce
seroit le mettre dans une dépendance également
honteuse pour lui et dangereuse pour l'Etat.
Mais quand il aura un sort assuré, il pourra
être indépendant quand il voudra s'en contenter.
Ce sera même probablement le cas dans lequel se
trouvera le plus grand nombre d'officiers. Un
gouvernement qui voudroit attenter aux libertés
du peuple ne posséderoit pas des moyens suffi-
sans de corruption pour leur faire oublier leur
devoir, et pour leur compenser la perte qu'ils
feroient d'une existence constitutionnelle; car
ils sentiroient bien qu'un petit nombre de favorisés seulement emporteroient les grandes récompenses. Peut-être me dira-t-on par forme
de reproche, vous voudriez donc une armée

parlementaire? Si par cette expression on entend une armée qui croit dépendre encore plus de la loi que du prince, qui se croit appelée à être le soutien des Chambres autant que celui du trône, nul doute que ce ne soit là ce que je veux, et ce que tout bon citoyen doit vouloir avec moi.

Je voudrois aussi un recours ouvert aux inférieurs contre les injustices ou les duretés qu'une rigueur excessive fait quelquefois commettre, sous le prétexte banal du bien du service, ou de l'inflexible nécessité de la discipline, rigueur à laquelle on se laisse d'autant plus aisément aller qu'on est parvenu à l'ériger en une sorte de vertu militaire. C'est un recours bien incertain, bien précaire que celui qui renvoie pour obtenir satisfaction à des juges qui, faisant eux-mêmes partie du pouvoir contre les actes duquel les plaintes sont dirigées, ne sont que trop portés à faire cause commune avec cette autorité, laquelle, ne cesse-t-on de répéter, ne doit jamais reculer. Je ne prétends pas que les tribunaux civils dussent juger en appel des lois militaires, ou des décisions rendues d'après elles, mais seulement qu'ils dussent connoître des injustices que ces lois n'autorisent pas, et qui se sont commises malgré elles.

En Angleterre, le dernier soldat a le droit d'intenter, et intente en effet, une action devant les tribunaux, pour les mauvais traitemens qu'il peut avoir soufferts de ses officiers, et il est toujours sûr d'en obtenir réparation. On se tromperoit si on croyoit que la discipline en est ébranlée. Loin d'être relâchée, elle n'est pas même douce. La justice tend aussi sûrement à tout consolider, que l'injustice à tout détruire, et le soldat s'attache à la loi, quand il sent que la loi le protége et le venge.

Ceux mêmes qui, préoccupés de ces préventions qu'il n'est pas aisé d'effacer une fois qu'elles se sont emparées des esprits, n'approuveroient pas cette espèce de recours, n'hésiteront pas, j'espère, à réclamer contre cette exemption de la juridiction commune dont jouissent, ou à laquelle sont assujettis les militaires. Il faut soigneusement éviter d'en faire un peuple au milieu d'un peuple. Il faut, au contraire, ne rien négliger pour qu'ils gardent avec la masse de la nation, cette communauté d'habitudes, cette sympathie d'intérêts qui les porte à ne jamais se séparer d'elle. On conçoit sans peine comment Bonaparte ait conservé, ait fortifié l'étrange superfétation de nos tribunaux militaires. Il lui

convenoit, pour se les rendre plus dévoués, d'iso-
ler autant que possible ses soldats, et de leur inspirer ce mépris de tout ce qui tient à la vie civile, auquel ils sont, et avec quelque raison, déjà
si singulièrement portés d'eux-mêmes sous le
despotisme. Mais on ne concevroit pas comment
les premiers fondemens de cette institution ont
pu être jetés dans un temps où l'on avoit du
moins quelque respect pour les formes de la liberté, si l'on ne faisoit pas attention que notre
république, étant née et ayant achevé sa courte
existence au milieu des armes, en avoit nécessairement contracté les habitudes. De cette séparation de la justice militaire de la justice civile,
s'ensuit un bien étrange abus. Un citoyen offensé
par un soldat ne peut le traduire que devant
ses tribunaux, et il dépend encore du com-
mandant militaire de lui accorder ou non cette
chance de réparation. On peut dire qu'il n'y a
point, dans ce cas, de remède devant la loi.
Il est au pouvoir de la même autorité qui peut
avoir ordonné l'injure d'en arrêter la punition.
On sent aisément quelles pourroient être les
conséquences de priviléges et de pouvoirs aussi
destructifs de tout bon ordre, et aussi incompatibles avec toute liberté légale. Le peu que

nous en avons n'existe que de fait, et est principalement dû à la résolution que l'on suppose
aux François de ne pas en souffrir la privation
au-delà de certaines bornes, et à cette puissance de la volonté générale à laquelle on ré-
siste tout juste autant que l'on espère pouvoir
le faire avec impunité. L'abolition de ces tribunaux inconstitutionnels est une mesure de la
plus urgente nécessité. Les soldats ne doivent
leur être soumis que pour la connoissance de
ces délits que la loi civile ne peut ni ne doit
placer au nombre de ces infractions qu'elle punit. Pour tous les autres, ils doivent être sans
exception soumis à la même juridiction qui
régit les autres citoyens. Un soldat ne doit pas
cesser de se croire sous la loi commune de son
pays. Il de doit pas cesser de la craindre et de la
respecter au moins autant qu'il craint et qu'il
repecte son colonel.

· C'est dans ce même dessein d'enlever toute
espèce d'obstacle qui peut s'opposer à ce que
tous les François ne se forment aux mêmes
mœurs et aux mêmes idées, que l'on ne devroit
pas permettre l'établissement d'écoles purement
militaires. Pourquoi les jeunes François qui se
destinent à cette carrière seroient-ils élevés

d'une manière différente de leurs jeunes compatriotes, mis soigneusement à part de bonne
heure, comme devant composer une classe séparée et imbue de principes ayant quelque différence de tendance ? Craint-on donc que les
camps et les casernes n'aient déjà pas par eux-
mêmes assez de force pour créer en eux ce que
l'on appelle l'esprit de corps ? Une instruction
particulière peut être nécessaire pour les corps
qui, tels que le génie et l'artillerie, demandent jusqu'à un certain point des études et des
connoissances spéciales qui ne se donnent pas
dans les établissemens ordinaires d'éducation.
Mais il n'en est ainsi ni pour le service de
l'infanterie ni pour celui de la cavalerie. Quiconque en a quelque notion doit savoir ce qu'il
faut penser de la prétention d'en faire une théorie à enseigner par principes à des enfans. La
pratique, la routine du métier doit s'apprendre,
non dans les puérilités militaires d'une école,
mais dans la fréquentation des camps et des
garnisons. Bien moins encore y apprendra-t-on
les règles ou les principes des hautes combinaisons de l'art de la guerre, ou ce talent si
rare, qui se donne et qui ne s'acquiert jamais,
de commander à ses semblables par l'ascen-

dant d'un esprit et d'un caractère supérieur. On se préparera bien mieux à s'élever à ce rang; on cultivera, on perfectionnera bien mieux les facultés que nous pouvons tenir de la libéralité de la nature pour y parvenir, en s'appliquant à toutes les hautes et nobles études qui peuvent servir à agrandir et à embellir l'esprit humain, qu'en s'amusant à parodier d'une main enfantine toutes ces interminables minuties dont des esprits étroits se sont plu à surcharger la vie militaire, et dont on a droit de s'étonner que vingt-cinq années, passées dans les combats et au bivouac, ne soient pas parvenues à débarrasser et à purger chez nous l'honorable métier des armes.

La loi rigoureuse de la conscription, en prenant les soldats indistinctement dans toute la masse de la nation, en les prenant dans une meilleure classe que celle où les trouveroit le recrutement volontaire, dont l'écume des grandes villes est en général la source la plus abondante, paroît offrir et offre en effet une garantie importante. Les engagemens limités, le service périodique auquel est astreinte une partie de la population y ajoutent encore. Ce passage régulier de la vie civile à la vie militaire, ce mélange

continuel de l'une dans l'autre, ne peut que
contribuer à les empêcher de se regarder comme
réciproquement étrangères, ou, ce qui seroit
encore plus à redouter, comme ennemies. Celui
qui, soldat aujourd'hui, redevient demain labou-
reur ou artisan, n'est pas comme le religieux qui
devient un nouvel homme, qui renonce au monde
pour ne plus penser qu'à son salut et qu'à son
ordre. Il attend le plus souvent avec impatience
le moment qui doit le rendre à la condition
à laquelle il a été arraché. Les opinions particulières à l'état qu'il suit pour un temps borné
peuvent bien avoir sur lui quelque influence
momentanée, mais ne peuvent jeter de racines
profondes, puisqu'il n'est pour lui qu'un état de
passage, et même pas de son choix. En rentrant
au sein de la nation il se retrempera sans peine
au foyer commun, et même il y apportera ces
habitudes et ces traditions militaires, ces sentimens de fierté et d'honneur qu'il est si désirable
d'y entretenir, et qu'une longue paix peut tendre
à atténuer et à émousser. Il est certainement à
présumer qu'une armée ainsi composée sera
bien plus portée, que si elle étoit fondée sur
tout autre mode de formation, à faire en tout
cause commune avec la nation, à se regarder

comme un de ses membres, comme l'un des élémens qui la constituent ; et quoique l'histoire de notre révolution ne manque pas d'exemples qui ne sembleroient pas confirmer ces espérances, je me plais à croire que l'avenir en a pour nous de meilleures preuves en réserve.

Un autre avantage important recommande cette institution. Lorsqu'après ces guerres qui ont demandé des efforts extraordinaires un état doit réduire ses forces, ces grands licenciemens sont sans danger et s'opèrent sans inconvénient quand les armées ont été levées par cette voie. On connoît au contraire la terrible histoire des grandes compagnies, des retondeurs, des écorcheurs et autres dont les seuls effroyables noms redisent la conduite. On sait que même dans nos états modernes, pourvus de tant de moyens de répression inconnus à nos pères, le renvoi simultané d'un grand nombre de soldats a toujours été pénible. Tandis que nous avons vu une armée de plus de 200,000 hommes, licenciée avec tout l'appareil de la punition et de la dégradation par un gouvernement contre lequel elle avoit déclaré son hostilité, animée de toutes les passions qui peuvent élever des tempêtes dans le cœur des hommes, s'écouler et dispa-

roître en un instant, chacun regagnant, un bâton
à la main, sa ville natale ou la chaumière de sa
famille, sans tumulte et sans désordre, sans
donner lieu à la moindre plainte. Mémorable
exemple de résignation et de soumission! qui,
dans le louable désir de ne fixer les regards que
sur des événemens glorieux qu'aucun regret
n'accompagne, qu'aucune humiliation ne précède, qui ne rappelle ni l'invasion du sol françois, ni une grande défection que n'a pas absoute
la victoire, n'a pas encore été loué autant qu'il
le mérite; mais qui, dans l'opinion de qui sait
réfléchir, et apprécier les actions humaines autrement que sur les bruyantes acclamations de
la multitude, est plus digne d'admiration que
mainte bataille rangée, livrée le plus souvent
pour favoriser quelque cause injuste ou quelque
ambition effrénée. Il ne falloit, je suis persuadé,
rien moins que de si puissantes considérations
pour porter nos législateurs à consentir à une
infraction aussi manifeste des promesses qui venoient de nous être faites en proclamant l'abolition du service obligé.

Il y a une autre partie de la loi du recrutement
qui, quoiqu'elle ait été l'objet de beaucoup d'é-
loges, ne me paroît cependant pas devoir être

louée sans restriction, et qui même est de nature
à diviser d'opinion des gens d'ailleurs sincèrement attachés aux mêmes principes. Chez nos.
voisins, où l'administration générale a été remise
dans les mains d'une aristocratie de propriétaires, le même système a prévalu relativement
au commandement de l'armée. L'avancement
qui s'obtient, en partie en payant les finances
de ses grades, y attire et y favorise les riches.
Le pays le plus libre de l'Europe est celui où
il y a le moins d'officiers sortis des rangs ; et des
amis sincères de la liberté se consolent de quelques absurdités d'une apparence choquante dans
ce système, en pensant aux solides avantages
qu'ils croient y trouver. Nous ouvrons, ou plutôt, nous suivons une autre voie. L'inexorable
conscription qui exige quelques adoucissemens
ou quelques palliatifs, et plus encore l'esprit
dominant que réjouit et qu'émeut tout ce qui
porte l'empreinte de l'égalité, nous ont fait
mettre à part et assigner le tiers des places d'officiers à des soldats parvenus. Certes rien de
plus digne de nos respects que l'homme qui, par
son seul mérite, parvient à surmonter les obstacles que sa condition ou sa naissance avoient
mis à son élévation ; ce que d'autres plus heu-

reux doivent aux seuls hasards de la fortune, il ne le doit qu'à ses propres efforts.
Mais il ne faut pas se laisser aller aveuglément
à ces sentimens, quelque vrais ou quelque sé-
duisans qu'ils puissent être. En organisant l'armée d'un peuple libre, il ne faut pas se borner
à chercher exclusivement les moyens les plus
efficaces d'y porter à son plus haut degré de
développement le mérite ou l'esprit militaire:
il est encore plus important d'aviser à ceux d'en
rendre l'existence la moins menaçante possible
pour les libertés publiques. Or on peut être
fondé à soutenir qu'une des plus fortes garanties
à leur présenter, seroit de ne confier la puissance
de l'épée qu'à cette même propriété à laquelle
vous confiez le droit de coopérer à la législation,
celui d'élection, celui de juger, etc.; surtout
quand tout réclame la formation d'une milice
ou garde nationale, et que l'on est, je présume,
d'accord qu'elle ne doit être formée que sur
cette base. On peut représenter que celui que
l'on a une fois fait sortir d'une classe inférieure,
et que l'on a élevé au-dessus d'elle, ne peut
plus y être rejeté sans mécontentemens ou sans
dangers. Au lieu que l'homme indépendant peut
se voir son emploi enlevé sans que son aisance

en soit diminuée, ou sa considération dans la société atteinte. On peut représenter que des factieux ou des ambitieux peuvent bien plus aisément séduire ou entraîner celui qui, ne possédant d'autre fortune que son épée, n'a rien à perdre et beaucoup à espérer dans un bouleversement, que celui qui, faisant par sa fortune, par son rang social ou par celui de sa famille, une partie plus ou moins favorisée de l'ordre établi, a quelque chose à perdre à sa chute, et par conséquent un motif d'intérêt à s'y opposer. Je ne doute pas même que tout le cours de l'histoire ne fournit des exemples à l'appui de ces raisonnemens. A Rome les hommes puissans ne suivoient pas l'ordre du tableau. Les jeunes patriciens faisoient leur apprentissage dans la cavalerie, où leur service paroît avoir été à peu près ce qu'a été celui de nos cadets dans les armées modernes, et de là ils passoient aux grades les plus élevés. Le service légionnaire semble avoir été abandonné à des citoyens d'une classe inférieure. Quelque part que l'on doive faire à la différence des mœurs et des usages, plusieurs des fonctions cependant que l'on voit attribuées aux centurions, telles que l'infliction de sévères et fréquens châtimens corporels, même de celui de la mort, indiquent assez qu'ils n'étoient pas choisis dans la classe élevée; et cependant leur rang correspondoit au moins à celui de nos capitaines. Le primipile d'une légion étoit probablement la plus haute distinction qu'ils pussent espérer et la limite de leur ambition, dans une république toute guerrière, et qui reconnoissoit la souveraineté populaire. On ne trouve, je crois, dans la longue liste de ses consuls, ou généraux illustres, que Marius qui soit sorti des rangs, *à caligâ ortus*. Je suis persuadé que cette composition des légions est la principale raison qui fit qu'elles se prêtèrent si aisément à finir par n'être que les instrumens de la haute et riche aristocratie. Nous voyons en effet avec quelle facilité, dès que l'étendue des conquêtes et l'éloignement des provinces eurent revêtu les magistrats qui les soumettoient, ou qui les administroient, de ces énormes pouvoirs qui contribuèrent tant au renversement de la république, les armées cessèrent d'être celles de la patrie, pour devenir celles du général qui savoit se les attacher par des liens contractés dans des services communs, ou par des promesses de ces biens qu'elles n'avoient pas. Les soldats plébéiens de Sylla qui relevoit l'autorité des grands, ne se faisoient pas plus de difficulté que de scrupule d'attaquer ou de massacrer les soldats plébéiens de Marius, quoique celui-ci combattît pour la cause populaire. Rien n'indique que sous les empereurs cette composition ait changé, et il seroit inutile de rapporter des preuves de la turbulence de prétoriens, et de leur éloignement de tout esprit civil.

Un trait bien remarquable de l'histoire moderne peut servir de confirmation. Un des premiers pas que fit Cromwell vers l'accomplissement de ses coupables desseins fut la mesure célèbre dans l'histoire de ce temps, et que nous appellerions l'épuration de l'armée. Il en éloigna une grande partie, surtout parmi ceux qui avoient des commandemens, de ces officiers qui les premiers, tant dans le parlement que sur le champ de bataille, avoient soutenu les principes de la révolution ; et qui, quelques motifs d'ambition personnelle qu'il soit permis de leur supposer, étoient au moins liés à la classe des grands propriétaires à laquelle ils appartenoient par des intérêts communs, intérêts en faveur desquels ils avoient commencé la lutte contre leur souverain. Il les remplaça la plupart par des

soldats de fortune qui lui étoient dévoués et qui
avoient leur sort à faire.

On trouve sur ce sujet, ainsi que sur tant
d'autres, une ample moisson de faits instructifs
dans l'histoire de notre révolution ; mais on ne
fouille dans cette carrière que pour y chercher
des matériaux avec lesquels l'esprit de parti
puisse exercer sa funeste industrie. La singularité de la prétention devra faire pardonner à
quiconque le premier ne tâchera d'y découvrir
que la vérité pour en tirer d'utiles leçons. Au
commencement l'armée suivit le mouvement
commun et ne sépara point sa cause de celle du
peuple. Je serois bien loin de vouloir me rendre
l'apologiste de l'effervescence extraordinaire qui
peut avoir eu lieu, des menées qui peuvent
en avoir été la conséquence ; encore moins des
délits dont dans cette première explosion elle a
pu souiller une conduite qui n'auroit autrement
mérité que des éloges. Mais il ne faut pas non
plus que le mal fasse condamner le bien, ni que
les excès commis à cette époque fassent oublier
que la troupe seconda ses concitoyens dans le
généreux élan qui se manifesta de toutes parts.
Comme eux elle se porta avec ardeur vers les
idées de liberté, et préluda aux nobles efforts

qu'elle devoit faire plus tard pour défendre son pays. C'est alors que le célèbre Fox déclara que la conduite de l'armée françoise changeoit toutes ses idées, et commençoit à ébranler cette opposition aux troupes de ligne, que les patriotes anglois avoient coutume de se transmettre les uns aux autres comme un des fondemens de leur croyance. Les soldats étoient alors séparés de leurs officiers par la différence des classes. Ils finirent par croire qu'elles avoient des intérêts différens, ou même opposés. Il s'ensuivit les effets qui tôt ou tard doivent avoir lieu quand cette lumière a frappé les esprits, ou quand cette prévention s'en est emparée. Nous avons parlé des inconvéniens qu'il y auroit à choisir les officiers en trop grand nombre parmi les simples soldats. Quelque projet que l'on pût former pour y remédier, il n'est pas nécessaire de dire qu'il ne pourroit jamais sous aucune forme être question d'une classe à laquelle appartînt le privilége de fournir les officiers ; il ne s'agiroit jamais tout au plus que de quelque condition de propriété : de même que personne ne pourroit jamais par là proposer l'exclusion absolue du mérite sans fortune, mais seulement les règles d'après lesquelles auroit lieu son admission, et les limites à y apposer : or le mérite est toujours rare.

Sous les gouvernemens qui se succédèrent en France la propriété au contraire fut à peu près exclue de tout. Ceux qui commandoient les troupes étoient tirés des rangs. Sous un point de vue purement militaire, pour exciter l'émulation et faire percer les talens cachés, pour former une armée conquérante et prête à entrer sans examen et avec ardeur dans toute entreprise qui peut ouvrir à l'homme ambitieux et hardi quelque chance de sortir de l'obscurité, ou d'améliorer sa modique existence, je ne conçois pas d'institution plus propre à remplir son but. Mais un état libre n'a pas tant besoin d'une armée essentiellement conquérante et guerrière, que d'une armée constitutionnelle, et par laquelle il n'ait pas à craindre d'être jamais opprimé. Une armée constituée comme celle qu'a eue la France pendant sa révolution offre-t-elle ces garanties ? Je ne puis m'empêcher d'en douter, et je crois avoir pour moi l'expérience. Le premier enthousiasme une fois évaporé, la haine d'une classe privilégiée, qui plus que toute autre cause l'avoit engendré, ne le nourrissant plus au milieu d'une nation nivelée par l'égalité, les troupes n'eurent bientôt plus avec elle ces sentimens d'un accord sans mélange qui avoit d'abord frappé comme un phénomène historique. Ne secondèrent-elles pas la convention, ne la firent - elles pas prévaloir dans le dernier acte de tyrannie qu'elle exerça en se perpétuant dans les conseils ? Le directoire ne s'en servit-il pas lorsque, ayant fait avec les jacobins une détestable alliance, il viola la constitution, et proscrivit ou déporta ce que la France possédoit de citoyens les plus estimables ? L'usurpation prétorienne de brumaire. tarda-t-elle à suivre les forfaits de fructidor ? On sait tout ce que crut devoir faire pour gagner son affection, ou pour s'assurer de son dévouement, celui auquel profita cette dernière révolution, et jusqu'à quel point il réussit à l'attacher à sa personne, et à confondre son intérêt avec celui de sa propre cause. On commençoit déjà à voir reparoître en Europe ces bénéfices militaires, première cause de cette féodalité objet de tant d'exécration. Je sais tout ce que l'on a dit, tout ce que l'on peut dire en faveur du rôle qu'a joué l'armée dans les événemens à jamais déplorables du 20 mars. Mais à qui persuadera-t-on que le mécontentement, qu'elle manifesta alors d'une manière si

funeste pour sa patrie, ne fut pas principalement
excité par les premiers regrets que faisoit naître
la chute de ce système d'ascendant et de fortune
militaire qui commençoit à disparoître devant
celui dont on posoit les bases ? Après avoir sans
réserve exposé mes sentimens sur les faits
comme sur les principes, j'avouerai avec la
même franchise qu'il est possible que de nouvelles combinaisons sociales amènent des résultats inattendus. Celles que présente la France
ne ressemblent à rien de ce qui jusqu'ici a été
connu chez un aussi grand peuple. Ceux qui
sont destinés à en voir les fruits dans leur maturité se riront peut-être de ceux qui, tirant
leurs analogies du passé, se mêlent de raisonner
sur l'avenir. Il ne faut donc pas se hasarder à
porter un jugement trop tranchant sur les effets
du mode de nomination adopté pour remplir les
emplois militaires. Cette disposition étoit d'ailleurs peut-être trop impérieusement réclamée
par l'esprit du moment et par les circonstances
pour qu'il fût prudent de s'y refuser. Dans ses
applications aux choses réelles, la législation doit
cesser d'être considérée comme une science
fondée sur des principes absolus. Elle doit alors
apprendre à agir selon les temps et à tenir

compte des passions des hommes. Or, dans la disposition actuelle, on seroit sûr de causer une épouvante générale en évoquant tout ce qui pourroit ressembler à un fantôme d'aristocratie. N'y eût-il pas de meilleure raison à donner, il ne faut pas négliger ce qui ne serviroit même qu'à rassurer des esprits trop faciles à alarmer.

Une des garanties contre la prépondérance militaire dont l'efficacité est la plus évidente, et qui en effet, comme l'une des plus fortes que l'on puisse obtenir, doit être le but des efforts de tous les bons citoyens, est l'établissement de la garde nationale. Une nation qui a elle-même les armes à la main a moins à craindre que celle qui est désarmée l'existence d'une force permanente qu'elle est obligée d'entretenir pour sa défense. Il n'est au fait pas plus besoin de faire cette remarque que d'en indiquer les raisons. Jusqu'ici cette noble et indispensable institution est restée étouffée sous un chaos de lois anciennes et tombées en désuétude, et d'ordonnances nouvelles qui n'ont pas même le mérite d'être exécutées. Il ne faut pas s'en étonner. L'arbitraire, qui d'un côté trouve toujours son compte dans la confusion, et qui

de l'autre redoute, quand cela ne seroit pas pour
le présent, du moins pour l'avenir, de voir le
peuple chargé de la défense de ses droits contre
quiconque voudroit les attaquer, fait et fera
tous ses efforts pour nous empêcher de sortir
de cet état. Cela nous avertit de redoubler les
nôtres. Dans l'organisation de cette force, il
me semble qu'il y a surtout deux points qui
mériteront attention. Le premier sera de mo-
derer l'espèce de service qui lui sera demandé
de manière à ne pas outrepasser les justes limites de ce que l'on a raisonnablement droit
d'exiger des citoyens, à ne pas les dégoûter, et
à réserver leur bonne volonté et leur zèle pour
ces rares et grandes occasions, dans lesquelles
seules il est permis de faire un appel à l'énergie
et au dévouement. Il ne seroit pas difficile,
surtout en France où ces classifications ont si
souvent été faites, de diviser les habitans de manière à n'obliger absolument que ceux qui pourroient y être astreints avec le moins d'inconvéniens, à des services plus actifs, et en cas de
besoin, plus éloignés de leurs foyers; tandis
qu'on ne laisseroit aux autres que le maintien
de la tranquillité et celui de la défense locale.
Une garde nationale est bien plutôt destinée à

assurer le respect dû aux lois par tout le monde, ainsi que celui dû aux droits et à la sûreté de tous, qu'à s'opposer à une invasion : non qu'elle ne doive pas être employée à y résister, mais parce qu'elle ne doit pas en être plus spécialement chargée que la masse universelle de la population ; parce que, dans ces cas extrêmes, il ne devroit plus y avoir de distinction, et que dans un état bien constitué, et où par conséquent le patriotisme seroit autre chose qu'un vain mot, tout citoyen, en âge militaire, doit marcher pour repousser l'agression. C'étoit, comme on le sait, une loi ou une coutume des Francs. Il faudroit seulement que quelque organisation réglée d'avance donnât de la régularité à ces levées, et les empêchât d'être tout-à-fait tumultuaires.

En second lieu, pour que cette force produise tout ce que l'on a droit d'en attendre, il me paroît indispensable que les choix de la plupart de ses officiers lui soient abandonnés. Il ne s'agit pas de la faire agir par le ressort de l'obéissance aveugle des camps pour laquelle elle n'est pas faite. Il faut qu'en choisissant ceux qui jouissent déja de sa confiance, elle donne des gages de sa disposition à les suivre dans les momens où il lui faudra se montrer. L'obéissance ne peut être chez elle que principalement volontaire, et c'est la raison qui l'élève au rang de garantie de la liberté. Si l'autorité nomme tous ses officiers, cette prérogative peut devenir dangereuse dans le cas où le corps seroit porté à obéir implicitement à leurs ordres ; dans le cas contraire, cas qui pourroit bien être le plus fréquent, elle se verroit gravement compromise, et de fâcheuses conséquences pourroient suivre des services commandés et refusés. Des officiers imposés pourroient être méconnus par des soldats sur lesquels ils n'auroient aucune prise. Mais il ne peut y avoir aucun inconvénient à ce que le gouvernement fasse concurremment quelques nominations, peut-être même principalement dans les grades supérieurs. Un des avantages particuliers à de pareils corps est d'être peu sujets à être dominés par la pure volonté de celui qui les commande. C'est bien plus leur esprit qui agit sur leurs chefs, que celui des chefs qui agit sur eux. Il faut seulement bien se tenir en garde contre toute cette superfétation d'état-major et d'organisation centrale, dont, suivant toujours fidèlement les erremens et les modèles du despotisme impérial, on n'a pas manqué de

charger d'abord la garde nationale. Le propre
du despotisme est de tout réunir en un point
unique. Comme conservatrice au contraire de
la liberté, la garde nationale est une institution,
si jamais il en fut une, dont la direction et l'action doivent être locales. Tout aussi peu faudroit-il lui donner pour chef et pour régulateur
un personnage aussi élevé dans l'État qu'un
prince du sang. Si il étoit possible que son influence y devînt prépondérante, il pourroit en
faire, ou ceux qui l'entoureroient ne manqueroient probablement pas d'en faire un étrange
abus, pour dénaturer son esprit, ou pour le
détourner de son véritable but. Si au contraire
il n'en avoit aucune, des efforts mal conçus,
mal dirigés, pour en acquérir ou en exercer,
pourroient donner lieu à de l'inquiétude, du
mécontentement, et à ce désir de résistance qui
finit presque toujours par être peu raisonnable.
C'est un corps qui plus qu'aucun autre ne doit, et
dans le fait ne peut recevoir que de lui-même
son impulsion et son ...ncipe de conduite. C'est
la nation en armes, et nul n'a le droit, ni dans
le temps où nous sommes, Dieu soit loué ! les
moyens de lui dicter son opinion ou de lui
prescrire sa marche.

Quand on parle des précautions constitutionnelles à observer pour se garder contre les dangers que présente la force militaire, on ne peut
passer sous silence le mode suivant lequel se
réglera son intervention quand elle devra agir
dans l'intérieur. Dans l'état actuel de notre
législation, ou plutôt selon ce qui se pratique,
sans m'informer jusqu'à quel point cela est rigoureusement légal, ses chefs peuvent la mettre
en action à peu près quand ils le jugent à
propos, sans avoir besoin à cet effet d'autre
autorisation que de la leur, ou tout au plus de
celle du pouvoir militaire supérieur. Si nous
voulions suivre l'exemple du ministère, qui ne
manque pas d'aller déterrer dans toutes nos
constitutions antérieures et d'en faire revivre
à son profit tout ce qui peut lui être bon, peut-
être trouverions-nous que les décrets de l'Assemblée constituante sur la loi martiale n'ont
jamais été légalement abolis. Mais nous n'entrerons pas dans une discussion aussi oiseuse.
Car entre les recherches du ministère et les
nôtres il y a cette notable différence, qu'il a
le pouvoir de tirer parti et de mettre en œuvre
les découvertes qu'il a le bonheur ou l'habilité
de faire en ce genre. Nous ne pouvons qu'élever

d'impuissantes réclamations. On a tant fait ce métier et on est si peu écouté, que l'on commence à en être à peu près dégoûté. Il seroit également inutile de perdre son temps à démontrer, soit combien cette absence de règles fixes sur l'intervention militaire est en harmonie avec ce système vaste et lié d'arbitraire que nous conservons soigneusement, soit les dangers qui pourroient en résulter pour les libertés publiques. Je ne pense pas que l'on prétende nier que cette intervention ne doive avoir lieu que sur la demande, ou à la réquisition, de l'autorité civile d'après des formes déterminées, et ne doive lui être en tout subordonnée. Je ne vois qu'une seule objection que l'on puisse y faire, et même d'une application que l'on peut espérer ne devoir être que momentanée. On pourroit soutenir que cela ne seroit dans le fond qu'une précaution inutile. Tous les officiers civils étant, ainsi que les officiers militaires, exclusivement nommés par le gouvernement, et étant également révocables à sa volonté, pourroient être également prêts à exécuter tous les ordres qu'ils en recevroient, et auroient aussi peu la disposition que la faculté de s'opposer à un emploi illégal de la force. Je serois loin de

nier tout ce que cette observation peut avoir
de solide, et je sens qu'avec une machine administrative telle que celle qui pèse sur nous,
la sauvegarde dont il est question pourroit bien
n'avoir pas grand effet. Ce seroit cependant d'a-
bord toujours une formalité de plus à remplir,
ce qui, dans des momens surtout où les passions sont en jeu, peut servir à en modérer ce
qu'il y a souvent de plus à craindre, leur premier élan, et à en éviter ou en amortir bien de
funestes conséquences. La jalousie qui règne
toujours entre ces professions rivales suffiroit
pour élever quelque digue contre ce mépris
pour les formes légales et cet appel irréfléchi
à la violence, auquel par sa nature n'est que
trop porté celui qui considère avant tout les
armes qu'il a à la main. On ne seroit d'ailleurs
plus exposé alors qu'aux violences de l'autorité
supérieure, et l'on couperoit court à toutes
celles qui sont à redouter des commandans
militaires particuliers. Ce seroit toujours cela
de gagné. Mais cet inconvénient ne peut être
que passager. Plus j'y pense, et plus je me per-
suade ou que nous devrons renoncer à un
régime libre, ou que l'autorité sera dessaisie du
droit monstrueux de nommer à toutes les char-

ges locales et municipales, et d'en exercer tous
les pouvoirs. Dans ce dernier cas tout rentre
dans la règle, et le militaire ne peut être appelé à frapper que lorsqu'il en est requis par
des magistrats, en grande partie du moins,
élus par leurs concitoyens. Nous possédons alors
une des plus rassurantes garanties pour ces occasions extraordinaires où la première des
lois, le salut du peuple, exige ce terrible recours. S'il n'en devoit pas être ainsi, si nous
n'étions pas assez heureux pour parvenir
à fonder la liberté, qu'importe après tout
de quelle manière s'exerce l'arbitraire? Le
mal, le seul mal à considérer, est qu'il soit établi; car alors il peut à volonté se prescrire à
lui-même l'ordre ou le désordre suivant lequel il procédera.

Je ne saurois terminer sans dire un mot des
troupes étrangères. Il est fâcheux qu'elles soient
devenues un sujet de déclamations populaires.
J'en conviens; mais, de bonne foi, à qui la
faute? Est-ce à ceux qui, quelques intentions
que l'on veuille leur prêter, maintiennent
toutefois des principes et des droits incontestables? ou à ceux qui les méprisent et qui les
violent? Il est permis, si l'on veut, d'accorder qu'il

puisse exister telle circonstance qui autorise l'emploi d'une pareille force ; aucune où, dans un système constitutionnel, cela puisse avoir lieu sans le concours du pouvoir législatif. Toutes les maximes politiques que l'on étale, tous les raisonnemens sur la défense de notre frontière, raisonnemens même qui dans l'état actuel de l'Europe n'ont plus à peu près aucune application, ne sont que de vains et foibles prétextes qui n'en font accroire qu'aux âmes candides. D'un autre côté, qu'espéreroit-on faire, à qui prétendroit-on en imposer en France avec quatre régimens, si l'on méditoit de coupables desseins ? A moins que l'on ne suppose qu'ils ne soient regardés que comme le noyau d'une force sur laquelle on puisse se reposer avec plus de confiance, pour les instans de crise, que sur la fidélité douteuse des soldats nationaux, et que l'on compte pouvoir augmenter par la suite, je ne pourrois assigner qu'un motif à l'importance que l'on a mise à l'entretien de ces troupes en France. C'est ce penchant aveugle qui joue un plus grand rôle que l'on ne pense dans les déterminations des grands de la terre, c'est cet amour-propre mal entendu, c'est ce honteux prurit qui pousse souvent l'au-

torité, sans qu'elle-même l'aperçoive ou puisse
s'en rendre raison, à faire ce qui est désagréable à ceux qu'elle gouverne, par le seul motif
que cela leur est désagréable, quand ceux-ci
ne veulent pas se résigner à suivre humblement
la route qu'elle leur trace. Je respecte trop sincèrement l'illustre et généreuse nation suisse
pour jamais me permettre la moindre réflexion
qui pût lui être injurieuse. Nous devons de l'admiration à ses enfans, comme rangés parmi les
aînés de la liberté en Europe, et de l'attachement
pour leur longue alliance avec nous. Nous leur
devons de la reconnoissance pour leur conduite
en mainte occasion, depuis la courageuse fidélité avec laquelle ils sauvèrent Charles IX, jusqu'au dévouement héroïque avec lequel ils se
firent hacher sur les marches des Tuileries,
lorsqu'une populace furieuse voulut en arracher
le roi commis à leur garde. Nous leur devons
réparation pour les armes impies que ceux qui,
pour leur malheur comme pour le nôtre, étoient
les maîtres en France ont deux fois porté dans
le sein de leur paisible patrie. Mais ce que
nous ne leur devons pas, c'est le sacrifice de
l'un de nos droits les plus importans comme
les plus évidens. Je ne ferai pas à leur diète

fédérale l'injure de douter un instant de l'accueil qu'elle feroit à la proposition de lever et de soudoyer un corps d'étrangers armés. Je ne demande qu'à leur donner l'exemple que, placés en semblable situation, ils ne manqueroient pas de nous donner eux-mêmes. Leur présence illégale au milieu de nous nous rend déjà injustes à leur égard. C'est dans leur intérêt même comme dans le nôtre que ce point devroit être réglé. J'ai déjà parlé des argumens que pourroient fournir aux esprits chagrins certaines circonstances pour en conclure l'insuffisance des Chambres. Peut-on en concevoir je ne dirai pas de plus spécieux, mais, dans le fait, de plus solide, et surtout de plus propre à produire sur la multitude une impression dangereuse, que la vue de troupes étrangères levées, introduites, réparties et cantonnées dans toute la France sans leur autorisation, sans même que l'on ait eu assez d'égards pour elles pour leur en donner le plus simple avertissement; et cela après que plusieurs de leurs membres, qui n'avoient pas oublié leurs devoirs constitutionnels, ont à diverses reprises élevé la voix pour les leur rappeler? Quand elles voudront enfin donner un démenti à leurs accusateurs, le pre-

mier pas qu'elles devront faire sera sans doute
d'exiger le renvoi de ces corps; ou du moins
que leur entretien et leur séjour en France,
que leur nombre et que toutes les conditions de
leur service soient soumis à leur révision et à
leur approbation préalable. Mais si elles devoient
croire une exception juste ou nécessaire en faveur d'antiques alliés et de vieilles habitudes,
dont la conservation ne présentera plus rien de
dangereux ou de choquant une fois qu'elle sera
légitimée par la sanction législative, elles ne devront qu'en proscrire avec d'autant plus de rigueur toute autre espèce de troupe non nationale; et exclure aussi scrupuleusement tous
ces corps composés de déserteurs et de vaga-
bonds, que les princes étrangers que l'on
fait venir de loin, à grands frais, pour les
commander.

Il est à espérer qu'au moyen de ces garanties,
si nous sommes jamais assez heureux pour les
obtenir en tout ou en partie, on verra diminuer,
sinon tout-à-fait disparoître, les dangers d'une
force armée permanente; en attendant qu'un état,
dont il ne nous est pas encore donné même d'entrevoir la possibilité, vienne peut-être permettre
à nos descendans plus fortunés de s'en passer en-

tièrement. Je n'ai fait que toucher ou qu'indiquer ces garanties. Je souhaite que d'autres plus habiles les exposent mieux, et y en ajoutent de nouvelles. C'est là un sujet digne des méditations des meilleures têtes. Il en est une dont je n'ai rien dit, et de laquelle j'ai l'intention de parler plus loin; je veux dire l'éducation générale. Quelque envie qu'on en ait, on ne peut plus ne pas voir cette influence qu'exerce de jour en jour davantage l'intelligence à mesure que son empire s'étend. Quelques gens de bien, quelques rêveurs honnêtes, dont les louables intentions surpassent le jugement, peuvent avoir jeté là-dessus quelque ridicule d'expression ou d'exagération. Quelques rêveurs d'une autre espèce, qui n'ont que la moitié de ces moyens d'excuse, sentant fort bien quel est le meilleur auxiliaire ou le plus ferme fondement de la prépondérance qu'ils voudroient établir, peuvent s'en affliger et le nier. Mais tous les amis de leur pays, tous les amis de l'humanité s'en aperçoivent et s'en réjouissent. Tous les bons esprits, toutes les âmes élevées partagent avec un juste orgueil ces nobles sentimens. Joint à l'avantage général, ils y voient leur avantage particulier. La prééminence, le règne des facultés

intellectuelles est leur domaine. Ils le revendiquent, sûrs qu'ils sont d'y trouver leur place
marquée. Pour eux il n'est pas douteux qu'à
mesure que les moyens d'instruction, et que
l'instruction elle-même, se répandront, toutes
les classes de la société, même celles qui en
occupent les places les moins favorisées, ne
viennent à mieux connoître leurs droits ; que
les connoissant mieux elles n'en soient d'autant
plus portées à les réclamer, plus capables de les
acquérir, et plus disposées à fortement s'y attacher. Alors le simple soldat, sortant du sein
d'une société ainsi formée et devant y rentrer,
sensible à tous les avantages qu'elle lui garantit,
à lui ainsi qu'à tout ce qu'il a de plus cher, se
laissera plus difficilement persuader que sa profession passagère est une espèce de caste, ayant
des intérêts distincts et devant lui inspirer des
opinions particulières. Plus éclairé, son esprit
le mettra plus en garde contre les prestiges de
la séduction. Il lui enseignera à se défier des
jongleries dont on voudroit l'assaillir, et à ne
faire que rire de la ridicule boursoufflure des
discours ou des proclamations dont se serviroit
quelque puissant charlatan pour l'égarer et pour
le tromper. Il verra plus aisément et plus clai-

rement que tous les ambitieux qui ont voulu se
servir de son courage pour leurs fins particulières, depuis Alexandre ou César jusqu'à Charles XII ou Bonaparte, n'ont jamais dans le fond
eu pour lui que le mépris le plus profond, ou
que l'indifférence la plus barbare; et qu'instrument passif de leurs desseins personnels il ne
lui est presque jamais resté pour sa part dans
leur accomplissement que les pertes ou les
souffrances, la mutilation ou la mort. Il ne croira
pas plus à la doctrine qui lui prêche une obéissance aveugle, sans bornes comme sans réflexion,
à tous les ordres de ses chefs, que l'on ne
croit à tant d'autres doctrines également honorables à notre nature dont nous voyons la
décadence journalière. Il sentira qu'il a une tête
qui doit juger de la justice du coup, aussi bien
qu'un bras destiné à le frapper. La même raison
plus exercée, qui lui apprendra qu'il est tout
autre chose qu'une machine matérielle, lui apprendra aussi qu'il y a plus d'honneur à se
soumettre qu'à se soustraire à l'autorité civile;
plus de dignité, une fois hors des camps et en
tout ce qui ne touche pas son service, à dépendre
de la règle de la justice que de l'arbitraire des
commandans militaires. Mais je m'arrête. Il

seroit facile de s'étendre sur ces considérations
que tant de gens qui se croient supérieurs, qui
se piquent d'avoir des têtes pratiques, ne regar-
deront avec un sourire dédaigneux que comme
un échantillon des chimères du jour ; mais qui,
je ne crains pas de le dire, pour quiconque sait
voir et comprendre ce qui se passe autour de
lui, sont des réalités dont l'accomplissement ne
paroît plus désormais pouvoir être retardé, que
par un de ces événemens extraordinaires auxquels il est donné pour un temps d'arrêter les
développemens du genre humain ; événemens
qui heureusement ne se reproduisent que comme
de rares phénomènes à d'immenses intervalles,
et dont à l'époque actuelle tout semble nous
garantir.

CHAPITRE X.

De l'instruction publique.

Une des garanties, comme une des conditions les plus essentielles de la liberté, se trouve dans l'éducation, dans l'instruction qui en résulte, et dans la diffusion plus ou moins grande de cette instruction. C'est elle, comme nous venons de le dire, qui fait connoître à un peuple ses droits; c'est elle qui lui donne les moyens et de les acquérir et de les conserver. Faute d'avoir été assez avancés en civilisation, ni les Francs, ni aucune autre des peuplades sorties de la Germanie, n'ont pu parvenir à convertir en liberté régulière l'esprit d'indépendance personnelle qu'ils avoient apporté de leurs forêts. Il n'est plus permis de douter, et je crois qu'en effet personne ne doute présentement que, plus un peuple est éclairé, et plus il ne soit en même temps destiné à être libre, par conséquent mieux gouverné. Je sais bien que ceux qui ne voient dans la politique que l'art de se servir des hommes comme d'instrumens pour parvenir à certaines fins , qui regardent l'autorité

seule comme l'intelligence, et les nations que
comme la matière qui n'est susceptible que de la
forme qu'il plaît à celle-là de lui faire prendre,
se rient en pitié de ces visionnaires qui attendent
le règne de la raison sur la terre, comme des
descendans légitimes de ces sectaires dont la
robuste foi y attendoit autrefois celui de Jésus-
Christ. On voit s'opérer de tous côtés un changement prodigieux dans les choses qui n'est
que la conséquence d'un changement dans les
idées; et l'on voudroit que cette étonnante révolution ne fût que le fruit des menées de
quelques mécontens ou de quelques factieux,
qu'une trame assez artistement ourdie par une
poignée de conspirateurs qui peuvent, au moyen
de quelques fils dont ils tiennent les bouts, remuer le monde à leur gré ! Si l'on ferme les
yeux à ce qui se passe autour de soi, on est
également aveugle à ce qui se passe en soi-
même. On change et on le nie. Ceux qui se
targuent le plus de leur immuabilité sont déjà
bien loin d'être ce qu'ils étoient il y a trente
ans. Combien de nouvelles idées leur sont, bon
gré mal gré, entrées dans la tête. S'ils vouloient
de bonne foi se rendre compte de toutes les
déviations à leurs anciens principes, dont les

a rendus coupables une force irrésistible, ils en seroient probablement aussi scandalisés qu'effrayés.

Il y a entre les progrès des peuples anciens et celui des modernes un contraste qui m'a toujours paru fort remarquable. Les républiques si vantées (et à beaucoup de titres avec justice) de l'antiquité ont abouti au plus honteux despotisme ; et sous ce despotisme, les sujets ont été réduits à un état d'abrutissement et d'ignorance qui paroît excéder tout ce que nous pouvons imaginer. On n'a par exemple qu'à feuilleter Lucien, pour avoir quelques notions des grossières jongleries, des viles superstitions dont le monde étoit alors la dupe et la proie. De petits états fondés sur le principe de l'égalité et de la souveraineté populaire, sortit un monstrueux régime, dans lequel les citoyens finirent par ne plus trouver de sûreté qu'en abjurant leur liberté personnelle et en se rendant serfs d'un homme puissant. Quelques peuplades barbares, dans un état de civilisation que l'on pourroit presque comparer à celle des Hurons et des Iroquois, ont pu détruire cet empire et se le partager. Nous ne voyons même nulle part que les nations qui le composoient leur aient opposé de la résistance.

Chez les modernes les choses ont suivi une route absolument différente. Du sein de la féodalité, qui étoit en elle-même un système bien moins propre que celui des républiques anciennes au développement de la liberté et à celui de l'esprit humain, sont cependant sorties peu à peu l'abolition presque générale de l'esclavage, et une tendance vers l'égalité civile qui n'a cessé, qui ne cesse d'agir, et que nous voyons marcher à grands pas à son entier accomplissement. La raison publique, gagnant toujours du terrain, a fait des progrès continuels, souvent lents, quelquefois interrompus, mais à la longue surmontant tous les obstacles qui lui étoient opposés. Sans se détourner de sa marche, elle a toujours été propageant une répartition plus universelle de l'instruction, ajoutant au trésor des sciences, et, malgré quelques vicissitudes momentanées, améliorant nos idées sur la politique, sur la morale, et même, quoiqu'on en dise, sur la religion, qu'elle tend chaque jour, en dépit d'une résistance bien mal calculée, à purger de ces impuretés dont la main de l'homme n'a que trop déparé sa divine origine. Nous en

28

sommes enfin arrivés à une époque où des gouvernemens libres se fondent ou sont sur le
point de se fonder partout aux cris des peuples qui les réclament. Le monde policé, loin
de courir le risque d'être le butin de quelques
hordes sauvages, acquiert la vigueur, il seroit
presqu'epermis d'ajouter la beauté, d'un renouvellement d'adolescence, et de tous les côtés la
barbarie recule devant la civilisation. En un mot,
nous voyons commencer une période qui sera
la plus glorieuse de l'histoire de l'homme réuni
en société. A quoi attribuer ces résultats en apparence si opposés réciproquement à leurs principes ? Comment se fait-il que du bien soit né
le mal ? et que le mal ait porté en soi la semence
du bien ? Est-ce dû, ainsi qu'il a été prétendu,
à l'influence bienfaisante de la religion chré-
tienne ? Est-ce une conséquence directe ou
éloignée du singulier échafaudage de la féodalité ? ou bien peut-on l'attribuer à la résistance
qu'il a fallu lui présenter, et à l'esprit d'indépendance qui a été ainsi créé ? C'est là un
objet de recherches aussi curieuses qu'inté-
ressantes. C'est ce qui fera le plus grand honneur à celui qui aura la sagacité d'en démêler

les causes, et l'impartialité de les exposer sans chercher à flatter ou à offenser aucun parti.

Ceux qui sont les plus opiniâtres à nier l'influence des lumières sur les affaires humaines sont cependant, par une inconséquence qui n'est rien moins que singulière, les premiers à réclamer pour l'autorité seule le privilége de donner l'éducation aux peuples, de leur mesurer la portion qui lui semblera convenable, et de leur en indiquer la direction qu'elle approuvera. Ayant vu un pouvoir, qui a poussé jusqu'à l'extravagance les tentatives d'envahissement universel, prétendre s'emparer de ce monopole, comme il prétendoit former à son gré et à son profit un esprit public, en instituant un bureau chargé de cette nouvelle fonction, ils s'imaginent que le gouvernement qui lui a succédé doit hériter de ses prétentions et de ses pratiques; et que, sans avoir aucun de ses moyens, rien de sa force, rien de son ascendant, il réussira mieux que celui que l'on pouvoit à bon droit appeler le Léviathan du despotisme. Ils veulent donc que l'éducation publique lui soit remise en entier, et que nul ne puisse en recevoir que de ses mains. Il m'a toujours paru que l'on se forgeoit souvent à ce sujet d'assez fausses idées. Il étoit possible aux républiques grecques d'avoir une véritable éducation publique, c'est-à-dire dans le fait entièrement donnée et administrée par la cité. Le peu d'étendue de leur territoire et du nombre de leurs citoyens pouvoit le leur permettre. Ainsi, pour prendre un exemple qui nous soit mieux connu, Genève pourroit en faire autant. Le peuple, qui y exerçoit la souveraineté, pouvoit et devoit se plier à bien des restrictions qu'il ne seroit pas plus juste que raisonnable de penser à nous imposer, vivant sous des régimes différens. Il pouvoit payer cher un tel avantage. Auroit-on le droit de faire peser sur nous les mêmes charges, tandis que nous ne jouissons pas, nous ne pouvons pas jouir des mêmes bénéfices? Et quand même cela seroit juste, cela seroit-il praticable dans un état peuplé de trente millions d'habitans ? Quelle que soit l'ambition de notre administration, prétendra-t-elle exercer dans un aussi grand empire ces soins et cette surveillance minutieuse qui sont possibles dans une bourgade ?

On a ensuite toujours prodigieusement exagéré les effets de l'éducation, en tant que l'on entend par cette expression celle que, pendant l'enfance ou la première jeunesse, on re-

çoit dans les écoles ou dans les colléges. Le
présent efface continuellement le passé de notre
mémoire. Tâchons de nous reporter à cette
époque, si vivement désirée par tous les jeunes
gens, où ils échappent à la contrainte des colléges, et nous verrons si le premier pas qu'ils
font, s'il n'est déjà fait, n'est pas d'apprendre en général à se moquer, et de leurs premiers instituteurs, et de presque tout ce
qu'ils leur ont dit, bien loin de conserver quelque prédilection, quelque respect pour ces salutaires leçons qu'ils leur ont si souvent données, il faut l'avouer, avec un peu plus de
bonne volonté que d'habileté, avec un peu plus
de désir que de moyens de faire impression.
Le jeune homme se forme ensuite ordinairement sur ceux qui l'entourent. Il prendra naturellement les opinions et les mœurs de la
classe à laquelle il appartient, de la profession
dans laquelle il entrera. Le plus efficace de
tous les mobiles, celui de l'intérêt; la puissance souvent inaperçue, mais toujours réelle,
des opinions au milieu desquelles nous respi-
rons; quelquefois une idée de devoir, et presque toujours le besoin de plaire à ceux avec
lesquels nous sommes destinés à vivre, y con-

tribueront chacun pour sa part. Ce sont là les
véritables causes qui modèlent et régissent nos
opinions. Il y a bien, je le sais, quelques âmes
élevées qui, indépendantes de ce qui les entoure et qui les touche de plus près, plus accessibles aux suggestions de la liberté intellectuelle qu'à celles de l'intérêt personnel, affranchies des liens de l'habitude, ne forment leurs
opinions que d'après leurs propres réflexions,
et ne règlent leur conduite que sur ce qui leur
paroît juste et beau. *Rari nantes in gurgite
vasto.* Il ne peut être question que de la règle
et point des exceptions. Veut-on une preuve
combien peu sont durables les impressions
que l'on reçoit dans les maisons d'éducation,
quand elles ne s'accordent pas avec celles qui
règnent au dehors? L'éducation qui se donnoit autrefois dans ces établissemens de l'université, où étoit élevée toute la classe supérieure
de la société, étoit très-religieuse. Je ne crois
cependant pas que l'on veuille soutenir que les
sentimens religieux dominassent alors dans cette
classe, ou que l'on mît même quelque soin à
en présenter les apparences extérieures. En en-
trant dans le monde, l'écolier apprenoit bien
vite qu'ils n'étoient pas ceux des personnes qui

en dictoient les lois, qu'ils n'y étoient plus du bon ton, et qu'ils devoient être relégués avec les pédans qu'il venoit de quitter.

Dans les raisonnemens auxquels on pourra se livrer à ce sujet, il faut donc se garantir des illusions, et se garder de vouloir mettre en place de ce qui est réellement quelques idées théoriques de ce qui devroit être. Dans la première époque de la jeunesse, nous n'acquérons que de l'instruction, ou pour être plus exact, que les moyens qui pourront plus tard nous servir à acquérir cette instruction. Sans nier que les premières notions, que les premiers sentimens que l'on cherche alors à nous inculquer sur tant de hautes questions, destinées souvent à agiter toute notre existence future, ne puissent laisser, et ne laissent quelquefois, des traces, il faut avouer qu'elles ne sont ordinairement que bien légères et assez promptes à être effacées ; et que ces opinions arrêtées qui forment l'homme moral, ou souvent simplement la conduite qui les suppose, sont des effets plus tardifs ou de l'ordre quelconque dont nous sommes les membres, ou du rôle que nous sommes appelés à jouer dans la vie. Une ordonnance rendue avec beaucoup de solennité nous a appris que dorénayant la légitimité seroit enseignée dans nos écoles, afin que tous ces jeunes esprits fussent de bonne heure imbus de ses hautes et salutaires doctrines. Je parierois bien, et à coup sûr, que le degré de foi qu'ils y ajouteront, ou qu'ils afficheront, dépendra bien moins du nouvel enseignement qu'ils vont avoir le bonheur de recevoir, du zèle et du talent des maîtres chargés de le leur donner, que de la compagnie qu'ils fréquenteront à leur sortie, et du parti politique auquel leur position les associera.

Les amis de la liberté, s'ils sont bien avisés, se garderont bien d'avoir ou d'annoncer de si hautes prétentions. Ils n'envisageront cette première partie de l'éducation que comme une préparation à la véritable instruction, que comme une habitude du travail et de la méthode, que comme un goût de l'étude et une idée de la honte attachée à l'ignorance, inspirés de bonne heure. Tout ce qu'ils doivent demander, c'est qu'il existe ce noble, ce généreux désir d'éclairer, de cultiver son esprit, et qu'aucun obstacle ne soit apporté à ce qu'il puisse s'étendre et se développer. Ils auront pas la vaine et orgueilleuse manie de fondre ou de couler l'esprit humain. Quand même ils auroient le don surnaturel de ce pouvoir plastique, ils sentiroient combien peu ils auroient besoin d'en faire usage. Cet esprit par lui-même, et sans inspirations étrangères, est tel qu'il le leur faut. Leurs opinions ne sont autres que celles qui y germent naturellement, qui dérivent de son essence constitutive. Ils doivent se borner à obtenir qu'il lui soit permis de se former lui-même une pleine liberté, sûrs qu'il ne pourra alors manquer de se former dans leurs sens. D'autres ne peuvent se passer d'énormes et dispendieuses constructions pour maîtriser le courant. Eux n'ont qu'à le laisser aller à son cours naturel. La noble plante qu'ils cultivent n'est point une frêle importation exotique, dont l'existence languissante exige les soins et la température artificielle de la serre chaude. Nourrisson robuste et indigène, elle ne demande qu'à être préservée de la hache pour s'élever vers le ciel qui l'a vue naître, et pour protéger de ses rameaux vigoureux le sol qui l'a portée. Tout ce qu'ils peuvent et doivent demander quand il s'agit de la question essentielle de l'éducation publique, c'est qu'elle soit aussi libre que possible, et qu'elle soit étendue jusqu'aux dernières classes de la société; persuadés que plus on

mettra à la portée des hommes les moyens
d'instruction, plus les lumières générales s'ac-
croîtront et se répandront, et plus fleurira et
se fortifiera la sainte cause à laquelle ils se
sont voués.

Commençons toutefois par éviter soigneusement toute exagération. Il n'est pas question ici
d'un pays où rien n'existe, d'une table rase. Il
faut d'un côté se plier à ce qui est déjà établi.
Lorsqu'on peut le faire, il vaut toujours mieux
l'améliorer que le détruire. D'un autre côté, il
ne faut pas prétendre tirer de l'axiome, vrai en
soi, que les gouvernemens ne doivent pas toucher à ce que l'industrie ou le zèle privé peut
faire mieux et à moins de frais qu'eux, des
conséquences trop rigoureuses qui n'admettent
aucun attermoiement. La politique n'est point
comme cette science fondée sur des points et
des lignes sans étendue. Elle est obligée dans la
pratique de se prêter à toutes les modifications
que les temps et les circonstances font subir aux
associations humaines, sous peine de ne pouvoir approcher de cette perfection que lui indique la spéculation. Il y a dans l'éducation
publique deux parties bien distinctes, et qu'il
faut considérer séparément : celle des classes

inférieures, auxquelles les moyens manquent en tout ou en partie pour se la procurer, et celle des classes aisées, qui ont assez de fortune pour se la donner telle qu'elle leur convient sans aucun secours.

La question de l'utilité de la diffusion universelle de l'éducation n'en est plus une. Elle a dans ces derniers temps été l'objet de discussions animées, et tant les considérations purement morales qui ont été alléguées, que les exemples tirés de la comparaison de peuples doués de degrés inégaux d'instruction, ont concouru à ne pas laisser le moindre doute sur ses immenses avantages. Quoique en apparence on ne semble pas d'accord, on l'est dans le fond. Les deux partis conviennent que c'est un puissant moyen mis à la portée du peuple pour se faire une meilleure part pour accroître sa sphère d'action, et pour augmenter son influence dans cette association générale, dont la plupart des charges pèsent sur lui. La différence gît en ce que les uns lui en souhaitent l'acquisition ; les autres la redoutent, tant par la répugnance naturelle à la foiblesse humaine de perdre ou de partager des biens dont nous sommes accoutumés à jouir exclusivement, que par l'opinion, en général intéressée, mais quelquefois aussi consciencieuse, que la soumission doit être l'unique lot de ces classes. Nous n'entrerons dans aucune discussion sur ces motifs, ou autres qui pourroient être allégués ou dévoilés. Ils sont d'une nature qui peut mériter d'être exposée, mais pas d'être réfutée. La seule observation suffit d'ailleurs pour décider cette dispute, si elle pouvoit en être une. Les pays où le peuple reçoit le plus d'éducation sont aussi ceux où sont le plus favorablement citées pour les bonnes mœurs, pour l'esprit d'ordre, et pour la plus grande facilité d'y améliorer leur condition, les classes partout condamnées au travail par leur position. Telles sont entre autres l'Ecosse, la Hollande et la Suisse. Qu'il me soit permis de remarquer, en passant, qu'il est aussi singulier qu'affligeant d'entendre, ainsi que l'on gémit d'être obligé de le faire, soutenir des opinions contraires à des personnes qui tiennent ou croient sincèrement tenir aux principes religieux; tandis que rien n'est plus directement, plus évidemment contraire à une religion toute spirituelle, comme la nôtre, que ce triste système de maintenir le peuple dans un état d'ignorance et d'abrutissement; que rien ne s'écarte davantage de l'esprit clair et précis de

ses admirables doctrines; que rien n'est plus in-
failliblement une conséquence du plus grossier
matérialisme.

L'utilité et la nécessité de répandre et propager l'instruction populaire étant donc recon-
nues, il ne s'agit que d'aviser aux meilleurs
moyens d'y parvenir. Ici l'expérience nous apprend que le zèle et la charité publiques ne suffisent pas. Je ne dis pas seulement en France
où l'action, sinon la naissance, de ces nobles
sentimens est étouffée, ou pour le moins notablement contrariée par une autorité absorbante
qui a la prétention d'en avoir seule pour tout le
pays, où tout mouvement spontané est sévèrement défendu aux extrémités afin de tout rapporter au centre; mais même chez des nations
placées dans des circonstances plus heureuses,
où aucune entrave n'est apportée aux efforts et
aux établissemens de la bienfaisance privée; où
l'on n'a pas réussi à amener les choses au point
qu'il ne soit pas permis à un simple citoyen, ou
à une association de citoyens, de faire le bien
qu'ils entendent et comme ils l'entendent, parce
qu'ils enfreindroient ce monopole de reconnoissance publique que s'arroge la jalousie exclusive de l'autorité suprême, et qui lui réussit,

comme chacun sait. L'Angleterre se trouve dans
ce cas. Faute d'une législation coërcitive pour
y rendre générale l'éducation populaire, elle y
est demeurée dans un état d'infériorité qui fait
un contraste fâcheux avec d'autres parties de ses
institutions. Dans le moment où j'écris, en sentant la nécessité, elle y a enfin recours. Il y a
plus d'un siècle que l'Ecosse possède une législation de ce genre; et depuis que la chute de la
domination militaire en Europe a permis aux
peuples de s'occuper de leurs véritables intérêts,
les bons effets en sont partout cités, appréciés,
donnés en exemple. Des réglemens semblables
existent aux Etats-Unis. Nous devons donc nous
hâter d'employer les mêmes moyens. Des sociétés se sont formées dans toute la France pour
y répandre l'éducation. Ce qu'elles ont fait sur-
passe toutes les espérances; mais quand on sait
tout ce qu'il reste à faire; quand on réfléchit à la
modicité de leurs ressources et aux obstacles de
tout genre qui leur sont opposés avec une persévérance digne d'une tout autre cause; quand
on songe surtout que leur précaire existence ne
dépend que du bon plaisir de l'autorité qui
d'un souffle peut les disperser et les anéantir, on
ne sent que trop que nous ne devons pas nous

contenter des efforts volontaires du zèle individuel. Il est de tout point insuffisant, tant par ce
qu'il est en état que par ce qu'il lui est permis de
faire. Les travaux de ces sociétés ont principalement les villes pour objet, et ce n'est même
que là qu'elles peuvent se former. C'est au secours des campagnes qu'il faut venir, là où les
besoins sont les plus grands et les ressources les
plus modiques. Il nous faut absolument avoir
recours à une loi générale. Il en faut une qui
oblige les communes, ou toute autre division
territoriale qui pourroit être plus commode, à
fournir les moyens d'instruction nécessaires en
entretenant un maître et une école, et qui même,
dans certains cas et dans certaines limites qui
seroient fixées, les feroit aider par le trésor
public, du moins pour une partie des frais de
premier établissement, quand leur pauvreté ne
leur permettroit pas de le faire seules et sans
assistance.

Ce qu'il faudra par-dessus tout éviter si l'on
désire réellement la prospérité et la durée de
ces humbles mais utiles établissemens, ce sera
que la direction en soit remise, soit à un corps
armé de prérogatives monstrueuses comme l'université, soit à l'autorité administrative. Que l'on

soumette si l'on veut l'approbation de ceux qui doivent exercer la profession de maîtres d'école, et l'examen de leur capacité, au corps enseignant, je n'y apercevrois d'autre inconvénient que l'inutilité de ce réglement. Mais tout le reste de ce qui concerne l'éducation primaire doit être totalement abandonné, soit aux officiers municipaux, si la France est jamais jugée digne, par ceux qui la gouvernent et qui la représentent, d'en avoir de son choix, soit, ce qui à mon sens seroit préférable, à des commissions de citoyens honnêtes et indépendans résidant sur les lieux. Ce seroit à eux à désigner les petites circonscriptions territoriales qui devroient entretenir une école. Quiconque connoît nos campagnes sait qu'il ne seroit pas praticable d'en avoir une par commune. Ils assigneroient les ressources locales qui seroient affectées à leur entretien, et en cas qu'il n'y en eût pas, ou bien qu'elles ne fussent pas suffisantes, ils fixeroient le taux de l'imposition qu'il faudroit asseoir pour y suppléer. C'est d'eux que dépendroit le choix des maîtres, la fixation des salaires et rétributions, les réglemens des écoles, etc. Enfin ce seroit à eux à fournir les preuves du droit qu'auroit leur canton à des secours publics

pour la fondation de ses écoles, seul cas où ils
doivent avoir à recourir à une intervention supérieure, et à obtenir son concours ou sa ratification. Quand des charges sont imposées d'une
nature strictement locale, il est de toute justice
que ceux sur lesquelles elles tombent puissent
les régler de manière à ce qu'elles leur soient les
moins onéreuses possibles, et les plus propres à
remplir leur but. Je sais bien que l'on m'objectera qu'un essai qui a déjà été fait dans ce genre,
par l'institution des comités dits cantonaux, n'a
pas eu de succès, et n'est pas fait pour encou-
rager. Je ne m'occuperai pas de la légalité de
cette création. Elle ne le comporteroit pas. Dans
un pays qui seroit constitutionnel autrement
que de nom, on ne discuteroit certainement pas
si une simple ordonnance ministérielle peut
créer, peut arranger à son gré un système quelconque, dans le but de régir quelque chose
d'aussi important que toute l'éducation populaire. Nous n'en sommes pas encore venus là,
et chez nous ce premier point ne paroît pas
avoir fait la moindre difficulté. Si ce plan a
échoué, comme il méritoit de le faire, c'est que
l'on n'a donné à ces comités aucune autorité
réelle, aucune surveillance utile. On s'est con-

tenté d'en faire des agens ou des correspondans
de l'université; ou plutôt, on a voulu s'en servir
comme d'une espèce d'échafaudage pour mas-
quer, sans toutefois s'en dessaisir de la moindre
parcelle, cette monstrueuse centralisation contre
laquelle tous les partis se sont montrés aussi
disposés à crier que peu propres à rien faire
effectivement pour la détruire. On a voulu,
pour conserver intacte cette haute prérogative,
objet de tant de plaintes d'un côté, et d'une si
tendre prédilection de l'autre, l'orner de quelques formes de ces administrations locales vers
lesquelles sont tournés tous les yeux, dans l'espoir de tromper un public qui commence à être
révolté, et de pouvoir ainsi continuer un peu
plus long-temps dans la malheureuse voie dans
laquelle nous vacillerons, nous broncherons,
nous trébucherons sans cesse, jusqu'à ce qu'il
nous soit donné d'entrer et de marcher d'un pas
assuré dans la vraie route de la liberté constitutionnelle. Il n'est pas étonnant que la plupart
des personnes honorables, des propriétaires respectables auxquels on s'est adressé pour jouer
ce rôle, aient de bonne heure cessé d'avoir la
complaisance de s'y prêter. Si le devoir d'un

citoyen est de ne se refuser à aucune des charges de la société, il ne s'ensuit pas qu'il doive se résigner à ne servir qu'à faire produire leur effet à ces tours d'adresse, au moyen desquels, dans le moment actuel plus que jamais, on voudroit lui persuader qu'elle est en jouissance de ces droits qui lui sont injustement retenus.

Je ne doute pas que par le secours de ces trois mesures,

1°. Législation coercitive pour l'entretien des écoles,

2°. Administrations locales indépendantes et tant qu'il se pourra électives,

3ª. Abolition des absurdes priviléges de l'uni- versité,

A quoi il faudroit ajouter celle de tout ce qui peut gêner l'exercice de la bienfaisance et du patriotisme, ou de ce qui ne leur permet pas un libre essor, on ne parvienne en peu d'années à répandre jusqu'au degré désirable l'instruction dans toute la masse de notre po- pulation. On y parviendra d'autant plus aisé- ment qu'elle est mûre pour cette amélioration dans sa condition; qu'en général elle se porte au-devant d'elle et semble l'exiger. La quantité toujours croissante des propriétés qui s'accu-

mulent dans les mains du peuple, l'orgueil qu'il
ressent de la qualité de propriétaire, le degré
supérieur de développement moral qui ne peut
manquer d'être la conséquence de ce sentiment,
et qui, devenant général, se fait sentir jusque
dans ceux dont le sort n'est pas visiblement
changé, lui rendent cette acquisition de jour en
jour plus nécessaire. Les progrès qu'a faits à sa
naissance l'admirable méthode de l'enseignement mutuel, en dépit de puissantes préventions et de cris aussi aigus qu'injustes, en sont
une preuve sans réplique. La rapidité de sa
propagation, qui passe tout ce qui a été éprouvé
ailleurs, l'avidité avec laquelle il a été adopté, démontrent victorieusement à quel point la France
est en général une terre préparée à recevoir les
bienfaits de l'éducation. C'est de cet heureux
mouvement dont s'enorgueilliroit, dont s'empresseroit de profiter un gouvernement qui
mériteroit d'être celui d'un peuple libre, pour
détruire, pour extirper cette ignorance, à la
fois cause et résultat des systèmes tyranniques,
et pour permettre à chacun de perfectionner et
de cultiver librement son intelligence, en raison
de ses facultés et de la place qui lui est échue
dans l'ordre social.

Ce que nous venons de dire, les mesures que nous venons d'indiquer, ne s'appliquent plus à cette classe qui a les moyens de se procurer le genre d'éducation qui lui convient. On a soutenu, et, selon moi, par des argumens qui n'ont pas été réfutés, et qui ne sont pas susceptibles de l'être, qu'il ne pouvoit y avoir aucune obligation à l'État de fournir cette espèce d'instruction ; que dans le fait c'étoit faire contribuer celui auquel elle ne profitoit pas, à la décharge de celui auquel seul elle étoit destinée, et qui étoit en état d'en supporter la dépense ; que c'est un des abus les plus révoltans de l'université impériale, qui fait payer au fils du pauvre habitant des campagnes la permission d'aller modestement apprendre à lire chez le magister de son village, afin de défrayer le professeur qui instruit les enfans du riche dans les hautes sciences. Sous un autre aspect, on peut ajouter que l'intervention du gouvernement, loin d'être ici nécessaire, est même nuisible ; que les hommes, guidés par leurs propres réflexions, ou si l'on veut par cette espèce d'instinct qui leur révèle toujours leurs besoins, sauront bien mieux trouver l'enseignement qu'il leur faut, selon leur dévelop-

pement progressif, que ne sauroit le faire une
autorité qui en tout voudroit s'arroger le droit
d'avoir seule de la raison pour tout le monde ;
et que de même le genre d'instructeurs nécessaire ne manqueroit pas de se former de soi-
même, et en nombre plus que suffisant pour
répondre à toutes les demandes, sans qu'il fût
indispensable que cette même main créatrice
se chargeât de les fabriquer et de les déposer
tout faits devant nous. On a cité avec raison à
l'appui l'histoire de Rome, qui n'avoit aucun
établissement d'éducation publique, et dont cependant les citoyens étoient formés aux sciences, aux arts du gouvernement, à l'éloquence
et au métier des armes, avec un degré de supériorité qui n'a pas été connu depuis. On n'a
qu'à lire les lettres de Cicéron, pour concevoir
la plus haute idée des principaux personnages
d'une république qui, heureusement pour eux,
ne s'étoit pas avisée de vouloir les pétrir de ses
mains. Quand est-ce que la philosophie a le
plus fleuri à Athènes ? Est-ce lorsque sous les
empereurs elle fut professée par des maîtres ri-
chement dotés ? ou bien lorsque, sans chaires
fondées, sans rétribution publique, sans inspec-
teurs, sans réglemens académiques, elle étoit

librement enseignée par les Platon et par les Aristote? Le moyen âge a vu naître ces grandes corporations connues sous le nom d'universités. Établies dans un temps où l'action du gouvernement étoit encore bien loin d'être devenue irrésistible, et d'avoir tout englouti en le concentrant dans un foyer unique, elles eurent le bonheur d'être constituées de manière à être des corps à part, à avoir leurs règles propres, à être indépendantes. Établies dans des temps anarchiques, où la force publique n'avoit pas encore acquis assez d'énergie pour abolir ou comprimer toutes les forces particulières, leurs priviléges, leur organisation leur donnèrent les moyens de résistance, et cette sécurité nécessaire pour que ceux qui les composoient pussent, tant comme professeurs que comme étudians, s'adonner à l'étude paisible des sciences. Elles ont dû rendre, et elles ont effectivement rendu de grands services, surtout avant l'invention de l'imprimerie, l'augmentation du nombre, le bon marché et la diffusion des livres, lorsque l'enseignement oral étoit d'une toute autre importance qu'il ne l'est devenu depuis. Mais les choses sont maintenant bien changées, et il seroit permis de douter et de

discuter jusqu'à quel point ces corps, la plupart
si vénérables par leur antiquité et par les noms
qui les ont illustrés, mais en général trop religieusement attachés à des règles ou à des coutumes qui n'ont plus la même utilité qu'elles
ont eue dans les circonstances différentes auxquelles elles doivent leur origine, sont devenus
propres à favoriser l'étude et l'avancement des
sciences, et l'éducation de la jeunesse.

Mais ce n'est pas de cela dont il s'agit. La
question pour nous n'est pas entière. Un grand
corps enseignant existe en France. Il ne faut
donc pas discuter s'il auroit dû être fondé ou
non, mais s'occuper à l'organiser de manière à
ce qu'il puisse remplir ce qui devroit être le but
élevé de son institution, et surtout à ce que ses
priviléges et ses réglemens ne blessent pas les
droits d'un état libre. Au nombre de ses imita-
tions de l'ancien régime, le gouvernement impérial ne manqua pas de relever une université.
De même qu'en rétablissant les anciens corps de
magistrature, il ne les avoit laissés que les simu-
lacres de ce qu'ils avoient été, de même en re-
créant l'université, il s'étoit bien gardé de lui
souffrir quelque vestige de ceux de ses anciens
priviléges qui avoient pu échapper aux progrès de

l'arbitraire, et de lui permettre le moindre principe d'action qui ne lui vînt pas de lui-même. Elle fut, comme toutes ses créations, un pur instrument de despotisme, au moyen duquel il eut la folle prétention de surveiller, de posséder, d'accaparer l'éducation dans toute la France, de lui mesurer l'instruction, et surtout de mouler dans son sens les esprits de la génération naissante. Il paroît avoir eu sérieusement la foiblesse de croire à la possibilité de cette formation des facultés intellectuelles de ses sujets; et les flatteries de ceux qui ne savoient que se prosterner devant toutes les pensées, comme devant toutes les volontés de son chef, n'auront pas eu de peine à le confirmer dans une idée bien faite pour naître d'elle-même dans sa tête. Cette tentative du despotisme devroit faire époque dans ses annales. Nulle part, avant Bonaparte, elle n'avoit été poussée aussi loin. Comme tous les grands maîtres, il a eu depuis des imitateurs. Car il faut remarquer, sans cependant s'en étonner, combien, depuis sa chute, sont portés à le prendre pour modèle ceux qui ont soulevé toute l'Europe conjurée pour sa ruine. Des restreintes ont été imposées aux universités d'Allemagne. Elles ont été mises sous la tutelle immédiate de

l'autorité. Les princes qui attachent un si grand
prix à cette mesure, qui en attendent de si heureuses suites., pourroient bien apprendre en
France combien celui, dont ils ne font que suivre
humblement les erremens, a réussi à façonner la
jeunesse au joug des idées serviles auxquelles
il vouloit la soumettre. C'étoit l'éclat de la gloire
militaire, c'étoit la vue de quelques prodigieuses
fortunes faites dans cette brillante carrière, et
non des amplifications de rhétorique, qui avoient
ébloui cette bouillante jeunesse, et qui faisoient
tourner les têtes, en agissant sur ces passions
qui, de tous temps, ont eu la plus funeste
influence sur le cœur humain, la cupidité et
l'ambition. Mais à peine ces magnifiques prix
qui la séduisoient et la corrompoient ont-ils
disparu, qu'elle s'est, naturellement et d'elle-
même, remise dans le chemin de ces idées dominantes, auxquelles elle est d'autant plus attachée, qu'elle les adopte avec toute la since-
rité d'un âge porté à embrasser avec ardeur
tout ce qui est élevé et généreux. Je conseil-
lerois donc à tous ceux qui aspirent à suivre
les leçons de Bonaparte de commencer par
bien scruter quelles ont été les véritables causes
de son succès, et ils n'auront pas de peine à

découvrir que c'étoit par l'appât de ces puissantes et dangereuses amorces qui heureusement ne sont plus à la disposition de personne, et non par son intolérable monopole
de l'enseignement; que c'étoit en donnant à
ceux qui le suivoient l'Europe à conquérir et à
piller, et non en ayant la puérilité de dicter à
des écoliers des thêmes et des versions sur Ma-
rengo ou sur Austerlitz, ou des traductions des
panégyriques de son grand maître, qu'il avoit
trouvé le secret de produire sur l'esprit de notre
jeunesse de beaucoup trop fortes impressions,
et celui de l'attacher à son système. Il savoit
éblouir et atterrer par la force; mais il auroit été
fort embarrassé de persuader par les doctrines.

Quoique donc je sois loin de craindre que
nous courions le danger de voir maintenant
les esprits de cette jeunesse façonnés par l'autorité, et selon la direction quelconque que
dans la fluctuation de ses volontés il lui plairoit pour le moment de préférer, une des plus
honteuses calamités dans laquelle puisse tomber une nation civilisée, ce n'est pas cependant
une raison pour ne pas s'élever contre le régime
actuel de l'université. Quoiqu'elle ne fasse pas
tout le mal qu'en esperent ceux qui en dispo-

sent, ce n'est pas à dire qu'elle n'en fasse pas
du tout. Il se pourroit quelle pût, jusqu'à un
certain point, donner une influence pour faire
prévaloir certaines idées de commande; et si
cela étoit, quelque petite que fût cette influence
(et je suis intimément convaincu qu'elle ne pourroit être que des plus foibles), elle seroit toujours un mal. Que l'on n'ait aucune inquiétude. Les bonnes idées sauront toujours assez
se faire jour, assez se recommander d'elles-
mêmes, surtout si l'on veut également s'abstenir d'y mettre soit empêchement, soit coerci-
tion. Car, en prétendant en rendre l'adoption
obligatoire, l'on courroit le danger de ne réussir qu'à en éloigner, et qu'à les rendre suspectes.
Il pourroit suffire de venir crier avec une sotte
emphase à la jeunesse assemblée, *le roi veut* que
vous embrassiez telle ou telle doctrine, pour
risquer de lui donner immanquablement envie
d'en suivre d'autres. On se résigne encore, avec
une patience qui trompe bien ceux qui se flattent que le bon temps durera toujours, aux
restrictions apportées à l'action extérieure du citoyen. Mais la révolte contre toute apparence
d'empire que l'on voudroit établir sur les opinions, ou de violence que l'on tenteroit de leur

faire; est heureusement générale. Relativement
au sujet qui nous occupe, la considération la
plus importante est que les priviléges dont jouit
l'université, arrêtant toute concurrence, nui-
roient singulièrement à la propagation et à la
découverte de ces méthodes qui facilitent ou
rendent plus solide l'acquisition de la science.
Je crois que tous les progrès qu'elles ont faits
dans les temps modernes sont dus au zèle et
au talent individuel. Il est dans la nature des
corps de changer lentement et difficilement;
de se faire une règle, et même un point
d'honneur, de tenir le plus long-temps possible à leurs anciennes maximes. Cette tenacité et
cette fixité peuvent avoir en certaines occasions
leurs avantages. Mais il me semble que dans ce
qui regarde l'instruction, lorsqu'à cette disposition vient se joindre le droit abusif de prescrire aux autres les règles que l'on suit soi-
même avec défense le moins du monde de s'en
écarter, que le mal peut finir par devenir
énorme. On risqueroit d'avoir un corps som-
meillant imperturbablement et obstinément sur
le code de ses anciens réglemens, convenables
peut-être pour le temps où ils ont été combinés,
mais n'étant plus au niveau du degré auquel

seroient parvenues les lumières générales , ni en harmonie avec elles. Au lieu qu'en permettant la libre concurrence et le développement des établissemens particuliers , le corps enseignant sera tenu sans cesse éveillé par la rivalité, et par la crainte que les améliorations qui s'introduisent ailleurs ne lui enlèvent une trop forte part de l'éducation nationale. Sous peine de se voir tomber en décadence , il devra avoir l'œil ouvert sur leurs progrès. Il pourra graduellement, et avec toutes les précautions qu'exige l'admission des innovations dans les établissemens publics, introduire dans les siens celles dont l'expérience des autres viendra confirmer l'utilité et la bonté. Il profitera également de celles qui avorteront, comme de celles qui réussiront, sans s'exposer au discrédit encouru pour les avoir tentées.

Mais je fais à notre université l'honneur de parler d'elle comme d'une corporation. Dans le fait , elle n'en est pas une. Donnera-t-on ce nom à une réunion d'hommes mis ensemble pour exécuter toutes les volontés d'une autorité supérieure , qui fait et défait à sa volonté les règles de leur conduite, et leur trace l'impulsion suivant laquelle ils doivent se mouvoir? Qui n'ont la faculté de nommer par voie d'élection aucun de leurs membres ou de leurs officiers, et qui sont destituables avec aussi peu de cérémonie qu'ils sont promus à leurs emplois? Qu'est-ce autre chose qu'un bureau ministériel sous une forme un peu plus compliquée? Si l'université avoit une organisation indépendante, si sa direction ne lui venoit que d'elle-même, le danger seroit beaucoup moindre. On ne pourroit jamais redouter qu'un corps savant, de quelques préjugés qu'on pût le supposer possédé, cherchât jusqu'à un certain point à s'opposer aux progrès de ces lumières dont il tire tout son éclat, comme étant spécialement voué à leur culte. Toute son influence, tout son lustre repose sur la croyance qu'il les cultive, qu'il les répand au plus haut degré possible, qu'il est frappé pour elles d'une admiration, et porté d'un amour tout particulier.

Il en est tout autrement du pouvoir arbitraire. La raison en est bien simple et tirée de sa nature même. Son existence est incompatible avec un certain progrès de la raison qui révèle aux hommes leurs droits. Voilà pourquoi il faut lui enlever toute possibilité de mettre des en-

traves à son développement. On peut bien concevoir qu'un esprit supérieur et éclairé, investi
de la toute-puissance chez un peuple inculte,
veuille en avancer, en hâter la civilisation. D'a-
bord, c'est son ouvrage, et non celui de ce
peuple. C'est donc un acte d'obéissance et non
d'indépendance. Il dirige, modère et arrête à
son gré ce mouvement, de sorte qu'il ne peut
en concevoir d'ombrage, qu'il n'a aucun mauvais effet à en appréhender. C'est même entre
ses mains un instrument de puissance. Ceux
qui, sous ses auspices, acquièrent l'instruction,
sont autant de partisans qu'il se crée. La reconnoissance rapporte le bienfait à son auteur, et
appuie le pouvoir duquel elle le tient. Mais
dans un état de civilisation perfectionné et déjà
poussé fort loin, il n'en va pas ainsi. Chaque
pas en avant que fait l'esprit humain, chaque
nouvelle route qu'il se fraie, lui découvre les
vices et l'impuissance de l'arbitraire, et lui indique en même temps les moyens d'y mettre
un terme. Ce n'est plus une marche lente que
celui-là guide à son gré et dans ses vues. C'en
est une, au contraire, qui, nécessairement et
par l'antipathie de leurs natures, est dirigée
contre lui. Ce n'est plus un auxiliaire, c'est un

ennemi. Aussi, si l'histoire plus ou moins douteuse des premiers âges nous parle de rois et
de législateurs instruisant et civilisant les peuples, l'histoire un peu plus authentique des
des siècles modernes nous présente bien plus
souvent l'autorité combattant les progrès de
l'esprit humain comme ceux d'un sujet révolté.
Les arts d'agrément ou de décoration, les
sciences naturelles, et assez généralement celles
qui s'occupent de faits, ont pu, et même avec
luxe et ostentation, être favorisés par les gouvernemens européens. La force de croissance
étoit trop énergique pour qu'il fût possible
même de penser à la comprimer dans tous les
membres. Plusieurs de ces arts, d'ailleurs, flat-
taient leur vanité, et servoient à augmenter
cette splendeur extérieure qui leur est si chère,
comme devant éblouir le vulgaire. D'autres
avoient des applications d'utilité positive aux
besoins de la vie. Mais on les a vus avec bien
plus de soin s'opposer à la culture des sciences
qui remuent, si elles ne résolvent pas, les plus
hautes questions que puisse agiter l'intelligence
humaine, qui recherchent l'origine, la certitude et l'étendue de ses connoissances, qui
scrutent et découvrent la légitimité de ses droits

et l'infaillibilité de ses titres. Le premier fruit
de ces sublimes recherches est de faire sentir,
même à ceux qui ne la croient pas suffisamment prouvée, la liberté de l'esprit humain,
et toutes les conséquences qui découlent de ce
principe viennent d'elles-mêmes se ranger à sa
suite. Aussi a-t-on bien rarement vu les sciences morales et politiques, bien rarement vu la
philosophie, encouragées autrement que par
les applaudissemens du public, ou par l'attrait
particulier qu'elles ont pour ceux qui s'y livrent. Par une exception pour elles bien honorable, n'ont - elles pas été exclues de cette
comédie solennelle des prix, je me reprends,
je crois que l'expression académique étoit, des
palmes décennales ? Sans exception, n'a-t-on
pas vu dans tous les temps se prononcer avec
une énergie, une constance singulière, contre les
spéculations d'une philosophie élevée, les plus
fermes champions du pouvoir absolu : depuis
celui qui ne vouloit pas des doctrines de Des-
cartes, et qui n'eut pas de repos qu'il n'eût fait
passer la charrue sur les ruines de cette illustre école de Port-Royal, qui en continuoit l'enseignement avec autant d'éclat que de bonne
foi, jusqu'à celui qui fit entendre les derniers

accens du despotisme expirant en exhalant
son humeur contre les idéologues. Non certes
qu'ils fussent l'un plus que l'autre capables
de comprendre ce qu'ils proscrivoient ; mais
ils soupçonnoient, mais ils sentoient, mais un
instinct secret leur révéloit qu'il y avoit là
quelque chose qui contrarioit leurs tyranniques
prétentions.

Il seroit aisé de citer d'autres exemples. J'ai
déjà fait allusion à ce qui vient d'arriver aux
universités de l'Allemagne, où l'esprit de liberté s'étoit formé, inaperçu à l'ombre de quelques anciens priviléges. Sans avoir recours à
l'étranger, nous n'avons qu'à voir ce qui se
passe chez nous. N'est-il pas évident que, maî-
trisée par son influence quelconque, notre université laisse percer, en ce moment, une disposition très-marquée à comprimer cette instruction qu'elle paroîtroit être instituée pour
étendre ; qu'elle veut s'opposer à un essor dont
elle devroit être fière, et qu'elle devroit s'efforcer de diriger. Les symptômes de cette malheureuse tendance ne se font que trop apercevoir. Je
ne me permettrai de parler que d'un seul fait. Un
jeune professeur, doué d'un talent, d'une facilité d'exposition et d'un zèle peu communs,

relevoit les études philosophiques depuis si long-
temps abandonnées chez nous, déshonorées par
la légèreté et la corruption dans laquelle elles
étoient tombées, ou poursuivies par le ridicule.
Dans un âge où les hommes restent ordinairement encore sur les bancs des disciples, il dé-
butoit à pas de géant dans la carrière de l'enseignement public. Ses élèves suivent ses leçons
avec autant d'empressement et d'assiduité qu'ils
les écoutent avec avidité et attention. Ils prouvent à ceux qui, connaissant peu et le temps et
leur pays, n'ont pendant long-temps cessé de
répéter le contraire, le goût que sa jeunesse
commence à prendre pour les spéculations sérieuses, et pour les études fortes et sévères. A
peine le bruit de son talent et de ses succès a-t-il
franchi les murs de son école, que l'arbitraire
pusillanime auquel nous sommes livrés s'inquiète. Tout ce qui lève la tête au-dessus du niveau de la plus commune médiocrité l'effraie,
comme l'apparition d'une espèce de monstre
qui menace son existence. Tout ce qui jette
quelque éclat offusque ses débiles yeux. Il n'y
a que la foiblesse universelle qui puisse rassurer
sa propre imbécillité. On se hâte d'étouffer cette
parole coupable, chose vraiment inouïe pour

ceux de qui émane un pareil ordre , coupable ,
dis-je , d'avoir quelque influence sur ceux qui
l'entendent. Je ne sais , et peu importe , de quoi
on a pu accuser M. Cousin et ses élèves ; mais
je sais qu'on ne les convaincra , lui, que d'avoir
professé probablement la plus haute philosophie qui ait jamais été enseignée dans une chaire
françoise , eux, que de l'avoir écoutée , et de
s'en être pénétrés avec un respect presque religieux. Heureusement le temps est passé où une
volonté despotique pouvoit arrêter ou retarder
la pensée dans son essor. Son affranchissement
est assez avancé pour qu'elle n'ait plus désormais
de chaînes à redouter d'une semblable ennemie.
Ses absurdes tentatives, dans sa décrépitude ,
ne tendront qu'à faire rejaillir sur elle encore
plus de ridicule qu'elle n'en a déjà accumulé
sur sa tête, et qu'à attirer plus fortement l'attention sur des doctrines qui déjà paroîtroient
bonnes , quand elles n'auroient d'autre mérite
que d'être proscrites à son tribunal

Rien donc de plus indispensable que de ne
pas laisser tomber exclusivement dans les mains
du gouvernement la direction de l'éducation et
de l'instruction dans toutes ses parties. Point de
monopole contre lequel on doive élever la voix

si haut. Il faut également en affranchir et cette
première instruction qui se donne dans les
colléges, et celle d'un ordre plus relevé qui se
donne dans des cours publics, ouverts à des
hommes de tous les âges. Je dirai même que
cette dernière, comme la plus importante, doit
jouir de plus de liberté encore que l'autre. Ce
n'est qu'ainsi, au moyen de l'enseignement et
de la discussion libre et publique, que l'on peut
voir fleurir, se perfectionner et surtout se propager, les sciences politiques, morales et philosophiques. Livrées dans leur exposition à la
surveillance, au contrôle d'un arbitraire quelconque, elles ne pourroient manquer d'être
gênées dans leur marche, ou ralenties dans leurs
progrès, parce qu'il est de leur essence de prouver et de faire sentir l'absurdité et l'injustice
de ce même arbitraire auquel on voudroit les
soumettre. On ne peut d'ailleurs donner aucune
bonne raison pour défendre plutôt à un homme
d'enseigner oralement ses doctrines, que de les
faire imprimer. On pourra parler de tribune
publique, de l'effet bien plus profond, bien
plus dangereux produit par la chaleur de la parole et du débit sur une nombreuse assemblée,
que par la froide lecture d'un écrit dans la re-

traite du cabinet. Mais nous avons au milieu de nous une tribune de ce genre, et qui, de plus, jouit du privilége d'être inviolable, ce que nous sommes loin de réclamer pour celles que nous voudrions élever. C'est à celle-là que l'on pourroit appliquer avec plus de force tout ce qui se dit des funestes conséquences que l'on prétend appréhender de mauvaises doctrines manifestées ou préconisées en public. Viendra-t-on nous conseiller de l'abattre? Si bien du mal a été prévenu, si les choses ne vont pas encore comme l'on pourroit craindre qu'elles n'allassent, n'est-ce pas à elle que nous en avons l'obligation? nous en sommes heureusement venus au point où ceux mêmes qui le désirent le plus n'oseroient pas le proposer. On s'abuse, ou on nous abuse d'ailleurs étrangement sur ces préten-dus dangers. Un état bien constitué, je veux dire fondé sur la prévalence des intérêts communs, n'aura jamais rien, ou que bien peu de chose, à redouter de toutes les doctrines que l'on s'avisera d'y débiter. Les hommes sont toujours singulièrement attachés à ce qui existe. Quiconque voudra considérer l'acharnement avec lequel ils se sont si souvent cramponnés aux institutions les plus vicieuses, se convaincra

aisément de la tenacité qu'ils mettront à en défendre de bonnes, quand il en auront. Quand
on réfléchit à toutes les législations absurdes
qui ont pesé sur les hommes, combien peu ont
été instituées ou exécutées dans le but de procurer leur bien, il ne faut pas s'étonner qu'il y ait
eu des révolutions, mais bien qu'il y en ait eu
si peu. Nous avons enfin conquis cette partie
de la liberté de la presse qui regarde la publication des livres. Il nous faut reconquérir celle
des journaux, sacrifiée par ceux que l'on appelle quelquefois nos représentans, et acquérir
celle de la parole. La faculté de publier sa pensée, par toutes les voies possibles de la manifester, est un droit, et le premier des droits d'un
état libre. Parler de liberté là où il n'existeroit
pas, impliqueroit une singulière contradiction.
Mériteroit-il en effet le nom de libre un état
où le cours de la pensée, où la communication
des sentimens réciproques, où enfin la formation d'un esprit public seroit regardés comme
dangereux? La publicité des opinions n'a de
danger que pour l'arbitraire, qu'elle tend invin-
ciblement à détruire dans les états qui ont le
malheur de gémir sous son joug. S'y intéressera
qui voudra. Cette lutte sera toujours prête à

éclater dans la société ; ce sera la lutte éternelle
entre son bon et son mauvais génie, qui durera
jusqu'à ce que l'un l'ait emporté sur l'autre ; et
qu'il ait enchaîné son adversaire.

Le mieux seroit, dans mon opinion, si l'Etat
ne se mêloit en aucune façon de l'avancement
des hautes sciences, surtout de la nature de
celles dont nous venons de parler, et s'il les
abandonnoit sans aucune concurrence de sa
part au libre enseignement de ceux qui les cultivent, sauf à établir des peines contre quiconque s'en feroit un prétexte ou une occasion de
semer des doctrines factieuses ou dangereuses.
On obvieroit par là facilement à l'inconvénient
de ces fondations qui, répandant gratuitement
l'instruction supérieure, y attirent des jeunes
gens auxquels elle est inutile ; ou qui, leur in-
spirant la prétention de s'élever à des conditions
sociales que leur fortune ne leur permet pas d'occuper, les rend des membres nuisibles et inquié-
tans pour la société ; inconvénient contre lequel
on s'est si fortement élevé, et que je suis loin de
méconnoître quand les moyens qu'il fournit ou-
trepassent une certaine juste mesure. Mais nous
avons un corps institué à cet effet et en activité
depuis plusieurs années. Il ne s'agit pas de le

détruire. D'après ce que j'ai pu connoître de
notre université, malgré la marche que l'on
cherche à lui faire suivre, malgré les scènes
ridicules qu'ont cru devoir donner quelques-uns
de ses membres, et en ne considérant que leur
ensemble qui en soupire et en rougit, j'ai toute
raison de croire que c'est un corps fort distingué, et qui a rendu aux bonnes études des services essentiels. Il est généralement reconnu
que ce n'est que dans ses écoles que se donne
une forte instruction. Il ne faudroit que lui
retirer ce privilége exclusif, dont l'avoit investie le despote qui l'avoit fondée pour en faire
son instrument, privilége qui soulève contre
elle de légitimes préventions. Moins il y aura
de nécessité de lui confier ses enfans, et plus
les familles seront portées à le faire. Pour son
propre honneur il faut qu'elle soit purgée de
la tache imprimée à sa naissance. Loin de redouter la concurrence, elle devroit, si elle
n'existoit pas, l'appeler dans son propre intérêt. Tout ce qui a quelque talent aspirera à entrer dans son sein. Dans la diversité des méthodes qui se tenteront, elle choisira celles que
le succès aura justifiées, et elle sera sûre de recueillir l'héritage des découvertes d'autrui. Se

fondant sur les mêmes motifs, il ne seroit pas difficile de prouver combien il seroit préférable d'avoir plusieurs universités indépendantes les unes des autres, plutôt qu'un corps unique réunissant tout, gouvernant tout; je dirois même, combien cela seroit plus conforme à l'ordre constitutionnel. La centralisation, ou la concentration des pouvoirs sur un seul point est le véritable principe du despotisme. Entre ces divers corps il s'éleveroit une rivalité, honorable pour eux, utile pour la cause de l'enseignement. Loin d'être un essai ou une innovation, cette séparation ne seroit au contraire qu'un retour à ce qui existe, ou à ce qui a existé presque partout.

Ce n'est pas assez que nous soyons protégés contre l'université, il faut qu'elle le soit elle-même contre le pouvoir. Pour qu'un corps soit entouré de quelque considération, pour qu'il puisse opérer le bien dans le département qui lui est assigné, il lui faut avant tout l'indépendance. C'est pour lui la première condition de la vie et de l'utilité, sinon il n'est plus qu'un inutile rouage qu'il vaudroit mieux faire disparoître. Il y aura en général quelque avantage, quelque économie à faire directement ce que l'on ne fait alors que par son entremise. Il faut donc se hâter de donner à l'université, ainsi qu'à ceux qui la composent, une existence légale. Ce n'est qu'alors qu'elle pourra s'occuper avec suite et sans inquiétude du précieux dépôt qui lui est confié. Le découragement est jeté dans l'âme de ces hommes paisibles, qui se vouent à la culture des sciences et à la laborieuse carrière de l'instruction, quand ils voient leur sort sans cesse compromis et incertain ; le dégoût les opprime, quand avec chaque nouvelle variation d'un système ministériel qui n'a de constant que ses oscillations perpétuelles, on exige d'eux une direction, une pensée nouvelle ; et l'indignation ne peut manquer de saisir ceux parmi eux qui nourrissent ces sentimens élevés, auxquels mène si naturellement une application habituelle aux objets les plus importans des méditations humaines ; quand ils se croient, sans fin comme sans ménagement, destinés à n'être que des organes presque matériels des volontés d'autrui. Il seroit assez singulier que, sous le régime actuel, on prétendît voir du danger a accorder à l'université une partie de ces droits dont tous ces établissemens ont joui pendant le moyen âge. Tout ce que nous réclamons se voit encore en plusieurs contrées de l'Europe, et principalement en Angleterre. Là l'enseignement est libre. Ses universités ont leurs statuts, selon lesquels elles se régissent, sans s'inquiéter de personne et sans que personne les inquiète. Tout ce que le ministère sait de leur règle est ce qu'il en a appris pendant qu'il y étoit lui-même assujetti. Cette liberté a-t-elle mis l'Angleterre en feu? Y règne-t-il une singulière corruption de mœurs ou de doctrines, parce qu'elles sont affranchies de la tutelle ou de l'inquisition de l'autorité? Oxford et Cambridge sont-elles les pépinières qui élèvent et fournissent les démagogues et les radicaux? Peut-être dira-t-on, ainsi qu'on le répète sans cesse, que ce qui est bon pour les Anglois ne l'est pas pour les François. Pour couper court à tous les efforts qui se font pour l'introduction d'un régime libre, on feroit mieux, une fois pour toutes, d'avouer son opinion de l'infériorité notoire de ses compatriotes, de leur incapacité absolue de le supporter; opinion que, je ne le nie pas, nombre de personnes peuvent avoir de bonne foi, tant nous sommes portés à imposer aux autres notre propre mesure. Mais même ce triste argument seroit ici sans force. Nous leur

ferions voir que nous nous bornons à réclamer le
rétablissement de ce que nous offroit cette ancienne France, objet exclusif de leur préférence et
de leur admiration. Car avant la révolution, quelque influence qu'eût incontestablement pu avoir
le gouvernement, il ne paroît pas qu'il cherchât
à l'exercer sur l'université. Je crois qu'il lui abandonnoit entièrement l'éducation et l'observation
de ses statuts ; et je ne me souviens d'avoir vu
nulle part qu'elle ait été dénoncée comme une
institution dangereuse et antimonarchique,
comme une démocratie propre à propager des
idées républicaines, parce qu'elle élisoit son rec-
teur, et qu'un de ses professeurs ne pouvoit perdre sa chaire que par le jugement de ses pairs.

Pour donner d'autant plus d'éclat à l'université il seroit à désirer qu'elle jouît du privilége
de députer à la représentation nationale. Il faudroit alors accorder le même droit à l'institut,
qui se son côté réclame aussi une organisation
fixe et légale. S'il y a un corps qui doive aspirer
à cet honneur, c'est sans doute celui qui se
compose de tout ce qu'il y a de plus distingué,
ou de plus illustre, parmi ceux qui cultivent en
France les sciences, les lettres et les arts.

Il pourroit se faire que cette liberté que j'in-

voque pour l'enseignement ne fût approuvée en
entier par aucun parti. Celui qui en soutient les
principes généraux épie , d'un œil singulièrement ombrageux, la résurrection de quelques-
unes de ces anciennes corporations religieuses
qui se mêloient autrefois d'éducation. Celle de
toutes qui excite le plus de méfiances, et les
mieux fondées, est sans doute la compagnie des
jésuites, déguisés sous le nom de pères de la foi. Si
l'on en juge par quelques plaintes , quelques expressions de blâme et d'amertume qui lui sont
déjà échappées, on seroit tenté de soupçonner
que les injustes restrictions apportées à l'éducation trouveroient des apologistes, même dans ce
parti, pourvu que l'exercice leur en fût confié.
S'il faut résister aux coups de ceux qui attaquent
de vive force les doctrines de la liberté, il ne
faut pas céder aux erreurs et aux préventions de
ceux qui combattent dans ses rangs. Son régime
n'est pas un régime d'exception. Ses saintes lois
doivent également protéger et ceux qui les chéris-
sent et ceux qui ont l'impiété de les nier. Elle est
en cela, comme en tout, l'opposé direct de l'arbitraire qui ne protége personne, souvent pas
même ceux qui sont si enflés d'en avoir la direction. Elle ne doit pas être regardée comme

la victoire d'un parti sur un parti. Elle ne doit pas être déshonorée par ces persécutions qui sont les conséquences du triomphe d'un seul, ou du petit sur le grand nombre. Elle ne doit connoître d'ennemis que ceux qui violent les lois que, dans l'intérêt commun, elle établit impartialement pour tous. Je ne crois pas qu'il ait jamais existé de corps plus fait pour inspirer aux gens de bien du mépris et de l'aversion, que l'ordre des jésuites. Les principes régulateurs de leur institut sont fondés sur quelques-unes des plus basses parmi les affections humaines, l'obéissance servile, la renonciation à l'ombre d'indépendance intellectuelle, et la pratique des arts rampans de l'astuce et de l'intrigue. Depuis que le genre humain s'est policé, quelques débauches grossières, quelques impiétés révoltantes, et par là même moins dangereuses, ont pu être reprochées à un petit nombre de sectes ou d'associations. Les seuls jésuites ont eu le triste mérite d'ériger la corruption et le relâchement de la morale, en un système régulier, disposé avec artifice, spécieux, on pourroit presque dire savant, et malheureusement trop séduisant pour la foule des esprits que cette amorce attiroit à leur direction; pour

toutes ces âmes timorées qui demandent que
l'on veuille bien leur expliquer, leur excuser leurs
fautes, de manière à ce qu'elles puissent sans
trouble, sans remords, goûter la douceur de pé-
cher en conscience. Je serois toutefois le premier, si j'y pouvois quelque chose, à m'opposer à ce qu'il fût exercé contre eux aucune violence, aucun acte illégal sous prétexte de faire
raison d'anciennes condamnations ou de punir
d'anciennes prévarications, tant qu'ils se confor-
meront à l'ordre existant; le premier à m'opposer
à ce qu'ils fussent traités avec plus de rigueur
que tout autre établissement du même genre.
Avant tout il faut sévèrement bannir l'arbitraire.
Ce seroit d'ailleurs nous croire bien foibles que
de redouter les atteintes de pareils adversaires.
Je n'hésiterai pas à dire qu'un système assez
mal bâti, assez mal établi pour avoir quelque
chose à craindre des jésuites, ne vaudroit pas
la peine d'être conservé. Pense-t-on qu'ils osas-
sent eux-mêmes débiter ces infâmes maximes
qui les ont jadis couverts d'une honte si méritée? ou que, s'ils se le permettoient, ce qui certes
seroit à réprimer et à punir, la morale publique
soit assez mal trempée pour s'en laisser attaquer

et corrompre? Le sentiment de leur intérêt, qu'ils n'ont jamais méconnu, ne leur permettroit pas de se montrer étrangers au mouvement général, et bon gré mal gré, quelques étincelles de l'esprit régnant pénètrent même jusqu'à eux. La liberté est comme le soleil une propriété commune; de même que lui elle doit luire également sur tout ce qu'il y a de malfaisant, comme sur ce qu'il y a d'utile, sur ce qu'il y a de beau, comme sur ce qu'il y a de laid.

Nous n'avons fait qu'effleurer ce sujet, peut-être de tous le plus important. Mais nous croyons en avoir assez dit pour donner lieu à des réflexions qui prouveront à tout homme sensé et impartial que l'instruction de la classe populaire doit être mise à sa portée, et lui être assurée par une législation qui force les communes, ou toute autre division territoriale qu'il sera plus commode d'adopter, à entretenir les maîtres et les écoles nécessaires; que l'instruction de la classe supérieure doit, au contraire, être laissée à sa charge et entièrement libre, et que l'université doit être améliorée, réformée, et surtout élevée au rang de corps ayant une existence légale et une action indépendante. Quand on considère l'ardeur singulière, l'avidité crois-

sante qui se fait remarquer de toutes parts, est
dans toutes les classes, pour l'acquisition de l'instruction, on ne peut douter qu'en prenant les
mesures si simples qui sont convenables à son
encouragement, ou même en se bornant uniquement à ne pas y apporter de trop nombreux et
de trop forts obstacles, elle ne fasse en peu d'années des progrès qui surpasseroient peut-être
nos plus belles espérances. Nous sommes d'autant plus tenus à ne rien négliger pour parvenir
à ce but, que nous ne pouvons trop nous pénétrer de cette grande vérité , que c'est dans le
perfectionnement, dans la vigueur et l'étendue des facultés intellectuelles qu'il faut, après
tout, chercher la meilleure sauvegarde de la liberté, comme la voie la plus sûre à son introduction ; que ceseroit en pure perte que le philosophe
en démontreroit les principes ; que le publiciste
en indiqueroit l'application et en revendiqueroit
la possession ; que le moraliste en exposeroit la
beauté et les heureux effets, s'ils ne s'adressoient
qu'à des hommes ignorant leurs droits et encore
incapables de les comprendre; que des efforts
prématurés pour fonder des institutions mal
ou point comprises ne sont propres qu'à reculer

l'époque de leur accomplissement ; ou même qu'à enfanter de trop déplorables excès : tandis que chez une nation convenablement éclairée, il est aussi difficile à toute espèce d'arbitraire ou de despotisme de durer, qu'il l'est à un lieu obscur de retenir ses ténèbres une fois que la lumière du jour y a pénétré.

CHAPITRE XI.

Conclusion.

En jetant un coup d'œil, quelque rapide qu'il soit, ainsi que nous venons de tenter de le faire, sur nos principales institutions, il est aisé de se convaincre de cette importante vérité, qu'aucune d'elles ne nous offre des garanties suffisantes des franchises nationales, et que dans le droit nous sommes presque entièrement privés de liberté légale. Je ne veux rien outrer. Je ne me rendrai pas coupable de la grossière exagération de prétendre que la France ait à gémir d'un exercice illimité de l'arbitraire. Je ne nierai pas que, le mal portant avec soi quelque compensation, une assez grande douceur ne se trouve jointe à la foiblesse avec laquelle nous sommes gouvernés; mais ce système ne tient qu'aux hommes du moment. Il n'existe que sous bon plaisir. Si dans de foibles mains notre législation actuelle n'est que comminatoire, si elle n'est qu'une arme peu redoutable, il n'en est pas

moins vrai qu'elle fourniroit à une main forte
les moyens de nous enlever, et avec des formes
légales en apparence, à peu près toute espèce
de liberté ; il n'en est pas moins vrai que sur
bien des points elle ne nous laisse pas plus
l'ombre du fait que du droit. Or il ne suffit pas
que la liberté soit une concession temporaire du
pouvoir, il faut qu'elle soit un droit irrévocable
du sujet ; il ne suffit pas qu'il lui soit permis d'en
jouir, il faut que l'on ne puisse pas ne pas le lui
permettre.

Nous avons vu en effet que les Chambres
législatives étoient bien loin de jouer le rôle et
d'avoir l'influence qu'elles devroient avoir pour
que la nation qu'elles représentent eût par leur
moyen sa part convenable d'intervention dans
ses affaires ; pour assurer l'économie dans ses
dépenses, la répression des abus du pouvoir ;
en un mot pour nous garantir au dedans un
bon système de gouvernement, au dehors la
dignité et la prépondérance que réclame l'honneur national. Nous avons vu que nous ne
pouvions nous flatter de trouver des garanties
ni dans l'ordre des juges tel qu'il existe, ni dans
celui des jurés, qui, toutes les fois que l'autorité
est ou veut être partie dans une cause, peu-

vent être transformés en commissaires. Encore
moins faudroit-il les chercher dans les autorités
locales, qui, d'abord, ne sont pas élues par
ceux dont elles doivent gérer les intérêts; qui,
lors même qu'elles séroient électives, sont privées
des pouvoirs indispensables pour faire quelque
bien dans leur sphère circonscrite, et qui dans
la réalité ne sont qu'une grossière déception pour
faire croire à un peuple, que l'on présume facile
à tromper, qu'il a ce qu'il n'a pas et ce qu'il
désire. La seule inviolabilité de tous les agens
de l'administration, ce pas, un des plus monstrueux qu'ait jamais faits le despotisme vers la
toute-puissance, suffiroit pour rendre toute espèce de garantie illusoire. L'armée a été soigneusement séparée du reste des citoyens pour que
sa soumission au pouvoir en fût plus complète.
Son action contre eux n'est réglée en aucune
manière et abandonnée au gré de l'arbitraire;
tandis que la juridiction indépendante qu'elle
exerce sur elle-même peut la rendre propre, et
cela sans paroître faire violence aux lois, à
être changée en instrument d'oppression. La
nation n'est point armée; et jusqu'à présent, si
l'on a paru s'occuper de l'institution de la garde
nationale, c'est comme d'un sujet de jalousie.

Nous ne jouissons que très-imparfaitement du droit de manifester nos pensées par tous les moyens que l'homme a de le faire, ce droit le premier de tous à réclamer; puisque c'est celui qui, cultivant et perfectionnant ce qu'il a de plus élevé, ses facultés intellectuelles, lui permet de remplir sa haute vocation; ce droit surtout qui, créant et entretenant une opinion publique, devient un des remparts les plus inexpugnables contre les irruptions de l'arbitraire. L'éducation de la jeunesse est encore moins libre que celle de l'âge mûr. Si l'autorité se borne à interdire à celui-ci une partie des moyens nécessaires à se former l'esprit, elle annonce hautement l'insultante prétention de créer de toutes pièces l'esprit de l'autre; sentant bien qu'il n'y aura que ceux faits de cette manière qui puissent long-temps se plier au système qu'elle voudroit maintenir.

Ces garanties d'une autre nature, qui lui assurent sa propre existence, et qui nous touchent autant qu'elle-même, puisque l'ordre public en dépend, ne nous paroissent pas dans un état plus rassurant. Au milieu de ces tristes tentatives, au milieu du mécontentement qu'elles causent à tous les bons citoyens, et de l'inquiétude dans laquelle elles les tiennent tous sans exception, la royauté, nouvellement et péniblement rétablie, est loin de reprendre cette assiette inébranlable que nous désirerions lui voir acquérir dans l'intérêt de la liberté comme dans le sien. La tige auguste des Bourbons a, et aura, bien de la peine à pousser sur le sol de la France des racines aussi profondes que celles qu'elle y avoit autrefois. Appuyé jusqu'ici sur des institutions boiteuses et mal assises, en butte à toutes les conséquences d'une position mal assurée, leur trône ne peut que se ressentir de l'instabilité de la base sur laquelle il repose. L'amour général de tous les François, qui en seroit le fondement le plus solide, est loin de lui être acquis. Il ne faut pas se faire illusion, il ne peut l'être que lorsqu'ils auront retiré de son rétablissement tous les bienfaits qu'on leur en a d'abord si largement promis, et dont avec la plus aveugle opiniâtreté on s'obstine à leur refuser une si grande partie. Cette situation frappe les yeux de tout le monde. Elle afflige tous les véritables patriotes. Elle réjouit le cœur de ceux qui désirent de nouveaux bouleversemens. Les mécontens, les esprits avides de changemens, les factieux de toute espèce ne pourront cesser d'entretenir de coupables espérances, ou même d'ourdir de coupables desseins, tant que quelque chance de succès s'ouvrira devant eux. Cette disposition, sans même aucun des attentats qu'elle provoque, suffiroit seule pour nous tenir dans un état perpétuel d'angoisses. Car bien des choses se sentent qui ne se voient cependant pas, ou sur lesquelles l'on tâche de fermer les yeux. Le moindre événement, le moindre mouvement soit au dehors, soit au dedans, nous jette dans de mortelles inquiétudes. On diroit que le sort de la monarchie dépend d'un régiment qui se révolte à l'étranger, ou d'un régiment national qui reste fidèle. Nous n'avons qu'une ressource pour mettre un terme à cet état aussi honteux que périlleux, qui ne dure que depuis trop long-temps : c'est d'adopter sans réserve les doctrines d'une liberté forte; c'est de mouler tellement sur elle toutes nos institutions, c'est de les empreindre tellement de son essence, que, s'emparant de toutes les affections de la nation, celle-ci soit prête à se lever comme un seul homme pour les défendre au moindre danger qui pourroit les menacer. Mais pour exciter, pour enfanter ces sentimens d'enthousiasme et d'énergie qui portent les hommes aux grandes choses et aux actions de dévouement, les petites causes sont sans force. Si l'on aspire à ces hauts résultats, il ne suffit pas d'une liberté incertaine, mesquine, purement de fait, octroyée et révocable : il la faut reconnue comme droit imprescriptible de ceux qui en jouissent ; il la faut scellée sur des fondemens inattaquables qui donnent toute sécurité sur sa durée ; il la faut munie de tous les droits qui lui appartiennent Je ne craindrai pas de dire plus : il la faut noble et belle dans ses formes ; non pas précisément pour complaire à ces esprits méditatifs et retirés, dont sont si prêts à se moquer ceux qui ne méditent jamais, mais pour contenter le législateur pratique qui sait qu'elle aura d'autant plus d'empire sur les cœurs qu'elle frappera les esprits de plus d'admiration.

Si cet ouvrage étoit de nature à mériter quelque attention, ou à donner lieu à quelque discussion, on ne manqueroit probablement pas de me taxer de témérité en osant proposer quelques changemens à la Charte qui nous a été donnée. On parleroit, car rien n'est si aisé que de répéter certaines phrases jetées dans la circulation pour l'approvisionner d'idées toutes faites, on parleroit de l'inviolabilité du pacte fondamental, du du danger d'innover, etc. Mais je répondrois qu'une première et salutaire innovation s'est opérée qui nous a fait passer du régime despotique au régime constitutionnel; que la réforme, une fois effectuée dans le tronc, doit l'être aussi dans toutes les branches; que la même sève doit circuler partout, et que l'on ne doit pas s'obstiner à vouloir l'arrêter ou la dessécher sous un monceau de tout ce que l'on peut sauver de lambeaux du manteau impérial. Je demanderois si l'expérience de ce que la Charte a déja duré ne prouve pas quelque défaut interne, qui ne lui permet pas de déployer cette force de vie dont il seroit à souhaiter que personne même ne doutât. D'ailleurs tous les changemens que je me suis permis d'indiquer sont bien plutôt des développemens et des conséquences de ce que nous avons déjà, que de véritables innovations. La Charte a posé les bases du gouvernement représentatif. Si quelques-uns de ses articles réglémentaires s'en écartent, lequel devons-nous plus respecter, le principe, ou ce qui le contredit? Je me suis tenu, ainsi que doivent le faire tous ceux qui se mêlent de politique pratique, dans ce qui existe, et j'en suis parti sans me perdre dans le vague des théories. Que si cependant, me rappelant les paroles d'un orateur étranger on crioit: prendriez-vous donc la saison des tempêtes pour reconstruire votre habitation? je répondrois que c'est parce que je crains l'approche de cette saison formidable, que je veux la réparer, la fortifier de telle sorte qu'elle n'ait rien à craindre de ses atteintes. Que si, répétant une théorie assez répandue parmi ceux mêmes qui soutiennent la cause de la liberté, on me parloit de la souveraineté de la Charte? je demanderois si l'on prétend déjà l'investir du droit en effet le plus cher aux souverains, de celui de n'avoir que des perfections et de ne s'entendre jamais parler de ses défauts? Un citoyen doit sans doute avant tout hommage et obéissance aux lois de son pays. Mais, si toutefois celui-ci est libre, il doit lui être permis de remarquer ce qu'elles ont de défectueux, et d'en proposer la réforme, pourvu qu'il se renferme dans les limites et dans le langage d'une discussion modérée et respectueuse. Sans cela pourroit-on jamais espérer la modification ou l'abolition des vices de sa constitution? Je le dis dans toute la sincérité de mon cœur, je le dis dans toute la plénitude de ma conviction, je ne crois pas que sans quelques améliorations, sous quelque déguisement qu'elles y soient introduites, je ne crois pas qu'en s'en tenant à sa lettre avec le scrupule étroit d'une superstition judaïque, notre Charte telle qu'elle est, puisse assurer ni notre présent ni notre avenir.

Je sais qu'un grand nombre de patriotes, aussi zélés qu'éclairés, ont cherché à établir cette souveraineté, cette immutabilité de la Charte. Je sais qu'ils se sont élevés, et qu'ils s'élèvent encore avec force contre cette doctrine qu'ils appellent celle de la toute-puissance parlementaire. Je connois les motifs qui ont dicté ces opinions, mais sans les partager, quelque attention que j'y aie apportée. On a vu prépondérant dans la législature un parti auquel on attribue des intentions hostiles contre la liberté. On a craint qu'en lui concédant la faculté de toucher à la Charte il ne s'en servît non pour améliorer, mais pour détruire, ou du moins pour dénaturer. Ces soupçons, il faut l'avouer, sans être dénués de fondement, ont été poussés beaucoup trop loin. Mais pense-t-on vraiment que ce soit avec quelques axiomes impuissans, avec quelques formules verbales, que l'on peut arrêter et contenir un parti puissant et déterminé ? Si celui dont il est question vouloit nous

ôter la Charte, et s'il en avoit le pouvoir, se
laisseroit-il désarmer par quelques argumens
abstraits pour lui prouver qu'il n'en a pas le
droit? ou même, si on l'exigeoit de lui à toute
force, ne pourroit-il pas, tout en admettant
tant qu'on le voudroit dans ses discours son inviolabilité, l'abroger en protestant de son respect pour elle? N'y a-t-il donc pas moyen, quand
on y est résolu, de tuer l'esprit tout en respec-
tant la lettre? Les partisans de cette doctrine
eux-mêmes n'ont-ils pas voté pour rétablir la
conscription si positivement abolie, et pour
l'augmentation du nombre des députés si précisément restreint et défini par la Charte? Il sera
tout aussi aisé d'employer ces subtilités, qui
n'en imposent à personne, pour colorer le mal,
comme pour colorer le bien. Rien ne me persuadera que la droiture et la franchise, surtout
dans la cause légitime de la liberté, ne soient pas
à la longue la meilleure politique. Quand, après
s'être inconsidérément avancé, il faut revenir
sur ses pas sans paroître changer de langage,
il ne reste plus de ressource que quelque gauche
subterfuge, ou quelque pitoyable équivoque.
Cette intégrité inattaquable dont on prétendroit
investir la Charte dans toutes ses clauses, toutes

ses phrases, toutes ses syllabes, ne seroit seule
que la plus inefficace des barrières pour contenir
ceux qui voudroient la renverser, et ne serviroit
qu'à mettre des entraves à ceux qui dans des
temps plus heureux, que nous devons espérer,
voudroient nous procurer une mesure moins
courte de liberté; entraves auxquelles ils ne
pourroient échapper que moyennant quelque
stratagème qui plus ou moins fausseroit toujours
la vérité.

Les mêmes raisonnemens s'appliquent à cette
doctrine de la toute-puissance parlementaire
que l'on cherche à repousser comme des-
tructive de la liberté. Les motifs qui engagent
à s'y opposer si vigoureusement peuvent être
bons, j'en conviens; mais le but que l'on se
propose est-il praticable? En proclamant,
comme axiome constitutionnel, que les trois
branches du pouvoir législatif réunies ne peuvent pas porter la main à certaines lois fonda-
mentales, réussira-t-on à les en empêcher quand
bon leur semblera? Si pour jouir de bonnes
lois il suffisoit qu'elles fussent écrites sur du
parchemin, enregistrées et promulguées selon
certaines formes, qui en auroit eu de meilleures
que la France? Des savans, aussi zélés pour le

bonheur de leurs aïeux que pour la gloire de leur pays, ont déterré dans la poudre de nos anciens monumens des ordonnances pour prescrire tout ce que l'on peut imaginer de bien. Malheureusement il faut mieux que de louables intentions, pour que des principes adoptés et décrétés servent à autre chose qu'à l'édification des antiquaires futurs. Il faut à l'autorité des contrepoids qui la forcent à les exécuter. Or le roi et les deux Chambres réunis composent chez nous le souverain, ou, si l'on aime mieux, les pouvoirs de la souveraineté leur sont délégués. Nulle autorité, nul corps ne pourra s'opposer à l'exercice qu'ils voudront en faire. On ne pense pas sans frémir que le seul expédient efficace, le seul contrepoids auquel on pût avoir recours seroit celui de l'insurrection. Pour le justifier, mais jamais pour le faire souhaiter, il faut un de ces cas extrêmes et désespérés qui ne peuvent entrer dans les calculs que l'on établit sur le cours ordinaire des choses. Convoquera-t-on périodiquement, ou d'après certaines règles, ainsi que l'avoit proposé notre constitution de 1791, des assemblées de révision? Mais qui ne voit les dangers ou les inconvéniens d'une pareille institution? D'ailleurs, quand elles ne seroient pas

assemblées qui empêcheroit ces actes de souveraineté que l'on redoute? Le souverain,
qui auroit la faculté d'agir, agiroit. On auroit tout au plus la ressource de l'appel. Mais
quels seroient les dénonciateurs et les appelans?
Quel tribunal connoîtroit de ces grandes causes?
Le mal et ses conséquences auroient toujours eu
lieu avant que le remède pût être seulement in-
voqué. Ce seroient au reste autant de questions
oiseuses pour nous, qui renfermons nos raisonnemens dans l'ordre de choses actuellement
existant. Il ne faut jamais prétendre séparer le
droit du fait. Tout ce que l'on peut gagner est
de forcer à quelque travestissement, à quelque
mensonge convenu. Or le fait incontestable
est que le pouvoir réside dans les trois branches réunies du pouvoir législatif. Il ne sert de
rien de leur disputer, et cela par des théories,
ce qui n'est pas disputable. Tous nos efforts
doivent être consacrés à les composer, à les
constituer de manière à ce qu'elles ne puissent
pas abuser de cette autorité illimitée. Si l'on venoit nous citer l'exemple des Etats-Unis l'on
tomberoit dans une erreur évidente. Ils ne forment point un corps unique et homogène. C'est
au contraire une agrégation d'états. La con-

stitution commune n'a d'existence que dans le pacte fédératif qui les unit. Le pouvoir central, s'il vouloit en violer les conditions, ou s'attribuer des droits qu'elle ne lui confère pas, seroit bien vite réprimé par ces républiques particu-lières, qui, formant chacune en soi un tout or-ganisé, en auroient les moyens dès qu'elles en auroient la volonté. Aussi presque tous les étrangers qui ont écrit sur ce pays, s'ap-puyant peut-être un peu trop sur les ana-logies que leur fournissoient leurs habitudes, ont-ils été frappés du peu de force du gouver-nement général comme d'un vice grave. L'ex-périence future prononcera sur la justesse de ces reproches. L'origine de ces états est trop récente, et ils ont avec nous des différences trop marquées, pour que nous ayons les données nécessaires à former un jugement sur leur ave-nir. Mais ce qu'il y a de certain, c'est que rien ne ressemble moins à ce qui existe en France. Nous n'y aurions d'autre voie de résistance que l'insur-rection et le mouvement tumultuaire du peuple.

Je me suis ainsi permis, sans trop donner carrière à l'esprit de spéculation, de présenter quelques vues sur notre état présent, et sur les remèdes à y apporter; vues dont la plupart ont

souvent été énoncées, mais qu'il ne faut pas se
lasser de remettre sous les yeux du public, de
peur qu'elles ne finissent par tomber dans l'oubli ; d'autant plus que c'est un danger auquel
nous sommes plus particulièrement exposés dans
un moment où l'intérêt présent des partis absorbe toute l'attention et tous les talens, et, dans
les questions les plus importantes, trouble quelquefois la vue des yeux les plus clairvoyans.
Je me suis contenté de demander que l'on cor-
rigeât ce qui est déjà institué ; non pas tant
dans le vain désir de satisfaire quelque système
de perfection théorique, que pour raffermir ses
fondemens et assurer sa durée. Tout s'agite ou
menace de s'agiter attour de nous. Le sol sur
lequel nous marchons nous-mêmes tremble sous
nos pieds. N'est-il pas pardonnable de rechercher les causes qui mettent ainsi notre sûreté
en péril, et ce qui pourroit le détourner ? Je
ne pense pas qu'aucun homme de bon sens et
de bonne foi, auquel on demanderoit si dans
leur état actuel nos institutions, ou ce qui en
porte le nom, nous offrent cette sauvegarde que
nous invoquons, hésitât à répondre que non.
Nous ne voyons en effet que contradiction entre
ce qu'elles promettent et ce qu'elles tiennent. On

nous dit que le gouvernement représentatif est le moyen d'obtenir d'abord, et d'assurer ensuite toutes nos libertés : et depuis qu'il est fondé nous ne pouvons obtenir la première de toutes, la libre manifestation de la pensée. A peine conquise la liberté de la presse a été honteusement retirée et mutilée, et il n'y a que la tribune qui jouisse de celle de la parole. Celle des personnes est-elle mieux traitée ? Nous sommes exposés à toutes les volontés d'une nuée d'agens de l'autorité contre lesquels tout recours légal nous est interdit. Les cent yeux de la police nous suivent, ses cent bras nous atteignent partout. Nous parlons quelquefois de notre liberté individuelle, et nous oublions qu'un François ne peut pas faire un pas, ne peut pas aller de sa maison de ville à sa maison de campagne, sans en demander, ou sans pouvoir être forcé à en demander la permission de cette autorité qui veille sur toutes les actions de sa vie ; sans être, ainsi qu'une pièce de bétail qu'on traîne au marché, enregistré, décrit, mesuré.

On nous flatte que c'est sous cette forme de gouvernement que tous les intérêts sont le mieux garantis ; ceux d'une nature commune à plusieurs, par des représentans délégués à cet effet; ceux d'une nature privée, par la faculté qu'a chaque citoyen de veiller librement aux siens sous la protection d'une loi générale : et par une singulière exception, seul entre tous les peuples de l'Europe, le François est totale-lement dépouillé de l'administration de ses in-térêts locaux. Il est également privé de la libre faculté de s'associer pour des entreprises qui exigent les efforts réunis de plusieurs; de se réu-nir paisiblement soit pour des recherches, des études ou des discussions sérieuses, soit même pour se livrer aux amusemens les plus inno-cens. Dès qu'il a franchi le seuil de sa porte et a quitté l'intérieur de sa maison, il languit dans la plus complète comme dans la plus hon-teuse dégradation civique. L'autorité pousse ses prétentions jusqu'à s'arroger de lui prescrire quel genre et quelle mesure d'éducation il don-nera à ses enfans.

On entend dire que son principal avantage est de donner plus de vigueur au ministère, en en écartant la médiocrité, en l'affranchissant des misérables intrigues de cour, et en le for-çant à suivre une marche, comme à partir d'une source plus nationale : et loin que cette voie

s'ouvre devant nous, nous voyons au contraire
que la mesquinerie, la mauvaise foi et l'astuce,
à quelques rares et courtes exceptions près,
n'ont cessé de siéger au timon de l'Etat; que
des négociations d'antichambre, que les arts
rampans des courtisans font et défont les ministres qui se succèdent; qu'ayant tous la même
origine ils ont tous à peu près le même esprit,
esprit aveugle, étroit, petit, également incapable de vouloir ou de comprendre la liberté au
dedans, la dignité au dehors.

Mais tout en admettant ces tristes vérités,
d'une trop grande évidence pour qu'il soit possible de les nier, on entend souvent répéter
qu'il faut prendre patience; qu'il nous faut un
état de transition du despotisme (et de quel despotisme!) à la liberté; que la nation n'est pas
encore mûre pour en recevoir le don sans réserve; qu'avant même d'apprendre, il lui faut
d'abord désapprendre tout ce que l'on a voulu,
ou tout ce que l'on a pu lui inculquer sous le
régime impérial; qu'il faut enfin, pour en venir
à la phrase consacrée, qu'elle fasse son éducation constitutionnelle. De pareilles assertions,
qui, surtout dans l'extension qu'on leur donne,
sont aussi fausses qu'injurieuses, doivent être

repoussées avec indignation. De pareils sophismes, rarement désintéressés, méritent à peine
une réfutation. Eh! que demandons-nous autre
chose sinon que l'on veuille bien nous permettre
de la faire cette éducation? Que l'on enlève les
obstacles accumulés devant nous; c'est à quoi
se bornent nos vœux. Que l'on ne nous empêche
de choisir ni nos instructeurs, ni nos moyens
d'instruction. On a vraiment bonne grâce de
nous reprocher notre ignorance sur certains
sujets, en même temps que l'on cherche à nous
en interdire la discussion. Après nous avoir mis
des entraves aux pieds, on ne rougit pas de
nous faire un tort d'une démarche gênée. Mais
ce seroit faire une grande injustice à l'esprit
général de la France, que de ne pas hautement
s'élever contre cette accusation d'incapacité que
lui intentent avec tant de persévérance tous les
partisans de l'arbitraire. Je ne voudrois pas de
meilleure preuve de la fausseté de leurs calomnies, que le dégoût toujours croissant avec
lequel leurs doctrines sont reçues, que l'honorable irritation que cause à l'orgueil national la
pauvreté des hommes et des choses auxquels il
est condamné. Son estomac rejette ce régime fade
et sans sucs nourriciers auquel on voudroit le

restreindre. Tout fait présager qu'une explosion de cette indignation publique, qui fermente depuis si long-temps, ne tardera pas à y mettre un terme de manière ou d'autre, et donnera le plus éclatant démenti à ceux qui mettent un zèle si édifiant à nous représenter leur patrie comme ravalée à leur niveau. Mais il s'en faut bien, en dépit de tous les efforts que l'on a faits pour ralentir ses progrès, que la nation n'en ait déjà fait de remarquables dans sa carrière constitutionnelle. L'immense perspective que le régime impérial avoit ouverte à la cupidité et à l'ambition avoit remué toutes les passions et tourné toutes les têtes. Mais ces irrésistibles appâts une fois enlevés, en peut-on attribuer à ce qui nous reste de ce que l'on veut bien appeler ses doctrines? Certes on ne me persuadera pas, on ne persuadera peut-être à personne, que toutes les absurdités que débitoit son chef, ou qu'il faisoit débiter aux misérables instrumens qui se prostituoient à ses vues, aient pu produire une impression destinée à survivre à sa chute. Ses succès inouïs, son immense pouvoir, les dignités et les dotations qu'il distribuoit à pleines mains, voilà ce qui lui faisoit des disciples et des prosélytes ; voilà ses véritables moyens de persuasion.

N'ayant plus ces argumens à sa disposition, ne
pouvant plus parler et disputer à la tête de
8oo,ooo baïonnettes, les plumes arrachées et
les griffes rognées, réduit comme un apôtre ou
un philosophe à propager la conviction par la
seule force du raisonnement et de la parole, on
eût vu ce qu'auroient valu, nues et par elles-
mêmes, ses insolences, ses jongleries et son
galimatias. Il a pu vicier quelques cœurs, car
le contact avilissant du despotisme corrompt
presque tout ce qu'il touche. Il a pu forcer à se
cacher, il a pu jusqu'à un certain point jeter les
opinions dans une fausse route; mais il n'a pu
totalement les changer. Le fond en est demeuré
intact. Ceux qu'il a flétris le resteront. Il est bon
qu'ils servent d'exemple et d'avertissement des
funestes effets de la tyrannie. Mais les opinions
de la grande masse, qui n'a pas bu dans cette
coupe empoisonnée qui changeoit les hommes
en bêtes, qui n'avoit d'autre rapport avec lui
que l'oppression qu'elle en souffroit, ces opinions, qui n'avoient pas été détruites quoique
la manifestation en eût été comprimée, ont
reparu et prennent tous les jours une nouvelle
énergie, depuis que le ressort fatal qui pesoit
sur elles a été brisé. Je suis loin de prétendre

que nous n'ayons encore du chemin, et un
chemin assez long à faire; que ce régime désastreux n'ait laissé après lui de bien tristes traces;
que toutes les saines doctrines soient généralement connues et justement appréciées; mais on
ne peut nier, d'un autre côté, que, si nous ne
sommes pas encore parvenus à ce point, nous
ne soyons sur la route qui y conduit. D'abord
règne dans tous les cœurs le noble désir de
l'égalité civile. Je sais bien que c'est là un sentiment qui, s'il n'étoit suivi et corrigé par certains
autres sentimens, seroit sujet à s'égarer. Je sais
même, ainsi que je l'ai déjà dit, que l'on a su
abuser de son ombrageuse jalousie. Mais éloigné des circonstances du moment qui le font
dégénérer en esprit de parti; mais guidé et
éclairé par les connoissances qui s'étendent
chaque jour davantage, on peut se flatter qu'il
ne se laissera plus pervertir à de mauvaises fins,
et que les tentatives que l'on pourroit renouveler
pour lui persuader qu'il a besoin de se réfugier
sous la protection de l'arbitraire, ne serviroient
qu'à exposer leurs auteurs à la honte et à la
risée. De justes idées sur la liberté constitutionnelle doivent le suivre à grands pas. Non-seulement elles commencent à être connues, à être

appelées de toutes parts ; mais l'excellent esprit
qui en général anime la nation, la résignation
avec laquelle elle s'est soumise aux plus rudes
charges, la modération exemplaire avec laquelle
elle a usé de la portion de liberté que l'on
a daigné lui abandonner, le bon sens et l'attachement à l'ordre qu'elle a montrés en toute
occasion, prouvent, en dépit de ses détracteurs,
combien elle est mûre pour l'admission de toutes
les institutions libérales.

Pesant impartialement le bien et le mal qui
est résulté des diverses scènes et catastrophes de
la révolution, je crois que tout observateur désin-
téressé tombera d'accord qu'il s'est fait quelques
changemens heureux non-seulement dans les lois
et le régime politique, mais encore dans le caractère et dans les mœurs nationales. Ces grands
événemens auxquels tous ont pris plus ou moins
de part, nos guerres à jamais mémorables, nos
conquêtes et notre administration de presque
toute l'Europe, en nous arrachant à ces occupations ou à ces amusemens frivoles au milieu
desquels nous étions presque exclusivement condamnés à consumer notre oisiveté, ont donné
aux esprits plus d'étendue, plus de ressort, plus
d'énergie. La confusion des rangs, en anéan-

tissant les honneurs factices, a appris à ceux
qui ne le savoient pas encore que la seule vraie,
que la première des supériorités est la supériorité des facultés intellectuelles. De grandes infortunes ont pesé sur les âmes, et de fortes affections ont été éveillées. Pour peu que toute
semence de bien n'ait pas été irréparablement
détruite, maître austère, le malheur élève et
purifie. Sans avoir subi une réforme totale, nos
manières n'ont pas pu ne pas se ressentir de la
révolution qui a eu lieu dans les idées. Je me
figure l'espèce de surprise qu'occasionneroit,
si tout à coup nous le voyions apparoître dans
toute son intégrité originelle, un de ces êtres si
singulièrement compassés qui passoient leur vie
à bourdonner dans les boudoirs, à pirouetter
dans les salons, et à cultiver la haute science
du bon ton. Une aventure galante feroit-elle
maintenant la fortune d'un homme ? Acquer-
roit-il la célébrité pour avoir (que l'on me permette de parler la langue du temps) roué une
femme ? Une disposition plus mâle et plus réflé-
chie commence à animer notre jeunesse. Le goût
des études sérieuses, qui sembloit être banni,
renaît et prend chaque jour un nouvel accroissement. Un fait jusqu'à présent peu remarqué,

et cependant bien propre à indiquer la différence des temps, c'est que tout ce triste mélange de quelques bons principes étouffés sous
un bien plus grand nombre de mauvais, enveloppé de futiles sophismes et de plus d'une
impureté révoltante, connu sous le nom de philosophie du dix-huitième siècle, pour être dis-
sipé, n'a eu besoin que d'être exposé. A peine
une voix, faite pour être écoutée, a-t-elle été
entendue contre cette triste philosophie, qu'il
s'est trouvé qu'elle n'avoit plus de racine dans
les esprits de la génération actuelle. Comme un
fruit pouri, on l'a vue tomber d'elle-même de
l'arbre qu'elle déshonoroit. Personne n'a paru
pour en prendre la défense. Il ne faut pas connoître cette jeunesse pour ne pas savoir avec
quelle ardeur elle se porte vers des idées plus
nobles, vers des doctrines d'un ordre plus élevé.
Je blâmerois autant qu'il seroit en moi quiconque voudroit la corrompre ou la séduire par
des flatteries. Il seroit d'autant plus coupable,
que rien ne seroit plus propre à la détourner
de persévérer dans cette bonne voie où elle a
mis le pied, mais où elle ne fait que de le
mettre, et où elle a encore tant d'espace devant
elle. Lui inspirer une présomption prématurée

sur ce qu'elle est, seroit le moyen le plus sûr de l'empêcher de devenir ce qu'elle doit être. Mais ce n'est pas non plus une raison pour ne pas dire la vérité, qui est à son avantage. Parce qu'elle auroit l'air d'un éloge, faudra-t-il la taire ? Il ne peut pas être défendu de témoigner sa joie quand on voit les heureuses promesses dont elle se présente parée. Ou je me trompe bien, ou l'on n'osera pas même lui débiter ces pitoyables doctrines dont on nous accable sans relâche, avec l'humiliante prétention de nous croire capables d'y acquiescer.

Dans ce progrès vers le mieux, les femmes ne sont pas restées en arrière des hommes. Qui niera qu'elles ne reçoivent une instruction plus soignée, plus étendue qu'autrefois? L'éducation domestique, la plus convenable à leur sexe, est devenue bien plus commune. Il commence à y avoir bien plus de vie intérieure. On ne peut surtout disconvenir que, malgré quelques taches inséparables des sociétés humaines, malgré quelques restes de corruption impériale, les mœurs conjugales n'aient subi une réforme aussi heureuse que nécessaire. La France qui n'avoit, jusqu'à ce jour, su être fière que des grâces de ses filles, peut, avec un orgueil plus digne d'elle, présenter maintenant l'exemple de leurs vertus domestiques. En général, mères exemplaires et bonnes épouses, l'esprit cultivé, débarrassées en partie des agrémens factices et maniérés, de la froide affectation d'une société singulièrement sèche et artificielle, et cherchant, il est à espérer, à se débarrasser de ce qui leur en reste encore, commençant déjà à faire un retour sensible à ces vertus et à ces qualités qui sont plus propres à leur sexe, goûtant et faisant goûter davantage le bonheur de famille, elles sont une preuve que ces terribles catastrophes, qui détruisent les fortunes, ne gâtent pas pour cela toujours les cœurs.

Nous pouvons dire que nous commençons à voir enfin percer les premiers germes de ce sentiment qui, à l'exeption peut-être d'un court intervalle, n'a jamais existé parmi nous, je veux dire, du sentiment général de patriotisme répandu dans la masse des citoyens. Je serois le dernier à nier quelques témoignages glorieux, certes, mais isolés, que l'on peut en recueillir ; mais en parcourant notre ancienne histoire, on ne trouve aucune époque où l'on puisse dire que le corps de la nation en ait été échauffé et animé. Elle ne l'étoit pas, elle ne pouvoit pas

l'être, tant qu'elle a été morcelée par l'indépendance féodale. Elle ne l'étoit pas quand,
déchirée par les factions et divisée de religion,
elle voyoit chaque parti uniquement occupé à
nuire à ses adversaires, et aucun ne se faire le
moindre scrupule d'appeler les soldats étrangers à son secours dans ses querelles domestiques. Dépouillée de tout privilége, courbée sous
le pouvoir absolu, elle ne l'étoit pas sous
Louis XIV, quand l'Etat fut absorbé dans le
monarque. Lorsque le duc de Savoie envahit le
midi, les Provençaux furent sourds aux ordres
qui leur furent adressés pour les engager à se
lever contre l'ennemi, disant qu'ils ne pouvoient
pas plus être maltraités par lui, que par celui qui
prétendoit qu'ils allassent risquer leur vie pour
sa cause ; et l'évêque de Fréjus, recevant l'ennemi à la porte de sa cathédrale, chanta un
Te Deum à l'occasion de l'heureuse soumission
de la Provence à la Savoie. Les protestans,
chassés, il est vrai, par la plus tyrannique injustice, adoptant la doctrine de leur persécu-
teur, ne virent que sa personne à la place de
l'Etat, et ne se firent aucun scrupule d'attaquer
à main armée cette patrie dont ils n'auroient
pas dû cesser de se considérer comme les en-

fans. Sous le règne qui suivit , la honte de nos
armes étoit compensée par la malignité et l'esprit avec lequel on chansonnoit nos désastres.
On se consoloit de Rosbac par des épigrammes
contre M. de Soubise. Le patriotisme paroît
avoir fait sa première apparence lors de la guerre
d'Amérique. Une sorte d'enthousiasme ou d'intérêt national se manifesta. Mais il ne fut rien
auprès de celui qui éclata pendant les premières
années de notre révolution, lorsque avec une ardeur, un courage et un dévouement qui doivent
fournir leurs plus belles pages à nos historiens
futurs, la nation courut aux armes pour repousser
l'invasion de son territoire. Des factions atroces
survinrent bientôt , et après elles ce régime impérial destiné à étouffer jusqu'à la dernière étincelle de vertu publique. Quand les armées étrangères s'avancèrent pour lui porter le dernier coup,
elles n'éprouvèrent aucune résistance de la part
d'un peuple divisé, opprimé et dégoûté. La
France laissa succomber, sans donner signe d'énergie nationale, le chef qui s'étoit mis en son
lieu. J'ai vu les habitans de l'Ukraine et les riverains du Volga, défilant la pique haute et le laurier au bonnet dans les rues de notre capitale, salués et applaudis ; je leur ai vu prendre et baiser

les mains ; je l'ai vu , et j'ai gémi de l'abaissement de ma patrie, et j'ai maudit le monstrueux
despotisme qui avoit amené cette honte. Je ne
cherche pas le triste plaisir de blâmer ou de
dénigrer nos devanciers ou nos contemporains.
Je veux seulement marquer les effets d'un état
vicieux. Là où le patriotisme n'existe pas, c'est
la faute des institutions, et jamais celle des
hommes. Il se contente plutôt de demander à
ne pas être étouffé , qu'il n'a besoin d'être excité par des encouragemens positifs. C'est une
vertu dont la croissance est spontanée ; et qui
vit quelquefois même malgré ce que l'on fait
pour la détruire. Si l'on présente à un jeune
homme une femme peu agréable, et que d'autorité on veuille lui persuader qu'il est de son
devoir de l'aimer , faudra-t-il s'étonner si, même
en n'osant pas nier cette obligation , il lui refuse
cependant , ou ne puisse pas lui accorder ses
affections ? Qu'elle soit aimable, qu'elle soit
belle , il n'y aura plus besoin de lui adresser des
exhortations , ou de lui prêcher ses devoirs.

Si la liberté, dont nous n'avons jamais goûté
qu'à des intervalles bien courts, et même alors
dans une mesure si imparfaite, au milieu des
crises et de la fièvre ; si la liberté, dont, pour

parler plus exactement, nous avons bien plutôt
eu l'espérance que la jouissance, a cependant
déjà produit ces heureux résultats; si quelques
rayons de sa divine influence échappés et parvenus jusqu'à nous, ont suffi pour que le caractère national sortît jusqu'à un certain point
épuré et ennobli des épreuves que lui ont fait
éprouver le débordement des passions et de la
corruption révolutionnaire, et plus tard les
dégradantes séductions du pouvoir, que ne devons-nous pas en augurer, lorsqu'une plus
longue durée et un régime plus complet lui
auront permis de façonner ces esprits, auxquels
on se complaît tant à reprocher qu'ils ne sont
pas encore dignes de la recevoir? Car c'est elle
que seule nous reconnoissons pour notre légitime institutrice. C'est à elle, et non à tout autre
tre établissement que l'on voudra nous imposer,
succombant lui-même sous le poids qui l'accable, que nous voulons donner à discipliner
la génération naissante. En dépit de tous les efforts que l'on tentera pour l'empêcher, c'est à
cette école qu'elle puisera ses doctrines. Quand on
contemple, quand on prévoit tous les bienfaits
que nous promet le bonheur de vivre un jour
sous l'empire de sa loi salutaire, on sent le be-

soin de retenir sa plume ou sa langue, de peur de se laisser entraîner à ce qui pourroit paroître ou des exagérations, ou des répétitions de ce qui est sorti d'indignes bouches. C'est donc vers ce but élevé que doivent tendre tous nos efforts. Ce qu'une nation veut fortement et constamment, elle finit toujours par l'obtenir. Les moyens de résister au vœu national, ou de l'éluder, deviennent de jour en jour plus difficiles. Les communications devenues bien plus aisées et bien plus actives entre les hommes, et malgré les moqueuses ironies de gens qui se croient bien sages, le progrès toujours croissant des connoissances de toute espèce parmi eux, leur font prévoir, dans la partie policée de l'Europe, un affranchissement qui ne s'enfonce pas dans un avenir bien reculé. On ne peut opprimer longuement et sûrement que l'homme isolé et ignorant. Dans cette noble lutte des nations, la France, qui y est entrée la première, doit-elle perdre sa place? La liberté politique, ou si l'on aime mieux, son indice comme sa garantie la plus sûre, consiste en ce que le peuple ait dans la délibération sur ses affaires, ainsi que dans leur administration, la plus grande part qui puisse se concilier avec la sûreté et la tranquillité de l'État. Les républiques anciennes, fondées sur le principe de la souveraineté du peuple en action, sont loin d'avoir résolu ce problème d'une manière satisfaisante. Leur turbulence et leurs injustices en sont la preuve. Celles du moyen âge méritent le même reproche. Les gouvernemens modernes, qui tendent à se fonder sur le principe de cette même souveraineté, n'agissant que par délégation des pouvoirs, tant généraux que locaux, semblent destinés à en approcher de bien plus près. C'est donc cette participation à la chose publique, par l'entremise de ceux de nos concitoyens que nous investirons de notre confiance et que nous indiquerons par nos suffrages, que nous ne devrons cesser de réclamer et de revendiquer que lorsque la France l'aura obtenue telle qu'elle est digne de l'avoir. Une nation est honorée selon le degré auquel elle en jouit. L'appréciation qui s'en fait parmi les autres, la louange que lui donne ou que lui destine l'histoire, se mesurent principalement sur le plus ou moins de liberté qu'elle s'est acquise. Qu'est en effet auprès d'elle la gloire militaire ? La témérité ou l'incapacité d'un seul homme peut la donner ou la perdre. Quel part l'aveugle hasard n'y a-t-il pas ? Elle peut dépendre de la vigilance ou de la sobriété d'une simple sentinelle à son poste. Un jour l'accorde; le lendemain la retire. Nous sommes entrés en triomphe dans presque toutes les capitales de l'Europe. A peine parvenus à ce faîte de gloire, et nous avons vu la nôtre à deux reprises dans le court espace de dix-huit mois subir, pour la première fois depuis qu'elle a été élevée au rang des villes par la dynastie Capétienne, le joug d'un vainqueur étranger. Nous avons perdu la partie d'honneur! s'est-on écrié avec amertume. Il en va bien autrement dans les combats livrés dans la cause de la liberté. Elle est si noble, les sentimens qui portent à l'embrasser sont d'une nature si généreuse et si magnanime, que combattre pour elle, seul est un honneur. Le succès peut faire une grande différence pour le bien-être de ses partisans. Peu pour leur gloire. Pour quiconque a le cœur bien placé, les mémorables sacrifices de ces héros qui ont péri au champ d'honneur, ou qui ont porté leur tête sur l'échafaud pour sa cause sacrée, illustrent bien autrement les annales d'une nation que toutes les victoires remportées pour enfler la vanité d'un despote fastueux, ou pour servir les passions d'un amibitieux en délire.

Il ne faut se laisser ni effrayer, ni détourner par les obstacles qui nous sont opposés. La nature de notre cause est de faire des progrès continuels. La cause contraire recule et perd chaque jour du terrain. Elle est principalement soutenue par des gens qui naturellement attachés aux priviléges dont ils ont joui, aux choses qui leur ont paru bonnes dans leur jeunesse, ne peuvent pardonner à ceux qui les ont privés des uns et qui ont renversé les autres. Elle est encore soutenue par d'autres, qui ayant gémi, et étant encore frappés des crimes dont ils ont été les témoins ou les victimes, ne voient pas dans leur aveuglement qu'ils voudroient nous mettre dans la seule voie qui pourroit risquer de nous y ramener. Mais cette race passe tous les jours. Elle ne trouve pas ou peu de suppléans. Celle qui la remplace ne s'élève sous l'influence ni des mêmes souvenirs, ni des mêmes craintes; et ne peut pas mettre le même amour-propre à soutenir invariablement ce qu'elle n'a pas vu, ce qui ne s'est pas identifié avec elle par l'habitude. Il est vrai que dans ce moment de forts auxiliaires viennent les appuyer. Le Nord leur prête son bras puissant. Croyant cacher l'injustice sous l'hypocrisie, une coalition qui ne craint pas de s'appeler sainte, et d'invoquer en faveur du pouvoir arbitraire le nom sacré de l'Evangile, s'est emparée de la dictature européenne, et refuse hautement de reconnoître aux peuples le droit de se donner des lois libres. Elle réprime en Allemagne l'esprit naissant de liberté, et déjà la classique Italie, coupable d'y avoir aspiré, a dû subir en frémissant le joug du Béotien. Si l'Espagne s'est vu épargner le même traitement, elle le doit à sa situation, et plus encore à l'espèce de réception qu'elle a déjà faite à un injuste agresseur. D'après les règles constantes de la justice politique ordinaire, l'on n'ose pas disputer au fort ces droits que l'on nie hardiment au foible. Loin de nous décourager, loin de nous borner à des plaintes sans effets ou à de stériles regrets, ces déplorables tentatives ne doivent que nous exciter d'autant plus à la persévérance. On nous dit que les peuples du Nord sont autrefois venus briser les indignes chaînes que les Romains dégénérés faisoient peser sur le Midi. En descendans reconnoissans efforçons-nous de rapporter le bienfait inestimable de la liberté au berceau' de nos ancêtres. Notre Europe est maintenant civilisée et éclairée ; sans être, à

quelques malheureuses exceptions près , ni
corrompue ni efféminée. Elle est sur le point
d'être libre. Qu'aurions-nous à attendre d'une
nouvelle irruption de Scythes? esclavage et dé-
vastation.

Mais on se méprendroit étrangement sur le
sens de mes paroles, ou du moins de mes intentions (car il se pourroit que mes expressions ne
leur eussent point été fidèles), si l'on m'accusoit
de faire un appel à la force, si de tout ce que j'ai
dit on tiroit la conséquence que j'exhorte à nous
saisir de ce qui nous manque par la violence. Je
connois trop les malheurs qu'entraînent à leur
suite de pareils remèdes; je sais trop combien
il est rare qu'ils procurent les redressemens qui
ont été cherchés par eux, pour ne pas les regarder comme presque toujours plus dangereux
que les maux mêmes contre lesquels ils sont
dirigés. Je ne nierai pas qu'il n'y ait des circonstances où l'extrémité du mal, et l'absence
de tout autre moyen de salut, ne puisse en justifier l'emploi. Mais ce sont là de ces cas extraordinaires, placés hors de la loi commune et dans
le ressort d'une autorité supérieure à toutes.
Ces infractions ne peuvent être légitimées que
par le dévouement, le désintéressement le plus

entier, et par les vertus héroïques. Hors de là, tout homme qui par des tentatives prématurées veut devancer la marche des événemens, et faire réussir des desseins pour lesquels ni les têtes ni les temps ne sont encore mûrs, quelque bons et louables qu'ils puissent d'ailleurs être en eux-mêmes, ne vaut guère mieux qu'un perturbateur et qu'un factieux. Des plans conçus sans prévoyance de l'avenir, comme sans connoissance du présent, ne seront ni conduits avec prudence, ni soutenus avec constance. Leur avortement impuissant n'apportera que malheur sur la tête de leurs auteurs, sur ceux qui les ont trop légèrement écoutés, et pourra même jeter du ridicule sur les plus respectables des choses.

Nous sommes heureusement dans une situation qui ne nous permet pas d'entretenir la plus légère idée ni d'une pareille nécessité, ni d'un pareil recours. Nous n'avons pas, je suis le premier à l'avouer, un gouvernement libre proprement dit. Mais nous avons dans nos mains les moyens de l'acquérir. Quoique privés de la plus grande partie des droits qui constituent la liberté, nous ne souffrons aucune oppression positive. Quelques-uns de ces droits nous sont

même déjà assurés. Notre administration intérieure manque de dignité, de droiture, de
vigueur et d'assurance, et tant que nos institutions languiront elles-mêmes sans force, il ne
faut pas s'attendre à ce qu'elles lui en commu-
niquent. Mais la même foiblesse qui l'empêche
de faire le bien, met aussi des obstacles au mal
qu'elle pourroit faire. On doit trembler quand
on pense à toute l'étendue de l'arbitraire légal
dont est encore investi notre gouvernement, et
au parti que pourroit en tirer une main vigou-
reuse. On peut dire de la France encore plus
qu'elle n'est pas gouvernée, que mal gouvernée.
Un mauvais système et ses conséquences pèsent
sur elle; mais elle ne peut se plaindre de gémir
sous un régime de dureté ou de violence. C'est
à cet état équivoque, nécessairement provisoire,
inquiétant et à bien des égards dangereux, que
tous les bons citoyens, que tous ceux que touchent l'intérêt et l'honneur de leur pays, doivent
se réunir et s'entendre pour mettre un terme.
Ils remarqueront que dans cette situation, situation que ceux qui sont accoutumés à l'appareil
pompeux de force que déploie le despotisme, et
ceux qui le désirent, pourroient nous représenter comme devant mener à l'anarchie, la

France, partout où elle est abandonnée à elle-
même, se conduit avec une modération, un esprit
d'ordre contre lesquels viennent échouer tous
les projets des perturbateurs. Admirables dispositions! qui prouvent combien elle est propre
à intervenir dans la marche de ses affaires, et
qui déposent hautement contre ces calomnia-
teurs qui ne connoissent de meilleur argument,
pour s'opposer à l'établissement de la liberté,
que de la prononcer incapable et indigne d'être
jamais émancipée. Ainsi, sûrs de l'appui d'une
nation ainsi disposée, n'ayant aucun doute sur
l'issue finale de la lutte dans laquelle ils s'engagent, ils se garderont bien de chercher d'autres armes que des armes constitutionnelles.
Loin de se sentir découragés de ce qu'ils n'ont
pas tout obtenu du premier coup, ils s'en con-
soleront en pensant que ce qu'ils gagneront par
la suite sera dû à leurs propres efforts. On ne
viendra pas sans cesse réclamer leur reconnoissance pour la permission de posséder leur bien
légitime, et la liberté conquise pied à pied par
le zèle infatigable du patriotisme, sera mieux
connue, ses principes plus profondément in-
culqués, et sa valeur mieux appréciée, que
concédée altièrement à titre de grâce.

Plus qu'à aucune autre nation cette obligation
nous est imposée. Là où est établie, où a duré
depuis long-temps une forme de gouvernement
après tout supportable, non seulement il ne
s'attache aucune honte à s'y soumettre avec
résignation, mais c'est même presque toujours
un devoir de le faire; et ainsi que nous venons
de l'observer, des tentatives intempestives pour
y en substituer un autre meilleur et plus légitime, dégénèrent souvent en actes criminels.
Mais quand la partie a été engagée, quand les
choses ne sont plus entières, il n'en est plus de
même. Quelque différence d'opinion que l'on
puisse avoir sur ses commencemens, on ne doit
pas en avoir sur sa fin. On pardonne, ou l'on
applaudit, au citoyen paisible et honnête, qui
préfère, avant tout, s'en tenir aux institutions
auxquelles le temps, l'habitude et la nécessité
ont réconcilié son pays. Mais on est déshonoré,
quand après avoir une fois levé l'étendard de la
liberté, après avoir long-temps soutenu ses principes, on consent à les abandonner par lâcheté
ou par lassitude. Telle est la position où se
trouve, tels sont les engagemens qu'a pris la
France à la face du monde. Après les pas qu'elle
a déjà faits dans cette carrière, il ne lui est plus

permis de rétrograder. La supposeroit-on abat-
tue par l'opposition soit du dedans, soit du
dehors ? On insulteroit à son courage. La supposeroit-on convaincue par les méprisables sophismes qu'on a la constance de lui prodiguer
sous toutes les formes? On insulteroit à son intelligence. On n'a fait que trop souvent, et plus
d'une fois dans des vues peu louables, allusion
à la perte ou à la diminution de notre gloire
militaire, dans les derniers revers de notre san-
glante lutte contre l'Europe en armes. Ce ne
sera que lorsque je verrai la France définitivement vaincue et soumise dans la guerre de la
liberté, que je pourrai me résoudre à regarder
comme éclipsé, comme éteint l'astre de l'honneur national. C'est alors qu'il nous faudroit
baisser la tête. C'est alors que, pour prouver
du moins que nous ne sommes pas encore tombés au dernier degré de l'humiliation, celui de
ne plus y être sensible, il ne nous resteroit qu'à
avouer hautement nous-mêmes que nous avons
pris la queue des nations européennes. Je ne
mesurerai jamais le mérite d'un peuple sur l'é-
tendue de son territoire, ou sur quelques autres
circonstances bruyantes et éclatantes, mais bien
sur l'étendue des droits qu'il possède. Quand il

n'entre pour rien dans sa politique tant intérieure qu'extérieure; ces avantages lui sont en
effet presque étrangers, et ne sont dus qu'aux
talens supérieurs de ceux de ses direéteurs et de
ses maîtres auxquels la gloire en appartient en
entier. Je serai toujours prêt à m'écrier avec un
éloquent écrivain, que j'aimerois mieux être le
sujet du roi de Bourges avec les priviléges d'un
homme libre, que sujet de celui devant lequel
pendant un temps l'Europe entière s'est tue.
Quelle part en effet pouvoit-on raisonnablement
attribuer à la nation françoise de tout ce qui se
passoit de grand ou de désastreux sous son
règne? Avoit-elle sur ces événemens la moindre
influence? Comme un instrument habilement
monté, elle ne savoit que faire entendre les sons
que lui prêtoit le rude artiste qui frappoit sur les
touches. Comme une pauvre pantomime, elle
ne savoit qu'accompagner, tant bien que mal,
des gestes qui lui étoient prescrits, la voix du
puissant acteur qui s'étoit exclusivement réservé
l'usage de la parole. Je n'hésite pas à le dire,
maintenant même, déchue et dépouillée, réduite
à un état que l'on voudroit ne représenter que
comme un état d'humiliation et d'abaissement
que rien ne compense, rien ne rachète, elle

nous offre cependant dans le fait un spectacle
pour elle déjà plus honorable. Déjà il commence
à y avoir vraiment une nation, un être vivant et
intelligent auquel il est donné d'avoir une parole à lui, de manifester des idées et des désirs
à lui; capable d'actions et de pensées qui
peuvent, suivant leur nature, lui mériter le
blâme ou la louange, puisqu'il en est lui-même
la source et l'origine. Indice sûr qu'il existe
déjà une portion quelconque de liberté et d'indépendance, les partis lèvent ouvertement la tête,
se forment et s'agitent. Ils s'efforcent de piloter
chacun dans leur sens le vaisseau de l'État. Si la
marche ministérielle a si peu répondu jusqu'ici
à nos justes vœux, on ne peut heureusement accuser la nation d'avoir contracté avec ses auteurs
aucune solidarité. Bien loin d'être soutenus, il
n'en est résulté pour ceux-ci que chutes et que
disgrâces. Bien loin de faire cause commune
avec ceux qui depuis la fondation de sa nouvelle
constitution se sont successivement sous différens noms, mais toujours avec le même esprit,
mêlés de ses affaires, elle témoigne au contraire,
par l'énergie toujours plus prononcée de son
aversion et pour eux et pour leur système, combien elle leur est supérieure en sentimens d'hon-

neur et en saines notions politiques. Elle revendique à grands cris ces institutions de liberté auxquelles ils se sont eux toujours opposés, et cette
indépendance nationale qu'ils n'ont eux pas plus
su que voulu soutenir. Cela est déjà un peu différent du temps où elle ne pouvoit jurer que par
les paroles du maître; peu m'importe quel il
fût, Louis ou bien Napoléon-le-Grand. Cette
opinion publique, qui n'est autre que la sienne,
allant tous les jours s'améliorant et se fortifiant,
nous fait espérer de voir arriver, ou du moins
approcher, le jour où, nous plaçant au-dessus
des petites vues et des petites passions individuelles, elle deviendra la régulatrice suprême,
principale sinon unique, de notre politique.
Mais autant la fin est grande, autant les moyens
doivent être nobles et purs. Il ne peut pas s'agir
de ces tracasseries impuissantes, de ces mutine-
ries puériles qu'un jour voit naître et que le
lendemain voit apaiser; d'un ridicule appel à des
armes, telles que nous venons d'en voir, qu'au
premier moment du danger on est bien autrement empressé de jeter, que l'on n'avoit été de
les prendre. Il s'agit de cette fixité de dessein,
de cette persévérance virile des hommes libres,
de cette inébranlable longanimité qui ne perd

jamais de vue son objet, qu'aucun danger n'effraie, qu'aucune durée ne fatigue, qu'aucun dégoût ne rebute, et qui loin d'être découragée à chaque nouvel obstacle qui s'élève devant elle, sent au contraire en augmenter ses forces et sa constance.

La France sans doute compte un grand nombre de ces nobles citoyens, qui convoitant autre chose qu'une chétive pitance pécuniaire, qui attachant leur ambition à toute autre chose qu'à figurer dans une antichambre, ou à briller de la splendeur d'une place subalterne, qui sentant que leur propre dignité tient à toute autre chose qu'à la jouissance précaire de quelque courte mesure d'autorité éphémère, et sachant mettre les grands intérêts de la patrie au-dessus des petits intérêts de personne, de classe ou de parti, ont la droite opinion et le généreux orgueil de ne rien voir au-dessus de l'établissement de la liberté, ni par conséquent rien de plus à cœur que le solide bien-être et le véritable honneur de leur pays. Ces foibles pages auroient rendu quelque service, si, passant sous leurs yeux, elles pouvoient les exciter à faire entendre leurs voix impartiales. Ecoutant plutôt mon zèle que consultant mes forces, j'ai voulu tenter d'indiquer quelles routes pouvoient nous mener à un bon gouvernement, sans m'astreindre à celles qui sont exclusivement affectées par tel ou tel parti ; ne pouvant moi-même jamais appartenir qu'à celui de la liberté, et résolu à marcher dans la même voie avec quiconque la cherchera avec désintéressement et sincérité. Je sais que mon dessein est bon. Je regrette que mes moyens et mes lumières ne me permettent pas de le rendre utile. Il seroit à souhaiter que quelque esprit capable de remplir cette tâche l'entreprît. Y avoir de quelque manière que ce fût contribué, ne seroit déjà pas sans mérite. Ces réflexions auroient pu en avoir un autre, si la conviction la plus entière, la plus intime des doctrines qu'il avance, si la détermination la plus invariable de ne jamais s'en écarter pouvoient tenir lieu de talent à l'écrivain.

FIN.

EXTRAIT DU GATALOGUE DE PONTHIEU, LIBRAIRE,

PALAIS-ROYAL , GALERIE DE BOIS.

VOYAGE

D'UN AMÉRICAIN A LONDRES,

OU

ESQUISSES SUR LES MOEURS ANGLAISES ET
AMÉRICAINES;

Traduit de l'anglais de M. IRWIN WASINGTON; 2 vol.
in–8° , bien imprimés. Prix 10 fr.!, et 10 fr. 5o c.
par la poste.

———

LE succès de ce bel ouvrage est universel en France comme
en Angleterre. Jamais Goldsmith n'a rien produit de plus char-
mant. L'ingénieux auteur a su prendre tous les tons , avec cette
supériorité qui caractérise les hommes d'un grand génie; et
toutes les classes de lecteurs liront le *Voyage d'un Américain*
avec autant de plaisir que d'intérêt. *L'Abbaye de Westminster*
est un morceau comparable aux plus admirables productions
de M. de Châteaubriant. Dans *le Cœur brisé* , c'est le sentiment
le plus tendre qui enchante. Les plus gracieux morceaux de
l'*Ermite de la Chaussée-d'Antin* ne sont pas au-dessus de la
description des fêtes de *Noël* chez les Anglais , de *la petite Bre-*
tagne , etc., et nous ne connaissons rien à quoi on puisse comparer *La légende de Sleepi-Hollow* , et l'étonnante originalité
des aventures de *Ripp-Van-Vinkle*.

Le *Voyage d'un Américain à Londres* a chez les Anglais une
vogue immense. Les Français l'ont apprécié avec autant de
bienveillance ; et quoique publié à peine depuis un mois , il
n'en reste qu'un très-petit nombre d'exemplaires.

VOYAGE SOUTERRAIN,

ou

DESCRIPTION DU PLATEAU DE SAINT - PIERRE

DE MAESTRICHT;

Par le colonel Bory de Saint-Vincent ; 1 vol. in-8°,
avec 3 figures et une carte. Prix 6 fr.

———

Cet ouvrage, dont les journaux de tous les partis ont fait le
plus grand éloge, et sur le mérite duquel tous ont été d'accord,
prouve que les pays les plus fréquentés ne sont pas toujours
les mieux connus. Qui eût pensé en effet qu'aux environs
d'une ville depuis long-temps célèbre, comme place forte,
théâtre de grands combats, lieu de passage, et port sur la
Meuse, il existait des curiosités naturelles dignes d'occuper
une plume à la fois élégante et savante. Plusieurs voyageurs
avaient parlé de ces lieux, mais ils n'avaient que décrit, et
ne peignirent jamais. M. Roydeffricus a deviné que tout porté
qu'on est aujourd'hui vers les connaissances sérieuses, on ne
lit guère les livres qui en traitent, s'ils ne sont mis à la portée
de tout le monde, et si le charme des épisodes et du style ne
vient répandre des fleurs sur les glaces du sujet. En descendant dans les entrailles de la terre pour y méditer sur les
antiques révolutions du globe, notre auteur a voulu que le
lecteur l'y accompagnât et partageât les grandes émotions qui
résultent d'un spectacle à la fois imposant et lugubre au natu-
raliste profond, au conteur agréable.

Rien de plus vrai, de plus terrible que la manière dont il raconte la mort funeste des malheureux qui s'égarèrent dans les longues galeries souterraines où il pénétra à des reprises différentes, où la fatalité de sa position fugitive ne troubla pas un instant son sang-froid observateur ; et quand, interrogeant les temps effacés où les lieux qu'il fait enfin connaitre n'étaient pas tels qu'ils sont aujourd'hui, il vous fait assister aux premières révolutions d'un globe destiné long-temps encore à voir de nouvelles révolutions se succéder. Rien n'est échappé à sa surface. On le dirait universel : aussi le *journal des Débats* a-t-il mis son livre, quant à l'importance, immédiatement après l'une des plus savantes productions de l'illustre Cuvier, qui considéra les environs de Paris sous le même point de vue que M. Bory considéra le plateau de Saint-Pierre. Les lettres de M. Léon Dufour, ajoutées au *Voyage Souterrain*, y donnent un nouvel intérêt, et complètent nos connaissances sur diverses parties des monts Pyrénées qui n'avoient point encore été suffisamment explorées. On n'a rien épargné pour donner à l'ouvrage dont il est question tout l'intérêt dont il était susceptible ; des vues dessinées par l'auteur, et une superbe carte : ces vues et cette carte font le plus grand honneur au burin de M. Paulmier, qui prouve que la lithographie peut enfin rivaliser avec la plus belle gravure.

4

OUVRAGES QUI SE TROUVENT CHEZ

LE MÊME LIBRAIRE.

De l'Influence attribuée aux Philosophes, aux Francs-Maçons et aux Illuminés, sur la Révolution française ; par J.-J. Mounier in-8º. . . . . 5 fr. » » c.

Histoire de la Destruction de Moscou, in-8º. 5 » »

Les Trois Mots, Satyres ; par Baour-Lormian, in-8º. . . . . 3 » »

Réflexions sur les moyens propres à consolider l'ordre constitutionnel en France ; par Xavier de Sade, 1 volume in-8º. . » » » »

Gaspard de Limbourg, ou les Vaudois ; par Lombard de Langres, 3 vol. in-12, fig. . . . . 7 » »

Smarra, ou les Démons de la nuit ; par Charles Nodier, in-12. . . . . 3 » »

Mémoires de la maison de Condé, 2 vol. in-8º, avec 27 *fac-simile*. . . . . 12 » »

Irner, par lord Byron, traduit de l'anglais par le traducteur de ses œuvres, 2 volumes in-12. . . . . 5 » »

Lalla Rouckh, ou la Princesse Mogole ; par Moore, traduit par le traducteur des OEuvres de lord Byron, 2 vol. in-12. . . . 5 » »

Le Prêtre, 4 vol. in-12. . . . . 10 » »

Tibère, tragédie de Chénier, in-8º . . . 2 50

Charles de Navarre, tragédie de M. Briffaut. 2 50

Sylla, tragédie, par M. Jouy . . . . . » » » »

On trouve à la librairie de Ponthieu, Palais-Royal, galerie de bois, les nouveautés en tous genres, aussitôt leur mise en vente.

IMPRIMERIE DE COSSON.

www.ingramcontent.com/pod-product-compliance
Lightning Source LLC
Chambersburg PA
CBHW060905220326
41599CB00020B/2849